KB176219

임동석중국사상100

문중자

文中子(中說)

王通 撰·阮逸 註 / 林東錫 譯註

文中子(王通)

"상아, 물소 뿔, 진주, 옥. 진괴한 이런 물건들은 사람의 이목은 즐겁게 하지만 쓰임에는 적절하지 않다. 그런가 하면 금석이나 초목, 실, 삼베, 오곡, 육재는 쓰임에는 적절하나 이를 사용하면 닳아지고 취하면 고갈된다. 그렇다면 사람의 이목을 즐겁게 하면서 이를 사용하기에도 적절하며, 써도 닳지 아니하고 취하여도 고갈되지 않고, 똑똑한 자나 불초한 자라도 그를 통해 얻는 바가 각기 그 자신의 재능에 따라주고, 어진 사람이나 지혜로운 사람이나 그를 통해 보는 바가 각기 그 자신의 분수에 따라주되 무엇이든지 구하여 얻지 못할 것이 없는 것은 오직 책뿐이로다!"

《소동파전집》(34) 〈이씨산방장서기〉에서 구당(丘堂) 여원구(呂元九) 선생의 글씨

책머리에

송대宋代 왕응린王應麟은 어린 아이들을 위한 몽학蒙學교재 《삼자경 三字經》에서 "五子者: 有荀·揚, 文中子, 及老·莊"이라 하여 당시 중시해서 익혀야 할 제자諸子로서 순자荀子, 양웅揚雄, 문중자文中子, 노자老子, 장자 莊子를 들 정도로 높이 여겼다. 어린 아이들이 공자(論語), 맹자, 순자와 구류십가九流十家의 고대부터 널리 알려지고 중요도가 인정받은 제자들을 제쳐놓고 어찌하여 문중자 왕통王通을 넣어 제자諸子를 익히라고 다섯으로 압축하고 있을까 하는 의문이 생겼다.

과연 이유가 있었다. 첫째는 송대까지 문중자 왕통은 아주 대단히 높이 그 학술적 지위를 인정받고 있었던 것이다. 그에 못지않게 공자孔子와 똑같은 생활에 똑같은 어록을 남긴 인물로 어린 아이들이 이해하기에 아주 적절한 문체로 이루어져 있기 때문이었다. 나아가 문중자라는 책은 《논어》와 판박이처럼 똑같다. 편집과정은 물론 제자들의 언행도 공자 제자들과 똑같고, 교육 문답 방법, 다루고 있는 내용 역시 인의 도덕에 대한 개념 설명과 종정從政, 위정, 인물비평, 역사 설명, 자신의 탄식과 역사관 피력, 심지어 제자들의 성격과 유형 등 어느 하나 《논어》와 닮지 않은 것이 없었다. 나아가 편명篇名과 분량조차 비슷하며 은자와의 조우遭遇와 대화조차 혹사 酷似하다. 어떻게 이런 일이 있는가? 참으로 신기하다 못해 공자 집단이 다시 태어난 것이 아닌가 할 정도이다.

이러한 왕통은 자가 중엄仲淹이며 수隋나라 때의 사상가이다. 30 중반의 길지 않은 삶을 살고 생애를 마친 점이 너무 아쉬울 정도이다. 죽은 뒤

문인들이 사사롭게 '문중자文中子'라는 시호를 지어 그 뒤로 그의 시호로 불리기도 한다. 원래 선조는 남조南朝 송宋나라를 섬겼으나 그의 4대조 왕규(王虬, 穆公)가 북쪽 강주(絳州. 龍門, 지금의 山西 河津)로 이주하여 북위北魏 사람이 되었으며 그곳에서 대대로 학자이며 동시에 사환仕宦을 이어온 가문으로 틀을 잡았다.

한편 공자가 말세에 살았듯이 왕통 역시 자신이 수나라가 곧 망할 말세에 살고 있으며, 뒤이어 당唐나라가 들어서서 천하의 태평을 이룰 것임을 예견함과 아울러 확신한 것으로 되어 있다. 그는 일반적인 "지금이 옛날만 못하다"(今不如古)는 생각을 벗어버리고 "앞으로 올 시대가 옛날보다 낫다"(來者勝昔)라는 꿈을 품고 있었다. 특히 隋 煬帝(楊廣)가 병중의 아버지 文帝(楊堅)를 독살하고 제위에 오른 것과 고구려 정벌(遼東之役)에 나섰다가 을지문덕乙支文德에게 살수薩水에서 2백 만이 전멸한 전투, 강도江都 별궁에서 마침내 우문화급宇文化及에 시해弑害되는 역사적 사실 등을 겪으면서 서북(山西, 古代 唐)에서 새로운 천자가 나타날 것이라 자신하였다. 그러면서 아깝게도 당 고조 이연李淵이 건국하기 1년 전에 세상을 떠남으로써 직접 보지는 못하고 말았으나 그가 가르친 제자들, 즉 당 태종(太宗, 李世民)의 정관貞觀시대에 그 이름을 천하에 떨친 십대명신十大名臣들로 위징魏徵, 방현령房玄齡, 이정李靖 등은 새로운 제국 건설에 뛰어들어 천하의 명신들로 빛을 발하는 것으로 임무를 다하게 된다.

변혁기나 왕조 교체기에 어떤 인물이 어떠한 생각을 가지고 제자들을 가르치며 다음 세대를 위해 어떤 준비를 하는가는 아주 중요한 일이다.

그러한 전형을 보여주고 있는 왕통의 이 책과 사상은 다시금 많은 생각을 하게 한다. 그럼에도 우리나라에는 아직 널리 알려지지 않은 것이 매우 안타깝다.

　아울러 《논어》를 읽은 자라면 이 책을 참고삼아 한번 훑어보기를 권한다. 많은 것을 느끼게 될 것이다.

茆浦 林東錫이 負郭齋에서 적음.

일러두기

1. 이 책은 《文中子(中說)》(阮逸 注)의 「四部備要」본과 「四庫全書」본, 「四庫全書薈要」본을 저본으로 하여 전체를 완역한 것이며, 阮逸 注는 가능한 한 모두 실어 이해에 도움이 되도록 하였다.

2. 현대 백화어 역주본으로는 《文中子(中說)》(鄭春穎 譯註. 黑龍江人民出版社 2003 哈爾濱)이 있으나 소략한 감이 있다. 이도 참고하였으며 도움을 받았음을 밝힌다.

3. 총 475장으로 분장하였으나 이는 절대적인 것이 아니며 필자가 임의로 나눈 것이다. 아울러 매 장마다 일련번호를 부여하고 괄호 안에 해당 편별 번호도 제시하여 찾아보기 쉽도록 하였다.

4. 각 편별로 전면에 〈敍錄〉의 해제를 인용하여 편명의 내용을 밝혔다.

5. 본문에 《논어》 등 어투가 같거나 비슷한 구절은 모두 찾아 인용하여 원의를 밝혔다.

6. 해석은 가능한 한 직역을 위주로 하였으나 일부 의역한 곳도 있다.

7. 원문을 제시하고 역문을 실었으며 원문의 문장 부호는 중국 현대 푯점법을 따랐다.

8. 주석은 인명, 지명, 사건명, 역사 내용 등을 위주로 하되 이미 거론한 표제어도 반복하여 실었으며 이는 읽는 자로 하여금 다시 찾는 번거로움을 피하기 위한 것이다.

9. 부록으로 서발序跋 등 《문중자》 원본에 실려 있는 5종의 자료와 아울러 그 밖에 관련 자료를 사서史書 등에서 찾아 실어 연구에 도움을 삼을 수 있도록 하였다.

10. 해제에는 문중자文中子 왕통王通의 생애와 책의 성서과정成書過程, 그리고 그가 생존하였던 시기와 그의 저술에 언급한 서진부터 당대까지의

주요 사항을 간단히 실어 이해에 도움이 되도록 하였다.

11. 이 책의 역주에 참고한 문헌은 대략 다음과 같다.

❀ 참고문헌

1. 《文中子》四庫全書(文淵閣) 子部(1) 儒家類 臺灣商務印書館(印本)

2. 《中說》四部備要 子部 上海 中華書局(印本) 上海

3. 《文中子(中說)》四部叢刊本「書同文」電子版 北京

4. 《中說》四庫全書薈要 子部 吉林 人民出版社(印本) 長春

5. 《文中子中說》阮逸(註) 諸子百家叢書本 上海古籍出版社(印本) 1993 上海

6. 《文中子》百子全書本 儒家類 岳麓書社(活字本) 1994 湖南 長沙

7. 《文中子(中說)》鄭春穎(譯註) 黑龍江人民出版社 2003 哈爾濱

8. 《論語》四部刊備本 臺灣 漢京文化事業(印本) 1981 臺北

9. 《四書集註》臺灣師範大學 四書研究小組 學海出版社 1991 臺北

10. 《元經》隋 王通(撰), 唐 薛收(傳), 宋 阮逸(註) 四庫全書 史部 編年體

11. 《三才圖會》明 王圻·王思義 上海古籍出版社(印本) 2005 上海

12. 《隋書》臺灣 鼎文書局 活字本

13. 《舊唐書》臺灣 鼎文書局 活字本

14. 《新唐書》臺灣 鼎文書局 活字本

15. 《貞觀政要》林東錫(譯註本) 東西文化社 2010 서울

16. 《東臯子集》(王績) 四庫全書 集部(2) 別集類(1) 臺北

17. 《唐文粹》宋 姚鉉(編) 世界書局(印本) 1972 臺北

18. 《中國歷史紀年表》華世出版社 1978 臺北

19. 《中國通史》(三國兩晉南北朝) 吉林出版集團 吉林 長春 2009

20. 《中國人名大辭典》上海古籍出版社 1999 上海

21. 《中國哲學史》馮友蘭 藍燈文化事業有限公司 1981 臺北

22. 《十三經注疏》藝文印書館(印本) 臺北

23. 《新編諸子集成》叢書 世界書局 臺北

24. 《二十五史》鼎文書局(活字本) 臺北

25. 《說苑》林東錫 譯註本. 東西文化社 2010 서울.

26. 기타 工具書는 기재를 생략함.

I. 文中子 王通(584~617)

1. 生涯와 家族

〈세가世家〉에 "開皇四年, 文中子始生"이라 하여 태어난 해를 수隋 문제(文帝, 楊堅) 개황開皇 4년(584)이라 하였으나 완일阮逸은 "王通生于大象二年"이라 하였다. 대상大象은 북주北周 정제(靜帝, 宇文闡)의 연호이며 2년은 북주가 수나라에게 망하기 1년 전이다. 따라서 4년의 차이가 난다. 그가 죽은 해는 수 양제(煬帝, 楊廣) 대업大業 13년(617)이다. 그렇다면 그는 34~38세의 짧은 생애를 산 것이다. 특히 그가 생을 마친 해는 수 양제가 강도江都에서 우문화급宇文化及에게 시해를 당하여 죽은 해이며, 이에 수나라는 공제(恭帝, 楊侑)에서 월왕(越王, 楊侗)의 아주 짧은 혼란을 거쳐 이듬해(618) 당唐 고조(高祖, 李淵)가 당을 건국함으로써 역사 속으로 종말을 고하던 시기이다.

한편 그의 자를 중엄仲淹이라 한 것으로 보아 그는 첫째 아들은 아님이 확실하다. 〈세가〉에는 형제 3인만 나타나 있으나 《中說》(禮樂篇)에 "薛收가 왕통의 막내아우 자를 保名으로 지어주었다"라 하여 모두 넷이었다. 그러나 청淸 건륭乾隆 연간에 필사한 《왕무공문집王無功文集》 5권에 의하면 형제는 모두 일곱이었다.

즉 첫째는 왕도王度로서 예성현령芮城縣令을 지내어 예성부군芮城府君이라 불렸으며, 북위北魏와 북주北周의 역사를 정리하여 쓴 《춘추》가 있다고 하였다. 그는 사학자로서 진숙달陳叔達은 그를 '양사良史'라 불렀다 하였다.

둘째는 이름을 알 수 없으며 셋째가 바로 왕통으로 자가 중엄仲淹이다. 이는 자의 순서, 즉 孟(伯), 仲, 叔, 季로 보아 매우 타당하다.

넷째는 왕응王凝이며 자는 숙념叔恬, 왕통에게 직접 배우기도 하였으며 태원현령太原縣令을 역임하여 태원부군太原府君으로도 불린다. 그는 후군집侯君集을 탄핵하는 데에 나섰다가 미움을 받아 고소령姑蘇令으로 좌천되자 얼마 뒤 사직하고 고향으로 돌아와 형의 저술《육경六經》과《중설中說》을 정리하는 데에 온갖 정성을 다한 조력자이다.

다섯째는 왕적王績으로 자는 무공無功이며 스스로 동고자東皋子라 하였다. 형 왕통의 엄격한 유학儒學과는 맞지 않는 성격이어서 스스로 술과 은일隱逸, 문장文章으로 세월을 보냈고, 한때 도연명陶淵明의〈오류선생전五柳先生傳〉과 유령劉伶의〈주덕송酒德頌〉을 흉내내어〈오두선생전五斗先生傳〉을 지었다가 형과 충돌한 고사가 본 책에 실려 있다.(事君篇) 아울러 그는 은일로 이름이 높아《구당서舊唐書》(192),《신당서新唐書》(196) 은일전隱逸傳에 전이 실려 있으며 자신의《동고자집東皋子集》도 전하고 있다.

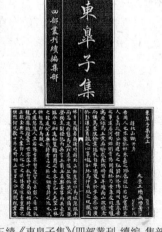

王績《東皋子集》(四部叢刊 續編 集部)　　　王績《東皋子集》(四部叢刊 續編 集部) 電子版

여섯째는 알 수 없으며, 일곱째가 왕정王靜으로 자는 보명保命이며 "季弟名靜, 薛收字之曰保名"라 한 자가 바로 이 사람이다. 그는 당 고조 이연의 천우위千牛衛를 역임하였다.

다음으로 왕통의 아들은 모두 셋이었다.

복교(福郊, 福畯), 복조福祚, 복치福時이다. 그 중 복교와 복치는 아버지의 업적을 정리하기에 힘썼으나 복조는 이름이 제대로 보이지 않는다.

특히 복치에게는 6명의 아들, 즉 면勔, 려勵, 발勃, 조助, 갈劼, 훈勛이 있었으며 그 중 셋째 아들 발은 멀리 교지령交趾令으로 가 있던 아버지를 찾아가다가 남창南昌 등왕각滕王閣에서 유명한 〈등왕각서滕王閣序〉를 짓고 이름을 드날렸으며 "時來風送滕王閣, 運退雷轟薦福碑"의 고사를 남긴 왕발王勃이며 노조린盧照隣, 양형楊炯, 낙빈왕駱賓王과 함께 천하에 문재文才를 인정받은 「초당사걸初唐四傑」로 불리던 인물이다.

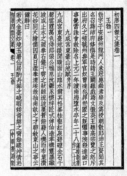

《初唐四傑集》王勃

2. 선대先代와 가계家系

여기서 잠깐 그의 가계家系를 두엄杜淹이 편찬한 〈문중자세가文中子世家〉(부록 참조)에 의해 살펴보면 다음과 같다.

그의 선조는 한漢나라 때 왕패王霸로 시작되며 18조는 왕은(王殷, 雲中太守), 14대는 왕술(王述, 《春秋義通》 저술), 9대 왕우王寓로 민회지난愍懷之難을 피해

강남江南으로 이주하였으며, 그에게 왕한王罕이 나고 왕한이 왕수王秀를 낳아 동진東晉의 문학가로 이름을 날렸다. 뒤이어 왕한은 왕현모王玄謨와 왕현칙王玄則을 낳았으며 현칙은 자가 언법彦法으로 유학儒學에 심취하였으니 이가 왕통의 6대조이다. 현칙은 남조南朝 송宋나라를 섬겨 태복太僕과 국자박사國子博士를 역임하였으나 유학에 뜻을 두고 강학講學에 힘써 남조南朝 유학의 거유巨儒로 이름을 날렸다. 그는 《시변론時變論》6편을 지었으며 내용은 "言化俗推移之理"(《王道篇》)이라 하였다. 현칙은 강주부군江州府君 왕환王煥을 낳았고, 왕환 역시 《오경결록五經決錄》5편을 지었으며 그 내용은 "言聖賢制述之意"라 하였다. 다시 왕환은 왕통의 4대조인 진양목공晉陽穆公 왕규王虬를 낳았다. 그런데 마침 소도성蕭道成이 송나라를 찬탈하고 제(齊, 南齊)를 세우자 건원建元 연간 선비족鮮卑族 탁발씨拓拔氏의 북위北魏로 달아나 그들을 섬겨 병주자사幷州刺史를 역임하였으며 이때부터 왕통의 집안이 분하(汾河, 晉陽) 근처에 살게 된 것이며, 그는 《정대론政大論》8편을 저술하였고 내용은 "言帝王之道"라 하였다. 왕규는 다시 왕언(王彦, 同州刺史, 同州府君)을 낳았으며 왕언은 《정소론政小論》8편을 지었으며 내용은 "言王霸之業"이라 하였다. 왕언은 왕일(王一, 濟州刺史, 安康獻公)을 낳았고, 이가 왕통의 조부이다. 그 역시 《황극당의皇極讜義》9편을 지었으며 그 내용은 "言三才之去就"라 하였다. 그 밖에 〈과용문우묘비過龍門禹廟碑〉가 알려져 있다. 다시 왕일이 왕융(王隆, 銅川府君)을 낳았으며 왕륭은 자가 백고伯高이며 바로 문중자 왕통의 아버지이다. 그 역시 《흥쇠요론興衰要論》7편을 지었으며 내용은 "言六代之得失"이라 하였다. 이에 왕통은 그의 셋째 아들로 태어났으며 형 왕도王道 외에 그 아우로 왕응(王凝, 叔恬), 왕적(王績, 無功, 東皐子), 왕정王靜이 있다. 왕통이 태어나자(開皇 4년, 584) 아버지 왕륭이 점을 쳐서 자신의 아버지

왕일에게 그 점괘를 바치자 왕일은 태어난 손자의 점괘를 "素王之卦也, 何爲
而來? 地二化爲天一, 上德而居下位, 能以衆正, 可以王矣, 雖有君德, 非其時乎?
是子必能通天下之志"라고 풀이하며 이름을 '通'으로 지었다고 한다. 한편
왕통은 뒤에 복교(福郊, 福獎), 복조福祚, 복치福畤 세 아들을 두었으며 그 손자
로써 복치의 여섯 아들 중 셋째가 초당사걸로 유명한 왕발이며, 5대 손으로
왕질王質이 이어지는 등 수당隋唐을 걸쳐 문학과 학술로 이름이 난 집안을
이루게 된다.

3. 왕통의 학문

왕통은 이러한 집안의 영향으로 일찍부터 학문에 눈을 떠서 유학의
정통을 익혀나갔다. 즉 동해東海 사람 이육李育으로부터 《서書》를, 회계會稽
하전夏琠에게는 《시詩》를, 하동河東 관자명(關子明, 關朗)에게는 《예禮》를, 북평
北平 곽급霍汲에게는 《악樂》을, 족부族父 중화仲華에게는 《역易》을 배우는
등 6년 동안 옷도 벗지 않은 채 학문에 온갖 열정을 쏟았다고 하였다. 그리
하여 인수仁壽 3년(603) 약관의 나이에 장안長安으로 갔다가 마침 막 천하를
통일한 수隋 문제文帝의 접견 요청을 받고 태극전太極殿에서 만나 〈태평책
太平策〉 12가지를 상주上奏하였으나 궁궐 내부가 아직 그러한 개혁 의지가
전혀 없음을 알고 돌아오면서 〈동정지가東征之歌〉를 지었다고 한다. 이 《십이책
十二策》은 뒤에 4冊으로 편집하였다 하나 지금은 전하지 않는다. 이듬해
문제가 죽고 양제煬帝 첫해 다시 부름을 받았으나 응하지 않고 평생 갈 길을

결정, 그 때부터 저술과 교학에 일생을 바치게 된다. 한편 양형楊炯의 〈왕발집서문王勃集序文〉에는 "수나라 때 수재과秀才科에 고제高第로 올라 초군사호蜀郡司戶의 서좌書佐와 촉왕蜀王의 시독侍讀을 지냈으며 대업大業 말에 용문龍門으로 물러나 강학講學에만 힘을 기울였다"(隋秀才高第, 蜀郡司戶書佐·蜀王侍讀. 大業末, 退講藝於龍門)라 하였으나 구체적인 내용은 알 수 없다.

그의 교학教學 생활 일체는 공자와 똑같은 전형을 보이고 있다. 우선 저술에 있어서 공자가 다루었다는 육경六經을 그대로 본 떠 《속경(續經, 續六經)》을 지었다. 바로 《속시續詩》(10권), 《속서續書》(25권), 《찬역讚易》(10권), 《예론禮論》(10권), 《악론樂論》(10권), 《원경元經》(15권) 등 총 80권의 여섯 가지가 그것이며 이를 달리 '왕씨육경王氏六經'이라 부르기도 한다.

《속시》는 《시경》의 '풍風', '대아大雅', '소아小雅', '송頌'의 네 가지 체제에 맞추어 '와化', '정政', '송頌', '탄嘆'으로 나누었고, 다시 정감情感에 따라 '미美', '면勉', '상傷', '악惡', '계誡'의 다섯 가지로 분류하였다고 한다. 그리고 《속서》는 《상서尚書》의 체제를 본떠서 서한西漢부터 진晉나라 때까지의 황제의 '조詔'와 '명命'을 모은 것이며, 《원경》은 공자의 《춘추》를 모방하여 천지인天地人 삼재三才의 관계를 기본으로 하였으며, 진晉 혜제惠帝 영희永熙 원년(290)으로부터 수隋 개황開皇 9년(589) 남조南朝 진陳나라가 멸망할 때 까지 300년간의 역사를 경經과 전傳으로 나누어 기록한 것이며 설수薛收나 완일阮逸이 위조僞造한 것이 아닌가 의심하고 있다.

다른 세 가지 즉 《악론》, 《예론》, 《찬역》 역시 《예》, 《악》, 《역》을 모방하여 나름대로 저술한 것으로 보일 뿐 자세한 내용은 알 수 없다. 이 《육경(속육경)》은 지금은 찾아볼 수 없으며 다만 설수가 전傳하고 완일阮逸이 주석을 한 《원경》(10권)이 「사고전서」 사부(2) 편년류에 수록되어 있으나

王通(撰) 薛收(傳) 阮逸(註)《元經》
四庫全書 史部 編年類(電子版)

王通(撰) 薛收(傳) 阮逸(註)《元經》
四庫全書 史部 編年類

이는 위서僞書라는 주장이 강하게 제기되고 있다. 《신당서》와 《구당서》에는
물론 《숭문총목崇文叢目》에도 그 서명이 올라 있지 않다.

4. 왕통의 학문적 지위

그는 일생 영향력을 떨친 유학가儒學家요 사상가思想家이며 정론가政論家,
「정관십대명신貞觀十大名臣」을 길러낸 교육자임에도 《수서隋書》나 《구당서》,
《신당서》 등 정사正史에는 전傳이 올라 있지 않다. 이 때문에 송초 송함宋咸

으로부터 청대 요제항姚際恒에 이르기까지 많은 이들은 혹 왕통이 실존
인물이 아닐 수도 있다는 의혹을 제기하였다. 즉 왕응린王應麟의 《옥해玉海》와
초굉焦竑의 《초씨필승焦氏筆乘》에 기록된 것을 보면 송함은 《과문중자過文中子》
(10권)와 《박중설이십이사駁中說二十二事》를 지어 왕통이 실제 인물도 아니며
내용에도 시공이 맞지 않음을 반박하였다 하였다. 그러나 이 책은 지금
전하지 않아 자세한 내용은 알 수 없다. 그러나 왕적과 왕발의 저작이나
문장으로 보아 매우 구체성이 있고 내용의 완성도로 보아도 후대인이 위작한
것일 수는 없다는 것이 지금의 견해이다.

특히 당나라 때 예부상서禮部尙書를 지냈으며 왕통의 제자이기도 한
진숙달陳叔達이 왕적王績에게 보낸 편지 〈답왕적서答王績書〉가 《당문수唐文粹》(82)에
실려 있는데 거기에는 "是賢兄文中子知其若此也. 恐後之筆削, 陷於繁碎, 宏綱
正典, 暗而不宣, 乃興《元經》, 以定眞統. 蓋獲麟之事, 夫何足以知之?"라 하였
으며, 초당사걸 양형의 《왕발집王勃集》 서문(《楊炯集》 권3)에서 《중설》과 왕통에
대하여 "祖父通, 隋秀才高第, 蜀郡司戶佐書·蜀王侍讀. 大業末, 退講藝於龍門.
其卒也, 門人謚之曰文中子"라 하여 구체적이고 사실적이다. 그런가 하면 중당
中唐 시기의 유우석劉禹錫은 왕통의 5대손 왕질王質을 위해 〈신도비神道碑〉를
지었는데 거기에도 "幷州六代孫名通, 字仲淹. 在隋朝諸儒, 唯通能明王道, 隱居
白牛溪, 游其門皆天下俊傑, 著書行于世, 旣歿, 謚曰文中子"라 하였고, 피일휴
皮日休 역시 〈문중자비文中子碑〉에서 왕통을 맹자孟子, 순자荀子, 한유韓愈와
더불어 큰 사상가로 보았으며, 육구몽陸龜蒙, 사공도司空圖, 유개柳開, 석개
石介 등 역시 왕통의 존재에 대하여 높이 평가하였다. 특히 석개는 왕통을
공자, 맹자, 양웅揚雄, 한유에 비견하였고, 정이程頤는 심지어 순자나 양웅
보다 훨씬 높이 평가하기도 하였다.

한편 《구당서》 왕적전에 의하면 왕통의 사적 일부를 싣고 달리 '자유전
自有傳'이라 하여 원래 「왕통전王通傳」을 싣기로 하였던 것으로 보이며 그 뒤
실제 집필 때에 누락했거나 다른 이유가 있었을 것으로 보인다.

5. 왕통의 제자들

한편 왕통은 평소에는 마치 공자가 제자들을 가르치는 방법 그대로
이끌었으며 그 규모와 수제자들도 《논어》에 나타나는 제자들과 판에 박은
듯이 똑같다. 그 때문에 당시 사람들은 그를 '왕공자王孔子'라고 부를 정도였
으며 뒷사람들은 '하분도통河汾道統'이라 칭하였다. 이를테면 전국 각지에서
몰려온 제자들의 면면을 보면 동상(董常, 河南), 요의(姚義, 太山), 두엄(杜淹, 京兆),
이정(李靖, 趙郡), 정원程元, 두위(竇威, 扶風), 설수(薛收, 河東), 가경(賈瓊, 中山),
방현령(房玄齡, 淸河), 위징(魏徵, 鉅鹿), 온대아(溫大雅, 太原), 진숙달(陳叔達, 潁川),
구장(仇璋, 龍門), 그리고 자신의 아우 숙념(叔恬, 王凝)과 왕적(王績, 無功, 東皋子),
숙부 왕규王珪, 외삼촌 배희裴晞 등을 위주로 한 천 여명이었다 하며 이들을
'분하문하汾河門下'라 불렀다. 이들은 공자 제자들처럼 뚜렷한 성격과 특징이
있어 안회(顏回, 顏淵), 자로(子路, 仲由), 증자(曾子, 曾參), 자공(子貢, 端木賜) 등을
그대로 연상시키는 인물들이다. 이들은 새로운 세상, 즉 당나라를 만나면서
모두가 크게 활약하여 그 중 많은 이들은 당唐 태종(太宗, 李世民)의 '정관
십대명신貞觀十大名臣'에 오르기도 하였다.

한편 이들과의 일상생활은 물론, 교학 방법까지 공자를 그대로 재현한 틀을 이루고 있어 역사적 시간을 거꾸로 가 있는 듯 착각할 정도이다. 심지어 《문중자》 책의 기록 방법도 《논어》를 그대로 본뜬 편집이며 문체 또한 1천 년 전 공자시대와 같다. 말투도 변하지 않은 것이다.

　한편 공자가 말세末世에 살았듯이 왕통 역시 자신이 수나라가 곧 망할 말세에 살고 있으며, 뒤이어 당나라가 들어서서 천하의 태평을 이룰 것임을 예견함과 아울러 확신한 것으로 되어 있다. 그는 일반적인 "지금이 옛날만 못하다"(今不如古)는 생각을 벗어버리고 "앞으로 올 시대가 옛날보다 낫다" (來者勝昔)라는 꿈을 품고 있었다. 특히 수 양제楊廣가 병중의 아버지 문제 (양견)를 독살하고 제위에 오른 것과 고구려 정벌(遼東之役)에 나섰다가 을지 문덕乙支文德에게 살수薩水에서 2백만이 전멸한 전투, 강도江都 별궁에서 마침내 우문화급宇文化及에 시해되는 역사적 사실 등을 겪으면서 서북(山西, 古代 唐)에서 새로운 천자가 나타날 것이라 자신하였다. 그러면서 아깝게도 당 고조 이연이 건국하기 1년 전에 세상을 떠남으로써 직접 보지는 못하고 말았으나 그가 가르친 제자들은 새로운 제국 건설에 뛰어들어 천하의 명신 들로 빛을 발하게 된다. 즉 태종의 정관지치貞觀之治에 이름이 오르내리는 정관 십대 명신은 거의가 바로 이 왕통의 제자들이었다. 방현령房玄齡, 위징 魏徵, 이정李靖, 두위竇威, 온대아溫大雅 등이다. 이름만 들어도 금방 알 수 있는 이들은 《구당서》, 《신당서》에는 물론 《정관정요貞觀政要》에도 그 활약 상이 실려 있어, 과연 천하대국 대당大唐을 건설하는 데 사상적 밑받침이 되었으니 이는 바로 왕통에게 수업한 이론을 실제로 펼 수 있는 당 태종 (이세민)과 같은 불세출의 걸출한 명군明君을 만났었기 때문이었다.

6. 왕통의 사상과 주장

우선 당시 유행하던 종교 신앙의 문제에 대한 견해이다. 그는 유儒, 도道, 불佛에 대하여 극단적으로 대립하는 개념을 보이지는 않았다. 즉 이러한 신앙이나 사상의 유행이 나라를 멸망의 길로 이끌지는 않았다는 것이다. "시서詩書가 성행하여 진秦나라가 망하였으나 이는 공맹孔孟 때문이 아니며, 현학玄學이 유행하여 진晉나라가 망하였으나 이는 노장老莊의 책임이 아니며, 양梁나라 때 왕실에서 불교를 지나치게 믿다가 나라가 망하였으나 이는 석가釋迦의 탓이 아니다"(《詩》·《書》盛而秦世滅, 非仲尼之罪也. 虛玄長而晉室亂, 非老莊之罪也. 齋戒修而梁國亡, 非釋迦之罪也.《易》不云乎?『苟非其人, 道不虛行.』)라고 하여 '삼교가일三敎可一'의 태도를 보이고 있다. 그럼에도 왕도정치를 펴기에는 유가가 가장 적합한 것이며 불교는 서방지학으로 중국 실정에는 맞지 않고 나아가 치도에 활용할 수는 없다고 보았다. 그런가 하면 도가나 도교는 인의나 효제를 중시하지 않으며 장생을 내세우는 것이어서 역시 치도에 적용시킬 수는 없다는 현실적 주장을 펴고 있다. 그러면서 주공의 도를 가장 높이 여겨, 주공의 도가 쇠하자 공자가 출현하였고, 공자의 도가 쇠하자 맹자가 나왔으며 그 뒤를 잇고자 자신이 나왔음을 은근히 주장하고 있다.

다음으로 그의 윤리 사상이다.

그는 공자의 사상을 남김없이 재론하여 인, 의, 예, 지, 신, 효, 충, 서 등을 기둥으로 하여 이에 대한 수양법으로 주역의 궁리진성을 강조하고 있다. 그리하여 이를 구체적으로 자신 개인의 생활에서 찾고 이어서 정치로 나아가 임금의 과실을 보완하는 것이 완정한 전인소人, 철인哲人, 성인成人, 진인眞人으로 여겼다. 그리고 유가의 윤리 도덕 기준을 철저히 신봉하면서 학學, 문問, 계戒, 개과改過를 일상의 덕목으로 삼기도 하였다. 따라서 공자의 부활과 같은 분위기를 조금도 흐트러짐이 없이 신봉하고 신념으로 삼아 일생을 보냈던 것이다.

한편 그의 철학사상은 원기元氣와 원형元形, 그리고 원식元識을 천지인天地人 삼재三才의 특징으로 설정하였으며 숙명宿命을 인정하였다. 불교가 성행하던 수나라 때 왕통은 주공과 공자의 도를 고집하며 전대의 동중서董仲舒나 양웅揚雄의 사상을 이었고 후대의 한유韓愈에게 영향을 끼쳤던 것으로 평가하고 있다. 아울러 이러한 싹은 뒤에 송명이학宋明理學의 발흥에 기초를 다진 것이라 보는 견해도 있으며 특히 그의 궁리진성窮理盡性의 치학방법治學方法은 초보적인 이기理氣, 성정性情의 연구에 단초를 제공한 것이라 보기도 한다. 물론 정이程頤, 주희朱熹, 육구연陸九淵, 왕수인王守仁의 왕통에 대한 견해와 평가는 일치하지는 않지만 유학 발전에 있어서 남북조南北朝를 거쳐 수나라 때 끊어질 뻔한 다리를 이어준 점에서는 어느 정도 중요한 지위를 차지하고 있다고 할 것이다. 그 때문에 송대 이학가理學家들도 왕통의 사상에 대하여 많은 관심과 평가를 보였으며 특히 《근사록近思錄》(總論聖賢篇)에 인용된 정이程頤의 《정씨유서程氏遺書》에는 "文中子本是一隱君子, 世人往往得其議論, 附會成書. 其間極有格言, 荀揚道不到處"(왕통은 하나의 은군자이다. 세인들은 왕왕 그의 언론을 듣고 책을 만들었는데 그 속에는 많은 격언들이 들어 있다. 모두가 荀子나 揚雄도 따르지 못할 훌륭한 것들이다)라 하였고, 한편 장백행張伯行은 《近思錄集解》(14)에서 "文中子其論治道不免碎細, 稱佛爲西方聖人, 則亦於大本大原未有所見. 然有荀揚所不能道及者. 荀揚說性差, 在所說皆差, 文中子猶知所謂中, 是以極有格言也"라 하였다. 그리고 송대 왕응린王應麟은 아동을 위한 몽학서蒙學書 《삼자경三字經》에서 "五子者: 有荀揚, 文中子, 及老莊"(다섯 뛰어난 諸子는 순자, 양웅, 문중자, 및 노자와 장자)라 하여 높이 평가하였으며, 왕상王相의 〈훈고訓詁〉에는 "文中子, 姓王名通, 子仲淹, 隋龍門人, 作《元經》,《中說》二書, 諡文中子"라 하여 어린이에게 각인이 되도록 거론하고 있다.

採諸子而讀之。但諸子之書。醇疵互見。必
當攝取其簡要之言。以裨正學。記憶其事
跡之實。以備參考則所學日進於淹博。而
不至流於邪僻矣。

五子者　有荀揚
文中子　及老莊

三字經訓詁

子書百家。浩繁不可勝紀。就其最善者而
讀之則有五子曰老子。姓李名耳字伯陽。
亳邑人。東周時為柱下史。作道德經五十
言。莊子名周字子休楚蒙城人。作荀子上
下二篇揚子名雄漢成都人作太元經法。
作南華經荀子名卿楚蘭陵人。為漆園令。
言二書文中子姓王名通字仲淹隋龍門
人。作元經。中説。二書謚文中子五子大義

王應麟《三字經》

7. 왕통의 역사관

왕통은 지역적으로 중원中原에 세운 왕조를 정통으로 여겼다. 이민족의
건국을 인정한 것이다. 다만 중원에 '제帝'가 없을 때였던 동진東晉과 남조
송(宋, 劉宋)까지만을 역사의 정통으로 여겼다. 왕통이 이러한 역사관을 갖게
된 것은 소도성蕭道成이 송宋나라를 찬탈하고 제(齊, 南齊)를 세우자 그의
4대조 목공穆公 왕규(王虬: 428~500)가 건원建元 연간 북위北魏로 달아나
중원에 정착한 것과 깊은 관련이 있는 것으로 보인다. 왕규王虬가 찾아간
북위(386~534)는 선비족鮮卑族 탁발씨拓拔氏가 도무제(道武帝, 拓拔珪) 때에 오호
십륙국五胡十六國의 혼란을 일소하고 북방을 통일하여 건국한 왕조로 처음

에는 우선 지금의 산서山西 대동大同에 도읍을 정하였다. 왕통은 특히 북위 효문제(孝文帝, 拓拔宏, 元宏)를 아주 높이 여기고 있다. 그는 헌문제(獻文帝, 拓拔弘)의 아들이며 선무제宣武帝 탁발각(拓拔恪, 元恪)의 아버지로서 471~499년까지 28년간 재위하였다. 그는 낙양洛陽으로 천도한 다음 탁발씨拓拔氏 성을 원씨元氏로 바꾸고 언어, 혼인, 복식, 풍습 등 일체에 대하여 한화漢化를 강행하였다. 이에 따라 북위北魏를 원위元魏로도 부르며 효문제 자신의 성명 탁발굉拓拔宏도 원굉元宏으로 바꾸었다. 중국 역사에 유례를 찾아볼 수 없을 정도로 가장 깊이 한화를 이룩하였던 것이다. 이에 따라 왕통은 비록 이민족일지라도 중원을 통치한 왕조를 정통으로 보아, 혈통보다는 지역을 중시하여 모든 학문과 주의주장, 이론을 펴고 있다. 따라서 강남의 왕조는 비록 한족漢族 일지라도 중원을 포기한 책임을 물어 매우 부정적 시각으로 보고 있다. 그 때문에 《원경》을 저술하면서 남조 제齊, 양梁, 진陳에 대해서는 정통을 인정하지 않았고 수 문제楊堅가 남조 진陳을 멸하자(589) 드디어 천하가 옳게 통일을 이루어 중원이 바른 '제지帝地'가 되었다고 주장하였던 것이다.

Ⅱ. 《文中子(中說)》

《문중자》는 달리 《중설》로 불리기도 한다. 물론 왕통 자신이 기록한 것은 아니다. 《논어》와 똑같이 문인들이 기록한 것과 뒷사람이 추가한 것을 기초로 정리한 것이다. 편집 체제나 서술 방법은 《논어》와 판박이처럼 같다. 다만 《논어》가 20편임에 비해 10편으로 줄였으며 각 편의 제목도 첫 구절 어휘를 추출하여 두 글자로 삼되 거기에 의미를 더하여 층위層位를 달리 했을 뿐이다. 아울러 현존 《논어》가 499장(朱子集註本)의 분량인 것에 비해 본 《문중자》 역시 대략 475장(譯註者 분류)으로 어느 정도 비슷하다.

문중자의 많은 제자들 중에 이에 참여한 이들은 정원, 구장, 동상, 설수 등 4사람이 가장 큰 힘을 기울인 것으로 보인다. 아우 왕응王凝은 본책에서 "夫子得程·仇·董·薛而《六經》益明, 對問之作, 四生之力也. 董·仇早歿而程·薛繼殂, 文中子之敎, 其未作矣. 嗚呼! 以俟來哲"이라 끝을 맺은 것으로도 알 수 있다.

그리고 〈왕씨가서잡록王氏家書雜錄〉에는 "凝以喪亂以來, 未遑及也, 退而求之, 得《中說》一百餘紙, 大抵雜記, 不著篇目, 首卷及序, 則蠹絶磨滅, 未能詮次"라 하여 왕응이 우선 급한 대로 백 여장의 기록물을 모았으나 순서도 없고 좀이 쓸어 마멸된 상태였다고 한 것으로 보아 처음 손을 댄 것은 왕응(王凝, 叔恬)이며, 이를 완성하지 못하자 왕통의 아들 왕복치王福畤가 이를 받아 "余因而辨類分宗, 編爲十編, 勒成十卷"이라 하여 완성을 한 것이다.

그러나 이 《중설》 역시 북송 이래 위조 여부에 대한 논란이 끊이지 않았다. 송함宋咸은 최초로 이 《중설》은 위서일 것이라 주장하였다. 그러나 그의 글이 지금 남아 있지 않아 구체적인 근거는 알 수 없다. 다음으로 남송南宋의 홍매洪邁는 아주 강하게 완일阮逸이 위조한 것이라 주장하였다. 그는 그의 왕통의 문인들을 분석하여 시간적으로 맞지 않는 점 4가지를 근거로 제시하였다. 그 뒤 명초明初 송렴宋濂 역시 《중설》은 왕통의 아들 왕복교王福郊와 왕복치 형제가 위조한 것이라 주장하였고, 청대淸代 유정섭兪正燮 역시 논리에 맞지 않는 3가지, '家廟東南向', '朝服祭器不假', '躬耕'을 들어 의심을 표시하였으며 심지어 양계초梁啓超는 왕통 자신이 위조한 것이라 주장하기도 하였다. 그러나 이는 모두 억지에 가까우며 지금 전하고 있는 당본唐本 《중설》(阮逸本)은 실제 왕통이 가르치고 대화로 나눈 것을 아우 왕응과 아들 왕복치가 모아 편집한 것이며 일부 검증을 거치지 않은 채 그대로 실린 것이 있을 수 있다고 보아야 할 것이다.

한편 《구당서》에 의하면 당말오대에 유행했던 《중설(문중자)》은 5종의 판본이 있었던 것으로 보인다. 그러나 지금은 전하는 것이 없으며 북송 때에는 두 종류가 있었으며 그 중 하나는 완일阮逸 역주본註釋本이며 다른 하나는 공정신龔鼎臣의 주석본이었다. 공씨본은 지금 전하지 않으나 그의 문장을 인용한 다른 자료를 완일본과 대조해 보면 거의 같은 문장이라 한다. 그 뒤 남송 때 진량陳亮 역시 다시 주석을 더한 판본이 있었다 하나 지금은 전하지 않는다. 따라서 지금은 오직 완일본만 전하며 이는 「사고전서」, 「사부비요」, 「사부총간」, 「속고일총서續古逸叢書」, 「백자전서百子全書」, 「제자백가총서諸子百家叢書」, 「이십이자二十二子」 등에 모두 실려 있다.

그리고 사고전서본에는 본문 외에 앞에 〈문중자중설서文中子中說序〉(阮逸)가 있고 뒤에는 〈서편敍篇〉(阮逸?), 〈문중자세가文中子世家〉(杜淹), 〈녹당태종여방위론예악사錄唐太宗與房·魏論禮樂事〉(王福時), 〈동고자답진상서서東皐子答陳尚書書〉(王福時), 〈녹관자명사錄關子明事〉(王績·陳叔達), 〈왕씨가서잡록王氏家書雜錄〉(王福時)이 실려 있어 아주 중요한 참고자료가 되고 있다. 그러나 사부비요본에는 그 외에 다시 〈각육자서발刻六子書跋〉(顧春)이 더 추가되어 있다. 현대에 이르러

서는 왕음룡王吟龍의 《문중자고신록文中子考信錄》, 왕기민王冀民·왕소王素의
《문중자변文中子辨》, 윤협리尹協理·위명魏明의 《왕통론王通論》 등이 있고,
백화어 주석본으로는 정춘영鄭春穎의 《문중자(중설, 文中子(中說))》(黑龍江人民
出版社, 2002)이 있으나 비교적 소략하고 일부 탈오자도 눈에 보인다.

III. 晉·南北朝 및 隋·唐 개황

다음으로 왕통이 주로 다루었던 서진西晉 이후 역사 내용과 그가 살았던 수隋나라, 그리고 그의 제자들이 활동했던 당唐나라 초기까지의 역사 흐름을 간단히 실어 이해에 도움을 삼는다.

1. 진(晉-西晉)

(1) 서진西晉의 건국

위魏나라 말기 사마염司馬炎은 아버지 사마소司馬昭를 이어 조정의 권세를 휘두르다가 결국 황제를 협박하여 정권을 이어받아 진나라를 세워 낙양 洛陽을 그대로 도읍으로 정하였다. 이를 서진(西晉: 265~316)이라 하며 실제로 50여년 4명의 황제가 이어온 그리 길지 않은 왕조였다.

진晉 무제武帝가 통치한 25년은 서진西晉 기간 중 그나마 비교적 안정된 시기였다. 삼국 대치 국면을 해소함으로써 남북이 다시 소통하게 되었고 그에 따라 물자 교류와 농업 및 수공업도 어느 정도 발달을 가져왔으며 상업도 점차 활발한 기세로 전환되었다.

무제는 일련의 개혁조치를 단행하여 유민을 안정시키고 농업을 권장하였으며 요역과 세금을 경감시키고 혼인제도를 정비하는 등 그 정책은 불과 10여 년 사이에 호구조사에서 배 이상 통계로 잡힐 정도로 안정을 누렸다.

그러나 그도 말년에 사치와 음란에 빠져 후궁이 수천 명으로 늘어났고 관직을 팔아 수입을 삼는 등의 혼란을 가중시키는 행동을 서슴지 않았다. 게다가 종실을 과다하게 분봉分封하였다. 이는 이를 통해 자신이 보호받고자

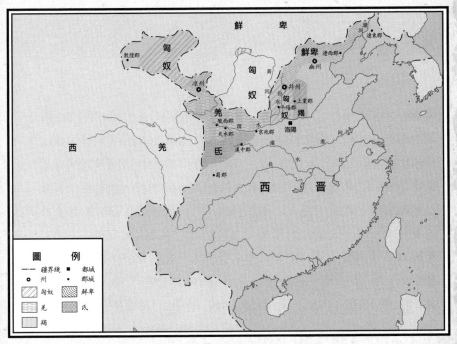

서진西晉 강역과 북방 이민족 분포도

한 것이었지만 도리어 이로써 종실간의 참혹한 투쟁으로 번지게 하는 화근이
됨을 미처 깨닫지 못하였다.

(2) 팔왕지란八王之亂

진 무제가 죽고 혜제惠帝가 즉위하자 전국은 즉시 혼전의 늪으로 빠져들고
말았다. 혜제는 원래 백치白痴였다. 그런데 이를 이용한 황후 가남풍(賈南風,
賈后)은 도리어 간교한 계략으로 자신이 정권을 잡고 휘두르기 시작하였다.

이것이 혼란의 발단이 된 것이다. 우선 가후는 초왕楚王 사마위司馬瑋를 사주하여 자신에게 방해가 되었던 양준楊駿을 살해하고(291년) 여남왕汝南王 사마량司馬亮을 보좌로 삼았다. 얼마 뒤 가후는 다시 사마위에게 사마량을 죽여 없애도록 한 후 다시 '천살擅殺'이라는 죄목을 씌워 사마위까지 죽여 없애고 말았다. 이에 조왕趙王 사마륜司馬倫이 이를 기화로 군사를 일으켜 가후를 죽여 버리자(300년) 이 틈에 종실의 여러 제후 왕들이 군사를 일으켜 정권 다툼에 나섰고 이해에 얽히거나 황실의 서열을 계산한 나머지 제후 왕들이 모두 서로 죽이고 죽는 혼전이 시작되고 말았다. 즉 앞서의 초왕 (사마량), 여남왕(사마량)과 조왕(사마륜)에 이어 제왕齊王 사마경司馬冏, 장사왕 長沙王 사마예司馬乂, 성도왕成都王 사마영司馬穎, 하간왕河間王 사마옹司馬顒 등 여덟 왕이 이 내전에 침벌과 살육으로 점철된 참혹한 골육상잔의 결과를 낳고 말았다. 최후로 결국 동해왕東海王 사마월司馬越이 혜제惠帝를 독살하고 (306년) 회제懷帝를 세워 대권을 장악하는 것으로 결말을 보게 된다. 이렇게 16년간의 내전을 '팔왕지란'八王之亂이라 한다. 이 내전으로 인해 진나라의 통치 기능은 마비되다시피 하였으며 사회경제는 지극한 파괴를 입게 되었다.

(3) 영가지란永嘉之亂과 서진의 멸망

'팔왕지란'이 한창일 때 북방의 이민족들이 중국 내로 들어와 있었고 이들은 마침 진나라 내란에 고통을 당한 각지 유민들과 뜻이 맞아 진나라에 대항하기 시작하였다. 그 중 흉노匈奴의 귀족 유연劉淵이 황제를 칭하기에 이르렀다. 그 아들 유총劉聰이 뒤를 잇자 진나라 군사 10만을 섬멸하고 수도 낙양洛陽을 공격, 결국 회제懷帝를 포로로 하고 약탈과 방화를 자행하였다. 그리하여 왕족과 사민士民 3만을 죽이고 다시 장안長安을 공격하여 그곳에 피신하였던 민제愍帝를 포로로 잡아 돌아가 버렸다. 이리하여 서진西晉은 멸망하고 말았으며 이 사건을 당시 연호를 따서 '영가지란'永嘉之亂이라 한다.

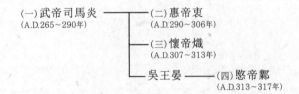

西晉世系圖
(A.D. 265~317)

(一) 武帝司馬炎 ── (二) 惠帝衷
(A.D.265~290年)   (A.D.290~306年)

── (三) 懷帝熾
(A.D.307~313年)

── 吳王晏 ── (四) 愍帝鄴
(A.D.313~317年)

2. 동진東晉과 오호십륙국五胡十六國

(1) 동진의 건국

서진西晉이 멸망하자 황족이었던 사마예司馬睿가 남방 장강長江 유역으로 옮겨 건강(建康, 남경)에 도읍하였다. 이가 곧 원제元帝이며 이 시대 이후를 '동진東晉'이라 한다. 이는 건강이 낙양洛陽에 비해 경도經度상 동쪽에 처하여 붙여진 이름이며 지역적으로는 황하 유역에서 장강 유역으로 남천한 것이다.

아울러 그는 실제 큰 세력은 없었고 오직 승상 왕도王導에 의해 중원中原의 귀족들을 이끌고 남으로 내려와 남방의지지 세력의 힘을 빌린 것이다. 이에 따라 동진 초기는 귀족 왕씨王氏와 황족 사마씨司馬氏가 함께 천하를 소유하고 있었던 셈이다.

그러나 남북의 호족들 사이에 권력 투쟁과 마찰이 끊임이 없어 내란이 잦고 정권이 불안정한 상태가 지속되었다.

(2) 오호십륙국五胡十六國과 동진東晉의 북벌

서진이 흉노에 의해 멸망당한 후 중원과 중국의 북방에서는 흉노匈奴, 선비鮮卑, 갈羯, 저氐, 강羌 등 민족의 통치자들이 일어서서 서로 할거하며 정권을 세웠다가 사라지곤 하였다. 이에 서남지역에 세워졌던 성한成漢을 합하여 모두 16개의 나라가 명멸하였다. 즉 흉노는 전조前趙, 북량北涼, 하夏를 세웠고, 선비는 전연前燕, 후연後燕, 서진西秦, 남량南涼, 남연南燕을 세웠으며, 갈羯은 후조後趙를, 저氐는 성成, 전진前秦, 후량後涼을, 강羌은 후진後秦을 세워 이들을 오호五胡라 하며, 거기에 한족漢族이 세웠던 전량前涼, 서량西涼, 북연北燕을 합하여 모두 '십륙국'이라 일컫는다. 실제로는 한인 염민冉閔의 염위(冉魏: 350년 1년)와 선비족鮮卑族 모용홍慕容泓의 서연(西燕: 384~394)이라는 나라도 이 때 세워졌었으며, 북위北魏의 전신인 대국(代國: 315~376)도 있었지만 이들은 16국에 포함시키지 않는다.

한편 남천한 북방의 귀족들과 백성들은 고향을 그리워하며 북벌을 꾀하였다. 그 중 조적祖逖은 일찍이 군대를 이끌고 황하 이남을 수복하기도 하였으나

(313년) 동진의 내분으로 인해 지지를 얻지 못하였다. 뒤에 환온桓溫이 세 차례의 북벌로 옛 도읍지 낙양洛陽을 수복하고 서울을 다시 그곳으로 옮길 것까지 주장하였으나 그의 찬탈 야심을 의심한 남방 대신들의 반대로 뜻을 이루지 못하였다.

(3) 비수지전淝水之戰

저족氏族이 세운 전진前秦은 부견苻堅에 이르러 한인漢人 왕맹王猛을 재상으로 삼아 다른 호족胡族을 누르고 농업을 중시하며 경제력을 키워 안정을 얻게 되었다. 이리하여 전진은 한 때 북방을 통일하여 강국으로 성장하였다.

이에 부견은 90만 대군을 이끌고 남방 동진東晋 정벌을 시도하기에 이르러 역사상 유명한 비수지전淝水之戰을 감행하게 된다. 그러나 부견은 지나친 자신감으로 적을 가볍게 여겼으며 게다가 전진의 군사는 서로 다른 민족들의 혼합으로 통솔이 쉽지 않은 상태였다. 한편 동진은 사석謝石과 사현謝玄이 8만 정병을 이끌고 이에 대항하여 낙간洛澗에서 전진의 전초부대를 대파하고 주력부대가 강을 경계로 대치 상태에 들어갔다. 부견은 동진의 군사가 훈련이 매우 잘 되어 있는 모습을 보고 겁을 먹고 전의를 상실하고 말았다.

동진의 군사가 비수淝水에 이르러 이들을 완전히 궤멸시키자 전진의 군사는 바람소리, 학의 소리만 듣고도 놀랐다는 일화를 남겼으며 뿔뿔이 흩어져 부견의 위세는 크게 꺾이고 말았다.

이 비수지전으로 인해 전진 부견이 맹주 자리를 잃게 되자 북방은 다시 장기간의 혼란과 할거 시대를 맞았으며 남방은 오히려 잠시의 안정을 얻게 되었다.

(4) 동진東晉의 멸망

동진은 종실과 호족 간에 정권다툼으로 날을 지새는 형편이었으며 이 때문에 백성의 세 부담과 요역은 가중되어 결국 민생은 도탄에 빠지게 되었고 각지의 도적이 봉기하기 시작하였다.

비수지전 이후 탐관오리의 횡포는 더욱 심해졌으며 정국의 혼란은 심화되었다. 이를 틈타 환현桓玄이 제위를 찬탈하고 자립하자 유유劉裕가 기병하여 그를 죽여 진나라를 회복, 대권을 장악하게 되었다. 그러나 얼마 후 유유는 결국 진나라 공제恭帝를 폐위하고 자립하여 국호를 송宋으로 고치고 그 자리 건강(建康, 남경)을 도읍으로 정하여 남조南朝 시대를 열게 된다. 동진은 이렇게 하여 결말을 고하게 된 것이다.

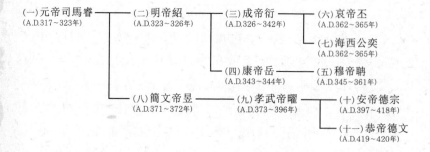

東晉世系圖
(A.D. 317~420)

- (一) 元帝司馬睿 (A.D.317~323年)
  - (二) 明帝紹 (A.D.323~326年)
    - (三) 成帝衍 (A.D.326~342年)
      - (六) 哀帝丕 (A.D.362~365年)
      - (七) 海西公奕 (A.D.362~365年)
    - (四) 康帝岳 (A.D.343~344年)
      - (五) 穆帝聃 (A.D.345~361年)
  - (八) 簡文帝昱 (A.D.371~372年)
    - (九) 孝武帝曜 (A.D.373~396年)
      - (十) 安帝德宗 (A.D.397~418年)
      - (十一) 恭帝德文 (A.D.419~420年)

3. 남북조南北朝

(1) 남조의 교체

동진이 멸망한 뒤 170여 년 간은 중국은 남북 대치 상태를 맞이하게 된다. 즉 남쪽은 건강(지금의 남경)을 도읍으로 하여 송宋, 제齊, 양梁, 진陳의 네 왕대가 차례로 이어갔다. 그러나 이들은 견고한 국가를 세우지는 못한 채 그저 장강長江 하류 일대를 통치하고 있었을 뿐이며 변경의 중요한 지역은 그곳의 장군이 군정軍政 대권을 쥐고 때에 따라 중앙 정권을 넘보기도 하는 혼란의 연속이었다.

(2) 북조北朝의 분리와 통합

우선 북쪽은 선비족의 탁발씨拓跋氏가 북위北魏를 세워 북부를 통일하였지만 뒤에 선비 귀족의 사치와 부패로 인하여 민란이 끊이지 않게 되었고 결국 동위東魏와 서위西魏로 분열되고 말았다. 그리고 다시 동위는 북제北齊로, 서위는 북주北周로 대체되었으며 뒤에 북주北周는 북제北齊를 멸망시키고 중국 북방을 다시 통일하였다.

북주는 무제武帝 때에 농업을 중시하고 병농兵農 겸용 정책을 채택하여 한때 강력한 국가로 성장하였지만 선제宣帝에 이르러 다시 사치에 빠지고 말았다. 이에 외척 양견楊堅이 나타나 북주北周를 대신하여 황제를 칭하며 국호를 수隋로 정하고 아울러 남조의 마지막 왕조 진陳나라를 멸하여 중국 전체를 통일함으로써 남북대치의 시대를 마감하게 된다.

⑶ 민족의 융합

　북방을 이민족이 다스리기는 하였지만 그곳 백성의 절대 다수는 한족이었다. 그러자 자연스럽게 호족이 한화漢化하는 경향이 아주 빠르게 진행되었으며 일부 이민족은 이를 적극 장려하기도 하였다.

　우선 이들 중에 흉노의 한화가 가장 일찍 시작되었으며 선비족이 가장 심했다. 북위北魏는 효문제孝文帝 때 이르러 낙양洛陽으로 천도하면서 한화정책을 폈다. 즉 탁발씨拓跋氏라는 성씨를 원씨元氏로 바꾸었으며 일반 선비인들도 모두 한족식의 성씨를 쓰도록 했다. 그리고 한어漢語를 사용하며 정부조직과 관제도 중국식으로 바꾸었다. 게다가 선비족과 한족의 통혼을 장려하였고, 선비인 자신들의 고유 복장조차 금지하였다. 그 때문에 北魏를 後魏, 元魏로도 부른다. 이처럼 북방 민족과 한족의 대융합은 위진 남북조 시대에 가장 보편적으로 성행하였으며 이로써 중국 민족의 확대를 통해 수당隋唐 시대의 원만한 통일에도 지대한 영향을 끼치게 되었다.

※ 남북조 교체와 분합

南北	國號	建國者	年代	都邑	滅亡
南朝	宋	劉裕	420~479	建康南京	齊에게
	齊	蕭道成	479~502	〃	梁에게
	梁	蕭衍	502~557	〃	陳에게
	陳	陳覇先	557~589	〃	隋에게
北朝	北魏	拓跋珪	386~534	平城山西 大同, 494년 洛陽으로 遷都	東魏, 西魏로 분열
	東魏	拓跋元善	534~551	鄴河南 臨漳	北齊에게
	西魏	拓跋元寶炬	534~556	長安西安	北周에게
	北齊	高洋	551~578	鄴河南 臨漳	北周에게
	北周	宇文覺	556~581	長安西安	隋에게

○ 581년 楊堅이 北周의 靜帝를 폐위하고 자립하여 국호를 隋로 하였으며 589년 최후로 南朝 陳을 멸하고 중국을 통일하였음.

南朝世系圖
(A.D.420~589)

宋(A.D.420~479年):

(一)武帝劉裕 ——— (二)少帝義符
(A.D.420~422年)   (A.D.423~424年)

       └── (三)文帝義隆 ——— (四)孝武帝駿 ——— (五)前廢帝子業
           (A.D.424~453年)　　(A.D.454~464年)　　(A.D.465年)

                 └── (六)明帝彧 ——— (七)後廢帝昱(蒼梧王)
                    (A.D.454~464年)　　(A.D.473~477年)

                            └── (八)順帝準
                               (A.D.477~479年)

齊(A.D.479~502年):

├── (一)高祖蕭道成 ——— (二)武帝賾 ——— 長懋 ┬── (三)廢帝鬱林王昭業
│　　(A.D.479~482年)　　(A.D.483~493年)　　　　　(A.D.494年)
│　　　　　　　　　　　　　　　　　　　　　　　　└── (四)廢帝海陵王昭文
│　　　　　　　　　　　　　　　　　　　　　　　　　　(A.D.494年)
│
└── 道生 ——— (五)明帝鸞 ┬── (六)廢帝東昏侯寶卷
　　　　　　　(A.D.494~498年)　(A.D.499~501年)
　　　　　　　　　　　　　　└── (七)和帝寶融
　　　　　　　　　　　　　　　　(A.D.501~502年)

梁(A.D.502~557年), 包括後梁(555~587年):

(一)梁武帝蕭衍 ┬── 統 ── [後梁] ── (一)宣帝詧 ——— (二)明帝巋 ——— (三)琮(莒公)
(A.D.502~549年)　　　　　　　　　　(A.D.555~562年)　　(A.D.562~585年)　　(A.D.586~587年)

             ├── (二)簡文帝綱*
               (A.D.550~551年)

             └── (三)元帝繹** ——— (四)敬帝方智
               (A.D.552~555年)　　(A.D.555~557年)

  * 간문제 퇴위 다음 豫章王(蕭棟)이 551~552년 재위함.

  ** 원제(소역)이 퇴위한 다음 貞陽侯(蕭淵明)이 1년 미만의 재위기간을 거침.

陳(A.D.557~589年):

(一)武帝陳覇先
(A.D.557~559年)

└── 道譚 ┬── (二)文帝蒨 ——— (三)廢帝伯宗(臨海王)
　　　　　(A.D.560~566年)　　(A.D.567~568年)
　　　　　└── (四)宣帝頊 ——— (五)後主叔寶
　　　　　　　(A.D.569~582年)　(A.D.583~589年)

北朝世系圖
(A.D.439~581)

北魏(A.D.386~534年), 包括東魏(534~550年), 西魏(535~556年):

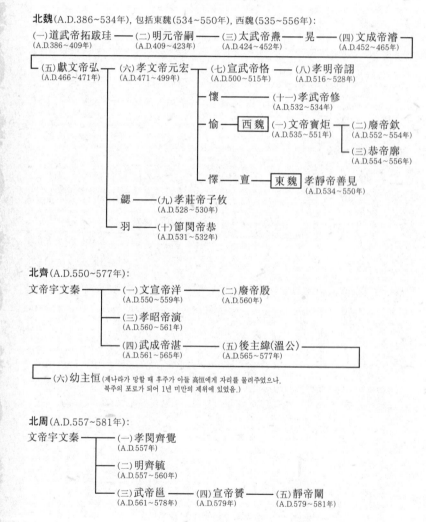

北齊(A.D.550~577年):

北周(A.D.557~581年):

4. 수隋

(1) 수나라의 건국

남북조 시대에 황하 유역의 한족이 대량 장강 유역으로 옮겨가면서 대신 그보다 북쪽에 거주하던 많은 소수민족이 황하 유역으로 남천하여 자리를 차지하였고 이들은 곧바로 한족의 영향을 입어 급속히 한화漢化하였다. 이리하여 중국 민족의 범위가 자연스럽게 넓어졌으며 민족간의 갈등도 완화되는 현상을 보였다. 양견楊堅의 통일은 바로 이처럼 민족문제가 크게 대두되지 않았던 환경 속에 이루어졌던 것이다.

선비족鮮卑族의 우문씨宇文氏가 세웠던 북주北周는 북방 나라 중 마지막 왕조로 그 말년에 외척 양견楊堅에 의해 대권을 잃고 말았다.

즉 양견은 북주의 귀족으로 자신의 장녀가 바로 선제宣帝의 황후였으며 자신을 수국공隨國公에 봉해졌었다. 선제가 죽고 아들 정제靜帝가 8살로 뒤를 잇자 양견이 정치를 보좌하다가 이듬해 결국 정제를 폐위시키고 자신이 대권을 잡아 국호를 수隋라 하고 대흥(大興, 지금의 西安)을 도읍으로 하였다. (581년) 이가 곧 수隋 문제文帝이다. 국호는 원래 자신의 봉지 이름 수국공隨國公에서 취하였으나 그 '隨'자가 지명이기는 하나 '고정되지 못한 뜻'이 있다 하여 'ㅊ'를 제거하고 '隋'자로 정하였다.

그리고 그는 개황開皇 9년(589)에 남조의 마지막 왕조인 진陳을 멸하고 270여 년 간 지속되어온 남북 대치상황을 마감하였던 것이다.

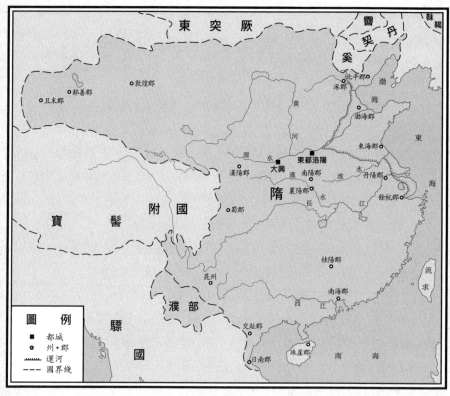

隋나라 영역

(2) 개황지치開皇之治

수隋 문제文帝는 전국 통일을 전후하여 우선 중앙집권을 강화하여 정치와 경제면에서 개혁정치를 서둘렀다. 이리하여 중앙관제는 내사성內史省, 문하성門下省, 상서성尚書省을 최고 통치기관으로 하고, 상서성 아래에 이부吏部,

호부戶部, 예부禮部, 병부兵部, 형부刑部, 공부工部를 두었다. 지방행정은 군제郡制를 폐지하고 주州와 현縣을 두 단계만 두었으며 각지의 관리를 모두 이부吏部에서 임면任免하여 중앙의 통제 기능을 강화하였다.

그리고 '부병제府兵制'를 실시하여 평시에는 생업에 종사하면서 전시에는 병역의 임무를 수행하도록 하는 한편, 호적을 정리하여 납세의 자료를 정확히 하여 국가 재정의 안정적 확보를 도모하였다. 또한 '균전제均田制'를 실시하여 농민이 안심하고 생산과 증대에 힘쓸 수 있도록 하였다.

이상의 조치들은 성공을 거두어 수나라 초기 개황開皇 시대는 국고는 증대하였고 백성은 안정을 누려 흔히 이 시대를 '개황지치開皇之治'라 한다.

(3) 건설 공사

수 문제와 그 아들 수 양제煬帝는 대토목공사를 벌여 그 결과 그 뒤의 남북 소통과 통일국가의 형성에 지대한 영향을 끼쳤다. 우선 문제文帝는 국가에 바치는 양곡의 원활한 저장과 수송을 위하여 '관창官倉'을 만들었으며 흉년과 위급한 경우를 대비하여 '의창義倉'을 만들어 식량을 비축하도록 하였다. 그리고 조운漕運의 편리를 위하여 광통거廣通渠라는 운하를 파기 시작하였다.

뒤이은 양제煬帝는 남방 순행을 위하여 영제거永濟渠, 통제거通濟渠, 한구邗溝, 강남하江南河 등의 물길을 뚫어 남북을 대운하大運河로 연결하였다. 그리고 다시 여러 차례 장성長城을 수축하고 보수하여 돌궐突厥의 침입을 대비하기도 하였다.

⑷ 수나라의 멸망

1) 양제煬帝의 폭정과 고구려高句麗 정벌의 실패

수 양제 양광楊廣은 중국 역대에 그리 흔치 않은 폭군 중의 하나로 알려져 있다. 문제(양견)의 둘째 아들인 그는 형 양용(楊勇, 당시 태자였음)을 폐출하도록 계략을 꾸며 물리친 다음 604년 아버지 문제文帝가 위독해지자 이를 살해하고 제위를 차지할 정도였다. 그리고 곧바로 토목공사를 일으켰으며 무력정벌과 무단정치에 온힘을 기울여 '개황지치'의 안정을 무너뜨리고 말았다.

그는 낙양洛陽에 새로운 궁궐을 지을 때 장정 2백만을 징용했으며 운하를 파고 장성을 수축하면서 수많은 국고를 쏟아 부었다. 그리고 그 자신은 배를 타고 운하를 거쳐 남방을 순행하며 위세를 떨치기를 즐겨하여 그가 재위한 10여 년 간 단 한 번도 거르는 해가 없었다. 그리고 그 때마다 수행하는 자가 2십만 명이 넘었으며 수천 척의 배가 2백 리를 이었고 그 배를 끄는 장정만도 8만 명이 넘었다고 한다. 게다가 그가 닿는 곳이면 이들을 대접해야 하는 지방 관리와 백성들은 그 비용과 고통을 감당해 낼 수가 없어 결국 도피하거나 유랑의 길로 사라지고 말았다고 한다.

그보다 양제의 결정적인 실책은 고구려高句麗 정벌이었다. 그는 이역에 자신의 위세를 떨치겠다는 욕심 아래 세 번의 고구려와 전쟁을 벌였으며 그 때 동원된 군민軍民이 모두 3백여 만에 이르렀다. 심지어 부녀자들까지도 이에 동원되었다. 특히 해전을 위한 전선戰船을 만들 때 목수들은 밤낮 물에 하반신을 담근 채 작업을 시키며 식사조차 물 밖으로 나와서 할 수 없도록 하여 허리 이하에 구더기가 생겨 죽어간 자가 열에 서넛씩이었다고 한다. 그러나 고구려와의 전쟁에 백여만 명이 전사하고 대실패로 막을 내리고 말았다. 이로써 민심은 이반하고 국운은 기울게 된 것이다.

2) 수나라의 멸망

두 황제의 억압과 혹정 속에 수나라 말기에 전국에 흉년까지 겹쳐 백성들은 기아에 허덕였으나 정부에서는 의창義倉을 열지 않았다. 이에 굶주린 각지의 농민은 드디어 봉기하였고 이를 이용한 관리와 토호들은 다투어 영웅을 칭하며 할거하기 시작하였다. 그 때 태원太原의 유수留守 당국공唐國公 이연李淵도 아들 이세민李世民의 책동으로 반기를 들고 장안長安으로 진입하였다. 그는 멀리 강도江都를 순수 중이던 양제煬帝를 제쳐두고 공제恭帝를 세워 정권을 쥐고는 대신 양제는 태상황太上皇으로 삼아 명의상 존재를 인정하였다.

그런데 각지의 봉기군들이 이연에게 항복하여 모여들자 이연은 부세와 요역을 감면하여 민심을 수습하고 있었다. 그런데 양제가 여전히 황음한 생활에서 벗어나지 못하자 대신 우문화급宇文化及이 정변을 일으켜 그만 그를 목졸라 죽이고 말았다. 이연은 이 소식을 듣자 공제를 협박하여 제위를 선양받아 당唐을 세웠으며 이로써 수隋나라의 사직은 종언을 고하게 된다.(618년)

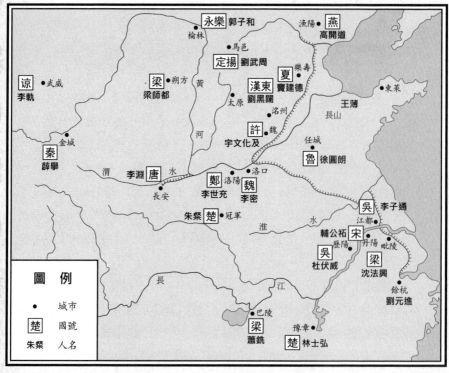

수나라 말기의 각지의 민란과 할거도

隋世系圖
(A.D. 581~618)

(一)隋文帝(楊堅)————(二)煬帝(楊廣)————元德太子(楊昭)┬代王(恭帝, 楊侑)
(581—604年)　　　　　　(605—618年)　　　　　　　　　　　 │(617—618年)
　　　　　　　　　　　　　　　　　　　　　　　　　　　　　　└越王(皇泰帝, 楊侗)
　　　　　　　　　　　　　　　　　　　　　　　　　　　　　　　(618—619年)

5. 당唐 제국의 건립

(1) 李淵과 李世民

당을 건국한 이연李淵은 관서關西의 귀족이었으며 집안의 당국공唐國公을
이어받아 618년 장안長安에서 황제를 칭하고 국호는 자신의 봉지 이름을
취하여 '당唐'이라 하였다. 이가 당唐 고조高祖이다.

건국 과정에서 둘째 아들 이세민李世民의 역할이 매우 컸으며 이세민은
10여년에 걸쳐 수말隋末 각지 민란과 군웅의 세력을 통합하고 소멸시켜
중국 역대이래 가장 강력한 통일국가를 재건한 것이다. 당나라의 제도는
기본적으로 수나라 제도를 답습하였으나 여러 차례의 개혁을 거쳐 더욱
완비된 제도로 효율적인 통치체제를 확립하고 급속히 안정을 취하였다.

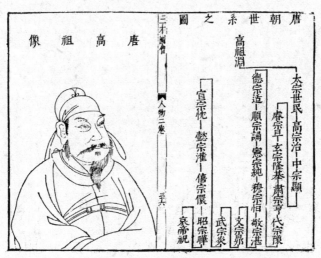

唐 高祖(李世民)와 唐 世系圖《三才圖會》

(2) 대제국의 건설

1) 현무문玄武門의 정변政變

앞서 말한 대로 이세민은 당 고조 이연의 둘째 아들이었다. 그는 아버지를 도와 당을 건국하는데 지극한 공이 있었으나 태자가 되지 못하자 장안궁 長安宮의 북쪽 현무문玄武門에서 형 이건성(李建成, 당시 태자였음)과 아우 제왕 齊王 이원길李元吉을 죽여 왕자의 난을 일으켰다. 이를 역사적으로 '현무문의 정변(玄武門之變)'이라 한다. 그러자 얼마 뒤 고조는 제위를 이세민에게 물려 주고 말았으며 이가 당唐 태종太宗이다.

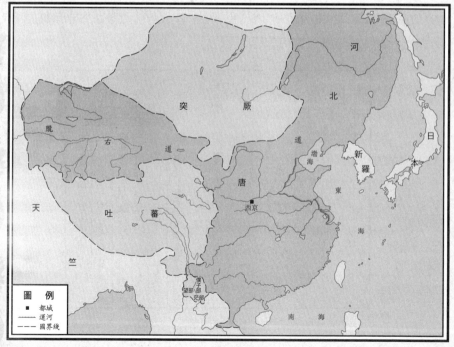

唐나라 영역도

2) 정관지치貞觀之治

태종은 아주 뛰어난 정치가이며 군사가였다. 그는 유능한 신하 방현령房玄齡과 두여회杜如晦, 위징魏徵 등의 도움을 받아 아주 조직적이며 효율적인 정치를 베풀었다. 이처럼 백성을 위한 정책을 근본으로 편 결과 당나라는 초반에 곧바로 경제가 일어나고 농업생산이 증대되었으며 국가의 기틀이 안정을 얻게 되었다. 게다가 당 태종은 문교를 제창하여 중앙에 국자학國子學과 태학太學, 사문학四門學을 설립하여 인재를 배양하였으며, 아울러 산학算學, 의학醫學, 율학律學 등도 빛을 보게 되어 제도의 완비와 국가의 기틀을 바로 잡을 수 있었다. 그리고 지방에는 주학州學과 현학縣學을 설립하고 과거제도를 열어 인재를 선발하였다. 과거제도는 수隋나라 때 처음 시작되어 당唐 태종

唐 太宗(李世民)《三才圖會》

太宗 때 이르러 고정적인 인재 등용의 중요한 관문으로 자리잡게 된 것이다. 이 시대 태종을 도왔던 명신들, 위징, 방현령, 이정 등은 모두 왕통의 제자들이었으며 그 치적과 영향력은 뒷날까지 많은 영향을 미쳤다.

당 태종의 재위 20여 년 간 그 연호가 정관(貞觀: 627~649)이었는데 이 당시 사회 번영을 역사적으로 흔히 '정관지치貞觀之治'라 하여 칭송하고 있으며 이를 자세히 기록한 것이《정관정요貞觀政要》이다.

3) 당의 대외 정책과 고구려 정벌의 실패

당 태종은 '중국이 안정되면 사이가 저절로 복종해온다'(中國旣安, 四夷自服)라는 정책을 일관하여 소수민족을 멸시하지 않았으며 오히려 그들을 위무하고 끌어들이기에 힘을 기울였다. 이에 우선 서역과의 교통을 열어 이들이 마음놓고 드나들게 하였으며 그 외 각지의 유학생을 유치하여 자신들의 문화와 학술을 전파하도록 개방정책을 도입하였다.

그러나 그의 대외 정책 중 최대의 실패는 고구려高句麗 정벌이었다. 자신이 중국의 유일한 대제국을 건설하여 모든 민족과 국가를 복속시켰지만 오직 동쪽 고구려만은 최대 위협으로 남아 있다고 여긴 그는 대외정벌로 그 위세를 자랑하고자 하였다. 이에 수백 만 군중을 동원하고 징발하여 수년 간의 준비를 거친 다음 육로와 해상으로 직접 원정에 나섰으나 끝내 요동의 안시성安市城에서 원정군 열에 7, 8할을 잃는 처참한 패전을 맛본 채 돌아서야 했다. 태종은 그 패전을 두고 깊이 후회하며 이렇게 말하였다.

"위징魏徵이 살아 있었더라면 이런 출정을 말려주었을 텐데."

그리고 곧바로 위징의 무덤으로 달려가 소뢰少牢로 제사지내고 비석을 다시 세우도록 하였다고 하였다.

4) 무위지란武韋之亂

태종이 죽고 고종高宗이 즉위하였으나 그는 나이가 어리고 겁이 많아 자신이 사랑하던 무측천(武則天, 則天武后)을 황후로 세워 도움을 받고자 하였지만 도리어 대권이 측천무후에게 집중되는 결과를 초래하였다. 뒤에 중종中宗이 즉위하였으나 측천무후는 자신이 직접 칭제稱制하며 나섰다. 그리하여 차례로 중종과 예종睿宗을 폐위하고 스스로 '성신황후聖神皇后'라 하며 국호도 '주周'로 바꾸어버렸다. 이를 역사적으로는 '무주武周'라 하며 중국 역사상 유일한 '여황제女皇帝' 시대를 열게 된 것이었다. 그러나 그는

則天武后《三才圖會》

혹리를 임용하여 밀고의 풍조를 유도하고, 자신에게 반대하는 자들을 마구 처단하는 등 전횡을 일삼다가 15년 뒤 병이 위독해지고 말았다. 그제야 대신들이 중종을 다시 영입하여 국호를 '당唐'으로 회복하는 등 일련의 변화를 겪게 된다.

중종이 복위한 뒤 이번에는 그의 황후 위씨韋氏가 무후를 흉내내어 중종을 독살하고 여제女帝의 위치를 꿈꾸었다. 그러자 예종睿宗의 아들 이융기李隆基와 무후의 딸 태평공주太平公主가 이 위후를 살해하고 말았다. 이에 예종이 황위를 이었지만 얼마 뒤 아들 이융기에게 자리를 물려주었으며 이가 곧 양귀비楊貴妃와 애정 고사로 유명한 당唐 현종玄宗이다.

5) 개원지치開元之治

현종은 연호를 개원(開元: 713~741)이라 하였다. 그는 요숭姚崇과 송경宋璟 등 훌륭한 재상들의 도움으로 무측천의 폐정을 시정하고 정관貞觀 시기의 번영을 다시 일으켜 개원 말에는 호구가 4배로 늘었으며 농토의 개척과 그에

따른 생산력 증대로 태평시대를 맞게 된다. 이를 흔히 '개원지치開元之治'라 하며 '정관지치'와 병칭하여 성당盛唐의 번영기로 칭송하고 있다.

宋璟《三才圖會》

姚崇《三才圖會》

文中子(王通)《三才圖會》

王道篇

宋阮逸註

文中子曰甚矣王道難行也吾家頃銅川六世矣未嘗不篤於斯然亦未嘗得宣其用退而咸有述焉則必志其道也蓋先生之述曰時變論六篇其言化俗推移之理竭矣江州府君之述曰五經決錄五篇其言聖賢製述之意備矣晉陽穆公之述曰政大論八篇其言帝王之道著矣同州府君之述曰政小論八篇其言王霸之業盡矣安康獻公之述曰皇極讜義九篇其言三才之去就深矣銅川府君之述曰興衰要論七篇其言六代之得失明矣余小子獲觀成訓勤九載矣服先人之義稽仲尼之心天人之事帝王之道昭昭乎

董常曰吾欲修元經稽諸史論不足徵也欲續詩考諸集記不足徵也欲續書按諸載錄不足徵也子曰爾得之矣吾得時變論焉吾得皇極讜義焉吾得政大論焉吾得政小論焉非以子故也吾志也子謂薛收曰昔聖人述史三焉其述書也帝王之制備矣故索焉而皆得其述詩也興衰之由顯故究焉而皆得其述春秋也邪正之跡明故考焉而皆當此三者同出於史而不可雜也故聖人分焉

文中子曰吾視遷固而下述作何其紛紛乎何其紛紛乎帝王之道其暗而不明乎天人之意其否而不交乎制理者參而不一乎陳事者亂而無緒乎子不豫聞江都有變十三年錫帝車江都天其或者將啟堯舜之運吾不與焉命也

中說卷一

王道篇

　　　　　　　宋　阮逸　註

文中子曰甚矣王道難行也吾家頃銅川六世矣 上黨
有銅
堤 未嘗不篤於斯 文然亦未嘗得宣其用 時 不過
退而咸
有述焉則以志其道也 志記 蓋先生之述日時變論六篇
其言化俗推移之理竭矣江州府君之述曰五經決錄 志記

五篇其言聖賢製述之意備矣晉陽穆公之述曰政大論
論八篇其言帝王之道著矣同州府君之述曰皇極讜義
八篇其言王霸之業盡矣安康獻公之述曰興衰要
論七篇其言六代之得失明矣 自先生至銅川文中子
九篇其言三才之去就深矣銅川府君之述曰時變論
至興衰要論今皆亡六代 世家言之備矣文中子
晉宋後魏北齊後周隋也 余小子獲覩成訓勤九載矣
大業九年自長安歸 服先人之義稽仲尼之心天人之
著六經至九年功畢 先人之義稽仲尼之心天人之
事帝王之道昭昭乎 聖師而明子謂董常曰吾欲修元
因祖德考

四部叢刊子部

中說

《中說》（文中子）四部叢刊本

中說卷第一

王道篇

阮逸注

文中子曰甚矣王道難行也吾奈銅川六世矣有銅
縣嫂未嘗不篤於斯文然亦未嘗得宦用不遇時而
咸有述焉則以志其道也盖先生之述曰五論
六篇其言化俗推移之理竭矣江州府君之述曰五
經決錄五篇其言聖賢製述之意備矣同州府君之
述曰皇極讜義九篇其言三才之去就深矣銅川府
君之述曰興衰要論七篇其言六代之得失明矣先
述曰政小論八篇其言王霸之業盡矣安康獻公之
述曰政大論八篇其言帝王之道著矣晉陽穆公之
經決錄五篇其言聖賢製述之意備矣

余小子獲覩
服先人之餘烈其言帝王之道昭昭乎
成訓勤九載夫大業九年自屬隋世
尼之心天人之事帝王之道昭昭乎
董常曰吾欲修元經晉此書備隋而
已董常曰五經備矣復修之何謂也
子謂
董常曰吾將退而思諸史論不足徵也吾得
時變義焉化俗推移吾得
權去就焉董常又問吾將退而就
志焉吾得政大論焉
子曰自然之謂道書也帝王之制備矣故索焉
五論其述政大論焉其述書也帝王之制備矣故索焉
而皆後則制度得焉史有記言記事也故索焉
其述詩也興義之由顯故究焉

中說卷第一

王道篇

阮逸註

文中子曰：甚矣，王道難行也！吾家頃銅川六世矣，未嘗不篤於斯道，然亦未嘗得宜其用也。退而咸有述焉，則以志其道也。蓋先生之述，曰《時變論》六篇，其言化俗推移之理竭矣。江州府君之述，曰《政大論》八篇，其言帝王之道著矣。晉陽穆公之述，曰《政小論》八篇，其言王霸之業盡矣。同州府君之述，曰《皇極讜義》九篇，其言三才之去就深矣。銅川府君之述，曰《興衰要論》七篇，其言六代之得失明矣。余小子獲睹成訓，勤九載矣，服先人之義，稽仲尼之心，天人之事，帝王之道，昭昭乎！

吾視遷、固而下，述作何其紛紛乎！帝王之道，其暗而不明乎？天人之意，其否而不交乎？制理者參而不一乎？陳事者亂而無緒乎？

運吾時乎，命矣夫！吾將安歸乎？……聞江都之亂，……不勝時乎？……漢何以仲尼……取皇綱乎？……夫子自秦歸晉……視聽乎？……再收……有差而賞罰不明乎？……無主而賞罰不明乎？……《元經》可得聞乎？子曰：天下無賞罰……。周平魯隱，其志亦若斯乎？……聖人達而賞罰行矣。天下之亂，聖人窮而褒貶作，皇極所以復建，而斯文不喪也。

《文中子》（中說）四部備要本

阮逸註

事君篇

房玄齡問事君之道子曰無私問使人之道曰無偏曰
敢問化人之道子曰正其心問禮樂子曰王道盛則禮
樂從而興焉非爾所及也仁義著則禮樂有客也者待
明王乃興或問楊素子曰作福作威玉食不知其他
也○房玄齡問郡縣之治秦邑侯置守于子曰宗周
封功臣宗室而雜魏晉已降滅凶不暇矧然戚名有封
之勢雖無五等而郡縣魏晉已降滅凶不暇矧然戚名有封
列國八百餘年五等諸侯歴封建皇漢雜建四百餘載萩於此子曰周
權臣故滅於吾不知其用也○觀周漢之永魏晉之促其用矣楊素使謂
子曰盍仕乎子曰疏屬之南汾山水名管岑汾水之
曲有先人之敝廬枉可以避風雨有田可以具饘粥彈
琴著書講道勸義自樂也願君侯正身以統天下素
正規時和歲豐則通也受賜多矣而願仕也素以驕
之而行○知則君子之道先德而後刑故其人悅以怨
已而敎時致犯我而致免子曰古之從仕者養人今之從仕者
養己歎古反今子曰甚矣齊文宣之虐也峻法德下姚義

子曰何謂克終子曰有楊遵彥者盍掌國命文宣徵
書本史碑朝章已矣祖命視民如傷奕奕不終
國命一人而已書令何若遵賢不賢而敢言
讓禮子曰威也賢威也我則不敢威所好者故不敢
情也夫知禮樂之情者能作識禮樂之文者能述今
禮壞樂崩大抵作者之謂今非其人故述之而不敢室
禮樂雖威有心不敢威威室也後議作者不可以不
北山丈人山名孤云北山有名氏謂文中子曰何謂述邊
於其間而立天下縣有命矣行義矣斯文中子
先盡忠輔帝之行義矣斯房玄齡曰書云霍廢帝
先盡忠輔帝昭帝崩昌邑王賀公相威三千條罪光廢帝
者無怠用德不常不遂得常怠斯文中子曰何必霍光古
者無急傷時怠也而不修已文中子曰吾不
庶帝何謂也續書書帝紀威也敗義矣何謂文中子曰吾不

舉帝何謂也續書書帝紀威也
於命之而立帝孟子先以武帝賜光字
先盡忠輔帝之行義矣斯文中子曰書云霍光廢帝
之大臣廢昏舉明所以康天下也伊若丈人無姓名文中子
之大臣廢昏舉明所以康天下也伊尹丈人音姬
隋河間郡連涿今深州水濁今
發著講心若醉六經曰若營四海何居乎斯人也文中子
河上丈人曰何居乎斯人也氏居音姬
去之薛收曰何人也子曰隱者也收曰盍從之
子曰吾與彼不相從久矣吾道自伸故與苟
至人相從於是獨善從遁從至人無道
隱者黑於天下爲道一子在河上曰滔滔乎昔吾願止焉
矣至人相從於是獨善從一子在河上曰滔滔乎昔吾願止焉
身不以天下爲道一子曰否也來則有名而荷子諷子
而不可得也今吾得之止乎昔聖人時行則行時止則止
養已歎古反子曰甚矣齊文宣之虐也峻法德下姚義

《文中子》(中說) 諸子百家叢書本

中說卷一

　　　　宋　阮逸　注

王道篇

文中子曰甚矣王道難行也吾家頃銅川六世矣〔上竇有銅〕
縣未嘗不篤於斯文然亦未嘗得宣其用時不遇退而咸
有述焉則以志其道也〔志記〕蓋先生之述曰時變論六篇
其言化俗推移之理竭矣江州府君之述曰五經決錄
五篇其言聖賢製述之意備矣晉陽穆公之述曰政大

論八篇其言帝王之道著矣同州府君之述曰政小論
八篇其言王霸之業盡矣安康獻公之述曰皇極讜義
九篇其言三才之去就深矣銅川府君之述曰興衰要
論七篇其言六代之得失明矣〔自先生至銅川文中子世家言之備矣時變論
至興衰論今皆十六代也〕〔晉宋後魏北齊後周隋也〕余小子獲覩成訓勤九載矣
大業九年自長安歸服先人之義稽仲尼之心天人之
〔著六經至九年而畢功〕事帝王之道昭昭乎〔因祖德考聖師而明王子謂董常曰吾欲元
經稽諸史論不足徵也〔春秋異名也義包五始故曰元〕

欲續詩考諸集記按諸載錄不足徵也〔集所記〕
〔正風雅王言大道非以化俗〕
〔大論焉王言大道曰制明白〕
曰然子謂薛收曰昔聖人述史三焉而皆得〔薛收字伯褒隋内〕
〔謂孔〕其述書也帝王之制備矣故索焉而皆得〔史有記
則制度〕其述詩也興衰之由顯故究焉而皆得〔失窮
政化則〕其述春秋也邪正之跡明故考焉而皆得〔史事
詩明矣〕

此三者同出於史而不可雜也故聖人分焉〔稽邪正則
法當矣〕〔王言事明得失皆史官所錄也
職也職而同體異故曰分〕文中子曰吾視遷固而下述作
何其紛紛乎〔史記漢書而下文體相承多且亂〕
〔不〕明乎天人之意其否不交乎制理者參而不一乎
陳事者亂而無緒乎〔四者由子不豫疾聞江都有變業
十三年煬帝幸江都〔文化及弒逆〕
宮宇文化及弒逆〕
〔至隋○胡畎友〕其或者將啟堯舜之運吾不與焉命也
〔宗文行堯舜之道胡畎友生民厭亂久矣
而文中子已死〕文中子曰道之不勝時久矣吾將若之

차례

◈ 책머리에
◈ 일러두기
◈ 해제

文中子 下

第六卷 〈禮樂篇〉

第七卷 〈述史篇〉

第八卷 〈魏相篇〉

第九卷 〈立命篇〉

第十卷〈關朗篇〉

⊛ 부록

文中子 上

第二卷 〈天地篇〉

第三卷 〈事君篇〉

第四卷 〈周公篇〉

第五卷 〈問易篇〉

卷六〈예악편禮樂篇〉

　본편은 첫 구절 "吾於禮樂"의 '禮樂'을 제목으로 삼은 것이다. 총 49장으로 分章하였다.

　〈敍篇〉에 "《易》者, 敎化之原也, 敎化莫大乎禮樂, 故次之以〈禮樂篇〉" 이라 하였다.

〈乳釘紋方鼎〉(商) 1974 河南 鄭州 출토

268(6-1)
예악禮樂과 제작制作

문중자가 말하였다.

"예악禮樂에 대해서는 나는 잃은 것을 바로잡을 뿐이다. 그러나 제도制度를 만드는 일이라면 나는 명철한 이를 기다리리라. 틀림없이 귀하다고 칭송을 받을 것이다."

子曰:「吾於禮樂, 正失而已, 如其制作, 以俟明哲, 必也 崇貴乎!」

【正失】阮逸 注에 "正禮樂沿革之文而已"라 함.
【崇貴】阮逸 注에 "王道盛, 則可以制禮作樂, 明哲君子, 必得公輔, 崇貴之位, 乃助 成王道也"라 함.

269(6-2)
부모, 형제, 붕우

가경賈瓊과 설수薛收가 말하였다.

"도가 실행되지 않고 있으니 어찌하면 되겠습니까?"

문중자가 말하였다.

"부모를 편안히 해드리고, 형제가 우애토록 하며 친구 사이에 믿음이 있도록 하여 이를 정치에 베푼다면 도가 역시 행해지는 것이니 어찌 행해지지 못한다고 하겠느냐?"

賈瓊·薛收曰:「道不行, 如之何?」

　子曰:「父母安之, 兄弟愛之, 朋友信之, 施於有政, 道亦行矣, 奚謂不行?」

【賈瓊】 王通의 제자. 七大弟子, 즉 '七俊穎'의 하나. 中山 사람이라 함.

【薛收】 文中子 王通의 제자. 자는 伯褒(592~612). 隋나라 때 河東 汾陰縣 출신으로 隋나라 內史侍郎 薛道衡의 아들. 수나라 大業 때 秦王府의 記室 房玄齡이 그를 秦王(李世民)에게 추천하여 秦王府主簿가 되어 判陝東道大行臺金部郎中에 오름. 隋나라가 망한 뒤 天策府記室參軍에 올랐으며 汾陰縣男의 봉호를 받음. 武德 6년 本官兼文學館學士가 되었으며 武德 7년에 생을 마침. 《舊唐書》(72)와 《新唐書》(98)에 전이 실려 있음.

【奚謂不行】 阮逸 注에 "亂世道不能濟天下, 則修身以正家可矣"라 함.

270(6-3)
통혼通婚

문중자가 말하였다.

"임任, 설薛, 왕王, 유劉, 최崔, 노盧 씨들이 서로 통혼하는 것은 옛날 제도가 아니다. 어찌 족보를 살펴보겠느냐?"

子謂: 「任·薛·王·劉·崔·盧之昏, 非古也, 何以視譜?」

【視譜】阮逸 注에 "古者, 氏族家譜, 所以標門地, 謹昏姻也. 任姓出黃帝六代孫 大壬, 薛姓出黃帝六代孫奚仲居薛, 此二姓同譜; 王姓出舜之後, 封於劉, 至漢 有王於齊者, 號王氏, 此二姓同譜; 崔姓帝嚳姜嫄之後, 居崔邑. 盧姓, 亦姜姓之後, 居盧國, 此二姓同譜. 皆古禮不通昏也"라 함.

271(6-4)
실질은 사라지고 이름만 남아

문중자가 말하였다.

"제왕이 제왕 노릇을 하지 못하게 된 지가 오래 되었다."

왕효일王孝逸이 말하였다.

"감히 여쭙건대 《원경元經》에서의 제왕은 어떤 것입니까?"

문중자가 말하였다.

"명분을 헤아려 실질을 찾아내는 데에 있어서 이것이 없어서는 안 될 것이다. 이것은 제왕이 실질은 사라지고 이름만 남아 있기 때문이다."

文中子曰:「帝之不帝久矣.」

王孝逸曰:「敢問《元經》之帝何也?」

　　子曰:「絜名索實, 此不可去, 其爲帝實失而名存矣.」

【帝之不帝】阮逸 注에 "百王稱帝者, 相沿前代號也. 自秦始皇始. 故曰不帝久矣" 라 함.

【王孝逸】文中子 王通의 제자. 구체적 사적은 알려져 있지 않음.

【元經】王通의 저술 이름. 그의 《續六經》의 하나로 〈世家〉에 《元經》15권이 저록되어 있음. 天地人 三才의 관계를 기본으로 하여 晉 惠帝 永熙 원년(290) 부터 隋 開皇 9년(589) 南朝 陳나라가 멸망할 때까지 300년간의 역사를 공자의 《春秋》에 비견하여 기록한 것. 그러나 원본은 사라지고 없으며 지금의 宋本

《元經》은 위서로 밝혀졌음. 阮逸 注에 "三代稱王, 故《春秋》書王, 以尊天子, 稟正朔也; 秦漢稱帝, 則《元經》書帝, 以尊中國, 而明正統也"라 함.

【絜名索實】명분을 헤아리고 실질을 찾음. '絜'은 '헤아리다'의 뜻.《大學》"所謂
平天下在治其國者: 上老老而民興孝, 上長長而民興弟, 上恤孤而民不倍, 是以
君子有絜矩之道也"의 注에 "絜, 度也. 矩, 所以爲方也"라 함. 阮逸 注에 "擧後
帝之名者, 貴存前帝之實也. 中國天子, 不可去此號"라 함.

【實失名存】阮逸 注에 "實, 道也; 名, 空號爾"라 함.

272(6-5)
사안謝安, 왕도王導, 온교溫嶠, 환온桓溫

어떤 자가 사안謝安에 대하여 여쭈었다.
문중자가 말하였다.
"간簡한 자이지."
이번에는 왕도王導에 대하여 물었다.
문중자가 말하였다.
"경敬한 자이지."
다시 온교溫嶠에 대하여 물었다.
문중자가 말하였다.
"의인毅人이지."
다시 환온桓溫에 대하여 물어다.
문중자가 말하였다.
"지혜가 앞서 나가고 모책은 원대하여 해내지 못할 일이 없다고 여겼던
사람이지."

或問謝安.
　　子曰:「簡矣.」
　問王導.
　　子曰:「敬矣.」
　問溫嶠.

子曰：「毅人也.」
問桓溫.
子曰：「智進謀遠, 鮮不及矣.」

【謝安】字는 安石(320~385). 謝袞의 아들이며 謝琰(望蔡)의 아버지. 謝奕의
동생. 덕망이 있고 기개가 높아 桓彝, 王濛의 사랑을 받음. 처음에는 벼슬에
뜻을 버리고 王羲之, 支遁 등과 산수를 즐기며 조정의 부름에 응하지 않았으나
40이 넘어 桓溫의 司馬를 거쳐 吳興太守, 侍中, 吏部尙書, 太保錄尙書事 등의
관직을 지냄. 뒤에 다시 太傅에 추증되었으며 시호는 文靖.《晉書》(79)에 전이 있음.
【簡】阮逸 注에 "謝安, 字安石. 爲東晉相. 處富貴而獨退靜, 破苻堅而無喜色, 終優
游東山, 此簡可見矣"라 함.
【王導】자는 茂弘(276~339). 어릴 때의 자는 阿龍. 王敦의 從弟. 서진이 망하자
王敦과 함께 司馬睿를 황제로 추대하여 東晉을 세움. 그 공으로 丞相이 되었
으며 號를 '仲父'라 하였음. 천하의 권세를 잡아 당시 "王與馬, 共天下"라 하였음.
元帝와 明帝, 成帝를 차례로 즉위시켰음. 아울러 남방 세족의 도움으로 강남
에서의 동진 정권을 안정시킴.《晉書》(65)에 전이 있음.
【敬】阮逸 注에 "王導, 字茂弘, 事晉元明成三帝, 爲相每進爵, 必拜元帝山陵, 此恭
(敬)可見矣"라 함.
【溫嶠】자는 太眞(288~329). 太原 사람. 永嘉之亂 때 유곤의 심부름으로 남으로
내려가 원제(司馬睿)의 추대에 힘씀. 蘇峻의 난을 평정함. 시호는 忠武.《晉書》
(67)에 전이 있음.
【毅人】阮逸 注에 "嶠字太眞, 與王導平王敦蘇峻之亂, 皆有功. 初鎭武昌, 聞國難,
泣涕率兵來赴, 天子留嶠輔政, 嶠讓王導, 此果毅可知矣"라 함.
【桓溫】桓公(312~373). 자는 元子. 明帝 司馬紹의 사위. 荊州刺史를 지냈으며,
蜀을 정벌하고 前秦을 쳐부숨. 簡文帝를 세우고 자신이 다시 왕위를 빼앗고자
하였었음. 시호는 武侯. 그의 아들 桓玄이 드디어 제위를 찬탈하여 楚나라를
세운 다음 아버지 환온을 宣武皇帝로 추존함.《晉書》(98)에 전이 있음.
【智近謀遠】阮逸 注에 "溫, 字子元. 爲晉將軍. 破李勢平苻健有功, 爲大都督. 又北
伐不已, 爲慕容垂所敗, 歸而潛有篡志, 此智近謀遠之驗"이라 함.

273(6-6)
함께 사는 방법

가경賈瓊이 여럿이 함께 사는 방법에 대하여 여쭈었다.

문중자가 말하였다.

"동의하되 정正을 해침이 없어야 하고, 달리 하되 사물에 상처를 주지 말아야 하느니라."

"가히 종신토록 그렇게 실천해도 됩니까?"

문중자가 말하였다.

"어찌 되지 않을 수 있겠느냐? 옛날 도가 있었던 자는 안으로 진실을 잃지 않고 밖으로 세속과 달리 하지 않았다. 무릇 이와같이 하였기에 온전하였던 것이다."

賈瓊問羣居之道.

子曰:「同不害正, 異不傷物.」

　曰:「可終身而行乎?」

子曰:「烏乎而不可也? 古之有道者, 內不失眞而外不
　　　殊俗, 夫如此故全也.」

【賈瓊】王通의 제자. 七大弟子, 즉 '七俊潁'의 하나. 中山 사람이라 함.
【異不傷物】阮逸 注에 "外雖同而內必正, 內雖異則外無傷, 此中庸者乎!"라 함.

【烏乎】'烏'는 疑問副詞. 阮逸 注에 "烏, 何也"라 함.

【此故全也】阮逸 注에 "知道, 可與適道者也; 不失眞, 可與立者也; 不殊俗, 可與權者也. 三者備, 何往不全?"이라 함. 한편 《論語》 子罕篇에 "子曰:「可與共學, 未可與適道; 可與適道, 未可與立; 可與立, 未可與權.」"이라 함.

274(6-7)
번사현繁師玄의 질문

번사현繁師玄이 말하였다.
"감히 계고稽古의 이익에 대하여 여쭙습니다."
문중자가 말하였다.
"옛것을 잡고 지금에 있는 일들을 다스리면 되리라!"

繁師玄曰:「敢問稽古之利.」
　　子曰:「執古以御今之有乎!」

【繁師玄】王通의 제자. 자세한 사적은 알 수 없음.
【稽古之利】옛것을 잘 詳考하였을 때 얻는 이익. '稽'는 '考'와 같음. 阮逸 注에
"今之有利者, 皆古有之矣. 故必稽古"라 함.

275(6-8)
거근식원居近識遠

문중자가 말하였다.

"가까이 있는 것으로서 멀리 내다보는 식견을 가질 수 있으며, 지금에 살면서 옛것을 알 수 있는 것은 오직 배움뿐이리라!"

子曰:「居近識遠, 處今知古, 惟學矣乎!」

【惟學】阮逸 注에 "孔子曰:「吾非生而知之, 好古敏以求之.」"라 하여 述而篇의 구절을 들어 설명함.

276(6-9)
공칙물복恭則物服

문중자가 말하였다.

"공경을 다하면 만물이 복종해오고, 성실히 하면 이룸이 있을 것이며, 공평하게 하면 만물이 교화되리라."

그리고 문중자는 또 이렇게 말하였다.

"나는 아직 공평히 하는 자를 보지 못하였다."

子曰:「恭則物服, 愨則有成, 平則物化.」
子曰:「我未見平者也.」

【物服】외물이 자신에게 복종해 옴. 阮逸 注에 "儼然, 人望而畏之"라 함.
【愨】성실함. 진실함. 阮逸 注에 "先誠其意"라 함.
【物化】阮逸 注에 "無私於物, 物亦公焉"이라 함.
【未見平者】당시 隋나라 위정자들이 공평하지 못함을 개탄한 것. 阮逸 注에 "隋政多私"라 함.

277(6-10)
예禮의 쓸모

혹자가 물었다.

"군자란 어질면 그뿐입니다. 예禮는 어디에 쓰려는 것입니까?"

문중자가 말하였다.

"실행에 옮길 수 없기 때문이지."

혹자가 또 물었다.

"예라는 것이 어찌 우리 같은 무리를 위해 만들어진 것이겠습니까?"

문중자는 대답을 하지 않고 있다가 이윽고 설수薛收에게 이렇게 말하였다.

"이런 사람이라면 겉으로 한쪽만 아는 행동을 하며 유변流變은 모르는 사람이니 어찌 교화의 뜻을 알겠는가? 유약有若이 '선왕의 도는 이것을 아름답게 여겼다'라는 것이다."

或曰:「君子仁而已矣, 何用禮爲?」

子曰:「不可行也.」

或曰:「禮豈爲我輩設哉?」

子不答.

旣而謂薛收曰:「斯人也, 旁行而不流矣, 安知敎意哉?

有若謂『先王之道, 斯爲美』也.」

【君子仁而已】《論語》八佾篇에 "子曰:「人而不仁, 如禮何? 人而不仁, 如樂何?」"
라 함.

【不可行也】阮逸 注에 "行仁, 必以禮節之"라 함.

【我輩設哉】世說新語 任誕篇에 "阮籍嫂嘗還家, 籍相見與別. 或譏之. 籍曰:「禮豈
爲我輩設耶?」"라 한 말을 인용한 것. 阮逸 注에 "阮籍云"이라 함.

【薛收】文中子 王通의 제자. 자는 伯褒(592~612). 隋나라 때 河東 汾陰縣 출신
으로 隋나라 內史侍郎 薛道衡의 아들. 수나라 大業 때 秦王府의 記室 房玄齡이
그를 秦王(李世民)에게 추천하여 秦王府主簿가 되어 判陝東道大行臺金部
郎中에 오름. 隋나라가 망한 뒤 天策府記室參軍에 올랐으며 汾陰縣男의
봉호를 받음. 武德 6년 本官兼文學館學士가 되었으며 武德 7년에 생을 마침.
《舊唐書》(72)와 《新唐書》(98)에 전이 실려 있음.

【旁行而不流】이는 원래 《周易》繫辭傳에 "與天地相以, 故不違; 知周平萬物
而道濟天下, 故不過; 旁行而不流, 樂天知命, 故不憂; 安土敦乎仁, 故能愛"라
하여 傲氣를 가지고 자신의 信念대로 한다는 긍정적인 뜻으로 보았음. 〈問易篇〉
에도 인용하고 있음. 阮逸 注에는 "旁行一隅, 不知流通之變"이라 함.

【有若】孔子 제자. 有子로도 불림. 《論語》學而篇에 "有子曰:「禮之用, 和爲貴.
先王之道, 斯爲美; 小大由之. 有所不行, 知和而和, 不以禮節之, 亦不可行也.」"
라 함.

278(6-11)
칠제七制

문중자가 말하였다.

"칠제七制의 군주들은 도가 이처럼 성했었다."

설수薛收가 말하였다.

"어찌하여 그렇습니까?"

문중자가 말하였다.

"오호라! 오직 명왕만이 〈훈訓〉을 받게 된단다."

설수가 물었다.

"〈제制〉는 없고 〈훈〉만 있으니 어떻게 설명하시겠습니까?"

문중자가 말하였다.

"선제先帝의 〈제〉는 아직 사라지지 않았도다! 대신大臣의 〈명〉도 아직 정직함을 숭상하고 있도다! 〈제〉는 없고 〈훈〉만 있으니 천하는 큰 허물이 없는 것이다. 그렇지 않다면 창생蒼生이 큰 근심이 없을 수 있겠느냐?"

설수가 말하였다.

"〈찬讚〉은 옛날의 사례가 아닙니까?"

문중자가 말하였다.

"당우唐虞 때에는 그것이 성하였다. 대우大禹와 고요皐陶가 천명에 순응하여 아름답게 한 것이다."

文中子曰:「七制之主, 道斯盛矣.」

　薛收曰:「何爲其然?」

子曰:「嗚呼! 惟明王能受〈訓〉.」

收曰:「無〈制〉而有〈訓〉, 何謂也?」

子曰:「其先帝之〈制〉未亡乎! 大臣之〈命〉尚正乎!
　　　　無〈制〉而有〈訓〉, 天下其無大過矣. 否則
　　　　蒼生不無大憂焉?」

薛收曰:「〈讚〉其非古乎?」

子曰:「唐虞之際, 斯爲盛, 大禹·皐陶所以順天休
　　　　命也.」

【七制之主】西漢의 高祖(劉邦), 文帝(劉恒), 武帝(劉徹), 宣帝(劉詢)와 東漢의
光武帝(劉秀), 明帝(劉莊), 章帝(劉炟) 등 7명의 군주를 가리킴. 阮逸 注에 《續書》
有七制, 皆漢之賢君, 立文武之功業者. 高祖, 孝文, 孝武, 孝宣, 光武, 孝明, 孝章
是也"라 함.
【訓】《續書》의 편명. 阮逸 注에 "《續書》有訓"이라 함.
【尙正】阮逸 注에 "若孝武之制未亡. 霍光之命尙正, 則可以訓前漢諸制也; 光武
之制未亡, 桓榮之命尙正, 則可以訓後漢諸君也"라 함.
【大憂】阮逸 注에 "若昌邑王不廢, 東海王不讓, 則必有兵爭起, 而生民憂也"라 함.
【讚】《續書》의 편명. 阮逸 注에 "《續書》有讚"이라 함.
【大禹】禹. 中國 최초의 왕조 夏나라의 시조. 夏后氏 부락의 領袖였으며 姒姓.
大禹, 夏禹 등으로도 불리며 이름은 文命. 鯀의 아들. 鯀이 물을 막는 방법으로
治水에 실패하여 죽임을 당한 뒤 禹는 물을 소통시키는 방법으로 성공을 거둔
다음 舜임금으로부터 천하를 물려받아 夏王朝를 세움. 뒤에 천하를 순시하다가
會稽에서 생을 마침. 그는 益에게 천하를 물려주려 하였으나 아들 啓의 무리가
난을 일으켜 益을 죽이고 世襲王朝를 시작함. 이로부터 禪讓(公天下)의 제도가
마감되고 世襲(家天下)의 역사가 시작됨. 이를 "傳子而不傳賢"이라 함.《史記》
에서는 五帝本紀 다음 첫 왕조로 夏本紀가 시작됨.《十八史略》(1)에 "夏后氏禹:
姒姓, 或曰名文命, 鯀之子, 顓頊孫也. 鯀湮洪水, 舜擧禹代鯀, 勞身焦思, 居外
十三年, 過家門不入"이라 함.

【皐陶】禹임금 때의 신하. 阮逸 注에 "益贊于禹, 又皐陶曰:「贊贊襄哉!」"라 함.
《尙書》皐陶謨에 "皐陶曰:「朕言惠, 可厎行.」禹曰:「兪, 乃言厎可績.」皐陶曰:
「予未有知思. 曰:『贊贊襄哉.』」"라 함.

【順天休命】《尙書》泰誓篇에 "商罪貫盈, 天命誅之, 予弗順天, 厥罪惟鈞"이라
하였고 說命篇에는 "說復于王曰:「惟木從繩則正, 后從諫則聖, 后克聖, 臣不命
其承, 疇敢不祗若王之休命.」"이라 함.

279(6-12)
의議

문중자가 말하였다.

"〈의議〉는 천자도 아울러 채록하여 널리 듣는 것으로 오직 지극히 공정한 임금만이 능히 거기에서 선택할 수 있는 것이다."

文中子曰:「〈議〉, 天子所以兼采而博聽也, 唯至公之主, 爲能擇焉.」

【議】《續書》의 편명. 阮逸 注에 "《續書》有議"라 함.
【爲能擇焉】阮逸 注에 "公朝公議, 擇善而從"이라 함.

280(6-13)
계誡

문중자가 말하였다.

"〈계誡〉는 지극한 것이로다! 옛날 명왕明王은 아직 보지 못한 것을 공경하고 삼갔으며, 아직 듣지 못한 것을 두려워하고 겁냈으며, 이를 반우盤盂에 새기고 궤장几杖에 파서 평소 늘 생각하고 행동할 때면 과실을 저지르는 일이 없도록 하였으니 그것은 바로 〈계誡〉의 공효로다!"

> 文中子曰:「〈誡〉, 其至矣乎! 古之明王, 敬愼所未見,
> 悚懼所未聞, 刻於盤盂, 勒於几杖, 居有
> 常念, 動無過事, 其誡之功乎!」

【誡】《續書》의 편명. 阮逸 注에 "《續書》有誡"라 함.
【刻於盤盂】盤盂는 쟁반이나 대야 등의 그릇.《大學》에 "湯之盤銘曰:「苟日新, 日日新, 又日新」"이라 함.《荀子》君道篇에는 "君者, 儀也, 儀正而景正. 儀正而景正. 君者, 盤也, 盤圓而水圓. 君者, 盂也, 盂方而水方"라 함. 阮逸 注에 "盤銘云: 「德日新.」《荀子》曰:「君者, 盤也; 水者, 民也; 盤圓則水圓. 君者, 盂也, 盂方則水方"이라 함.
【勒於几杖】'几'는 앉을 때 곁에 팔을 얹어놓을 수 있는 팔걸이 가구. '杖'은 지팡이. 좋은 名句를 거기에 새겨놓고 늘 경계로 삼음. 阮逸 注에 "杖銘云:「扶危定傾」皆戒也"라 함.
【誡之功】阮逸 注에 "常念「日新・扶危」之誡, 自無過"라 함.

281(6-14)
간諫

설수薛收가 말하였다.

"〈간諫〉은 충신의 마음을 드러내는 것이로다! 그 뜻은 곧고 그 말은 지독하였도다."

문중자가 말하였다.

"반드시라면 곧게 하되 급박하지는 않아야 하고, 지독하되 헐뜯지는 않아야 하느니 이는 천명을 아는 자라야 그렇게 할 수 있도다! 교활하게 윗사람을 거역하는 방법은 나는 찬동할 수 없다."

薛收曰:「諫, 其見忠臣之心乎! 其志直, 其言危.」
子曰:「必也直而不迫, 危而不詆, 其知命者之所爲乎!
狡乎逆上, 吾不與也.」

【薛收】文中子 王通의 제자. 자는 伯褒(592~612). 隋나라 때 河東 汾陰縣 출신으로 隋나라 內史侍郎 薛道衡의 아들. 수나라 大業 때 秦王府의 記室 房玄齡이 그를 秦王(李世民)에게 추천하여 秦王府主簿가 되어 判陝東道大行臺金部郎中에 오름. 隋나라가 망한 뒤 天策府記室參軍에 올랐으며 汾陰縣男의 봉호를 받음. 武德 6년 本官兼文學館學士가 되었으며 武德 7년에 생을 마침. 《舊唐書》(72)와 《新唐書》(98)에 전이 실려 있음.

【諫】《續書》의 편명. 阮逸 注에 "《續書》有諫"이라 함.

【志直·危言】《論語》憲問篇에 "子曰:「邦有道, 危言危行; 邦無道, 危行言孫.」"라 함. 阮逸 注에 "志直. 若周昌云:「口不能言, 心知不可.」是也. 言危, 若樊噲云:「陛下獨不見趙高之事乎?」是也"라 함.

【不迫·不訑】阮逸 注에 "不迫, 若賈誼曰:「今之進言者, 皆云天下治, 臣獨以爲未」是也. 知命, 爲知其君, 可諫則諫, 進退不違天命也"라 함.

【狡】阮逸 注에 "狡, 謂志不直也. 言不危也, 非忠順, 故曰逆"이라 함.

282(6-15)
한漢 무제武帝와 효무제孝武帝

가경賈瓊이 말하였다.

"포학했도다! 한漢 무제武帝는 간언을 들어준 적이 없으니."

문중자가 말하였다.

"효무제孝武帝는 나면서부터 아는 자로다! 비록 간언을 들어주지는 않았지만 즐겁게 여겨 용납하지 않은 적은 없었다. 그 때문에 똑똑한 사람이 조정에 모여들었고, 직언이 귀에 들리게 되었던 것이니 이는 도에 뜻을 두었었기 때문이다. 그러므로 능히 후회할 줄 알아 제업帝業을 평안하게 한 것이니 〈지志〉가 있는 군주라 일컫지 않을 수 있겠느냐?"

賈瓊曰:「虐哉! 漢武未嘗從諫也.」

子曰:「孝武其生知之乎! 雖不從, 未嘗不悅而容之.
　　　故賢人攢于朝, 直言屬於耳, 斯有志於道.
　　　故能知悔, 而康帝業, 可不謂有〈志〉之主乎?」

【賈瓊】王通의 제자. 七大弟子, 즉 '七俊穎'의 하나. 中山 사람이라 함.

【漢武帝】漢나라 孝武帝 劉徹. 景帝의 아들이며 웅대한 지략을 가지고 있었음. B.C.140~B.C.87년까지 54년간 재위함. 疆域을 개척하고 儒術을 확립하는 등 많은 업적을 남겼으나 말년에 不老長生을 꿈꾸는 神仙術을 믿어 허황한 생각을 갖기도 하였음.

【生知之】'生而知之'의 줄인 말. 태어날 때부터 앎. 매우 穎敏함을 가리키는 말. 《論語》述而篇에 "子曰:「我非生而知之者, 好古, 敏以求之者也.」"라 하였고, 季氏篇에는 "孔子曰:「生而知之者上也, 學而知之者次也; 困而學之, 又其次也; 困而不學, 民斯爲下矣.」"라 함. 阮逸 注에 "子言漢武大體生知, 不由人諫而理也. 若初卽位, 崇太學, 立明堂, 黜百家, 策賢良, 雄才大略. 此皆天縱也. 如汲黯之訐, 方朔之滑稽, 雖未聽, 亦能容之矣"라 함.

【康帝業】阮逸 注에 "賢人若董仲舒·申公·枚皐·相如·嚴樂輩是也. 此數子每大臣奏事, 則皆辨論之. 是攢于朝, 屬於耳也. 晚年下詔覺用兵之悔, 封丞相田千秋爲富民侯, 是知悔而帝業康也"라 함.

【志】《續書》의 편명. 阮逸 注에 "《續書》所以有志"라 함.

283(6-16)
예악禮樂

문중자가 말하였다.

"요의姚義의 달변, 이정李靖의 지혜, 가경賈瓊과 위징魏徵의 올바름, 설수薛收의 어짊, 정원程元과 왕효일王孝逸의 문文에다가 독실함과 견고함을 더하고, 예악禮樂으로써 편다면 가히 사람으로서의 재능을 이룰 수 있을 텐데."

子曰:「姚義之辯, 李靖之智, 賈瓊·魏徵之正, 薛收之仁, 程元·王孝逸之文, 加之以篤固, 申之以禮樂, 可以成人矣.」

【姚義】太山 사람으로 王通의 門人이며 '七俊穎'의 第一人者. 자세한 事迹은 알 수 없음.

【李靖】571~649. 王通의 제자. 뒤에 唐 太宗 李世民의 貞觀 명신이며 당시 최고의 병법가로서 능력을 발휘함. 兵部尙書를 거쳐 尙書右僕射에 있었으며, 군사학에 뛰어나 태종과 병법을 토론하여 유명한 병법서《李衛公問對》를 저술함.《舊唐書》(67)와《新唐書》(93)에 전이 있음.《貞觀政要》등에 그의 일화가 널리 전함.

【賈瓊】王通의 제자. 七大弟子, 즉 '七俊穎'의 하나. 中山 사람이라 함.

【魏徵】 자는 玄成(580~643). 王通의 제자이며 貞觀 최고 名臣. 唐 太宗 李世民에게 직언으로 보필한 것으로 유명함. 北周 靜帝 大象 2년(580) 襄國郡 鉅鹿縣에서 태어나 어릴 때 고아가 되어 隋나라 말에 떠돌다가 道士라 속이고 李密의 瓦崗軍과 竇建德의 河北義軍에 들어가 공을 세움. 태종이 즉위하여 諫議大夫와 尚書右丞을 겸하였음. 다시 貞觀 3년(629)에 秘書監이 되어 국정에 참여하였으며 7년(633) 侍中이 되어 鄭國公에 봉해졌으며 17년(643) 병으로 長安에서 죽음. 시호는 文貞. 昭陵 곁에 묻혔음.《舊唐書》에 太宗과의 관계에 대하여 "討論政術, 往復應對, 凡數十萬言"이라 함.《舊唐書》(71)와《新唐書》(97)에 전이 있음.《貞觀政要》등에 그의 일화가 널리 실려 있음.

【薛收】 文中子 王通의 제자. 자는 伯襃(592~612). 隋나라 때 河東 汾陰縣 출신으로 隋나라 內史侍郎 薛道衡의 아들. 수나라 大業 때 秦王府의 記室 房玄齡이 그를 秦王(李世民)에게 추천하여 秦王府主簿가 되어 判陝東道大行臺金部郎中에 오름. 隋나라가 망한 뒤 天策府記室參軍에 올랐으며 汾陰縣男의 봉호를 받음. 武德 6년 本官兼文學館學士가 되었으며 武德 7년에 생을 마침. 《舊唐書》(72)와《新唐書》(98)에 전이 실려 있음.

【程元】 王通의 문인, 제자. 구체적으로는 알 수 없음.

【王孝逸】 文中子 王通의 제자. 구체적 사적은 알려져 있지 않음.

【篤固】 阮逸 注에 "七子各得一長, 更能敦篤則固"라 함.

【成人】《論語》憲問篇에 "子路問成人. 子曰:「若臧武仲之知, 公綽之不欲, 卞莊子之勇, 冉求之藝, 文之以禮樂, 亦可以爲成人矣.」曰:「今之成人者何必然? 見利思義, 見危授命, 久要不忘平生之言, 亦可以爲成人矣.」라 함. 阮逸 注에 "旣固矣, 必能成之禮樂, 通才然後及也"라 함.

284(6-17)
경방京房과 곽박郭璞

문중자가 말하였다.

"경방京房과 곽박郭璞은 옛날 상도常道를 어지럽힌 사람이다."

子謂:「京房·郭璞古之亂常人也.」

【京房】字는 君明(B.C.77~B.C.37).《易》과 占術에 뛰어났던 인물. 本姓은 李.
漢 元帝 때 博士가 되어 魏郡太守를 역임하였음. 西漢 今文《易》의 창시자.
《京氏易傳》3卷이 있음.《漢書》(88)에 傳이 있음. 阮逸 注에 "京房, 字君明.
習災變之學, 以卦直日用事, 本姓李氏, 以輒自推律, 改爲京氏"라 함.
【郭璞】字는 景純(276~324). 晉나라 河東 聞喜人. 經術에 밝고 박학다식하였
으며 著作佐郎을 역임함. 王敦의 記室參軍 등을 지냈으며 王敦의 起兵을
저지하다가 피살되었음.《爾雅》·《方言》·《穆天子傳》등의 注를 달았음.《晉書》
(72)에 전이 있음. 阮逸 注에 "郭璞, 字景純, 好陰陽算術, 被髮銜刀, 竟坐誅"라 함.
【亂常】阮逸 注에 "二子並乖正經, 亂人倫者也"라 함.

285(6-18)
관혼상제冠昏喪祭

문중자가 말하였다.

"관례冠禮가 폐기되자 천하에 성인成人이 없게 되었고, 혼례昏禮가 사라지자 천하에 가도家道가 없게 되었으며, 상례喪禮가 폐기되자 천하에 그 어버이를 버리는 일이 생겨났고, 제례祭禮가 사라지자 천하에 그 조상을 잊게 되었다. 오호라! 내 어찌 해야 할 방법이 없구나."

子曰:「冠禮廢, 天下無成人矣; 昏禮廢, 天下無家道矣;
喪禮廢, 天下遺其親矣; 祭禮廢, 天下忘其祖矣.
嗚呼! 吾末如之何也已矣.」

【無家道】阮逸 注에 "士冠昏禮: 二十而冠, 三十而昏, 成人正家, 不可廢也"라 함.
【昏】'婚'과 같음. 고대 저녁에 혼례를 치러 '昏'으로 표기하였음.
【忘其祖】阮逸 注에 "亦言士喪祭禮也. 孟子曰:「未有仁而遺其親也.」又曰:「祭必自其祖.」"라 함.
【吾末如之何也已矣】'末'은 '無'와 같음. 고대 雙聲互訓. 이 구절은《論語》子罕篇의 "子曰:「法語之言, 能無從乎? 改之爲貴. 巽與之言, 能無說乎? 繹之爲貴. 說而不繹, 從而不改, 吾末如之何也已矣.」"를 그대로 원용한 것임. 阮逸 注에 "傷時廢此四禮"라 함.

286(6-19)
세 사람의 정치에 대한 질문

월공越公이 정치에 대하여 질문하자, 문중자가 말하였다.
"검소함으로써 하여 공경을 다할 것이니라."
비공邳公이 정치에 대하여 묻자, 문중자가 말하였다.
"공경함으로써 맑게 할 것이니라."
안평공安平公이 정치에 대하여 묻자, 문중자가 말하였다.
"남과 명예를 두고 다툼이 없도록 하라."

越公問政, 子曰:「恭以儉.」

邳公問政, 子曰:「淸以平.」

安平公問政, 子曰:「無鬪人以名.」

【越公】楊素. 隋나라 때의 大臣. 자는 處道(?~606). 隋 煬帝 때 司徒였으며 朝廷을 장악하고 있었음. 뒤에 尙書令에 올랐으며 먼저 越國公에 봉해졌다가 大業 2년에 다시 楚國公에 봉해짐. 그 때문에 '越公', '楚公' 등으로도 불림. 《隋書》(48)에 전이 있음.

【恭而儉】阮逸 注에 "楊素驕侈, 故規之"라 함.

【邳公】隋나라 대신 蘇威. 자는 無畏(540~621). 隋나라 京兆 武功人. 蘇綽의 아들. 北周 때 開府에 올랐으며 수나라가 들어서자 尙書右僕射, 開府儀同 三司 등을 역임함. 高句麗 정벌에 나서기도 하였으며 煬帝(楊廣)의 長城 수축을

반대하다가 서민으로 강등됨. 수나라가 망하자 宇文化及에게, 다시 李密에게, 다시 王世充에게 귀의하는 등 갈피를 잡지 못하다가 李世民(唐太宗)이 王世充을 평정하자 태종을 찾아갔으나 거절당함. 隋나라 때 邳國公에 봉해졌었으므로 邳公이라 부른 것. 《北史》(63)와 《隋書》(41)에 전이 있음. 阮逸 注에 "蘇威, 封邳國公"이라 함. 阮逸 注에 "蘇威, 封邳國公, 爲僕射"라 함.

【淸而平】阮逸 注에 "威以老臣貴位. 引其子夔, 預朝政, 非淸白公平也. 故亦規之"라 함.

【安平公】李德林(531~591). 李百藥의 아버지. 隋나라 博陵 安平人. 자는 公輔. 어려서 才名이 있었으며 北齊 天保 8년에 秀才로 천거되어 通直散騎常侍, 中書侍郎에 올라 國史 편찬에 참여함. 北周 때 內史上士에 올랐다가 楊堅이 隋나라를 세우자 內史令이 되어 律令을 제정함. 文帝 開皇 10년에 懷州刺史에 오름. 시호는 文, 문집이 있으며 그의 아들 李百藥이 아버지를 이어 《北齊書》를 완성함. 《北史》(72)와 《隋書》(42)에 전이 있음. 阮逸 注에 "李德林, 封安平郡公"이라 함.

【鬪人以名】阮逸 注에 "德林文學擅名, 然多自負, 見毁于時, 故規之, 使無鬪名"이라 함.

287(6-20)
춘추春秋와 원경元經

문중자가 설수薛收와 가경賈瓊에게 말하였다.

"《춘추春秋》와 《원경元經》은 쇠해가는 시대의 뜻을 담은 것이로다! 뜻은 곧으나 미약하며, 말은 완곡하나 적중하느니라."

子謂薛收·賈瓊曰:「《春秋》·《元經》, 其衰世之意乎!
義直而微, 言曲而中.」

【薛收】 文中子 王通의 제자. 자는 伯褒(592~612). 隋나라 때 河東 汾陰縣 출신
으로 隋나라 內史侍郎 薛道衡의 아들. 수나라 大業 때 秦王府의 記室 房玄齡이
그를 秦王(李世民)에게 추천하여 秦王府主簿가 되어 判陝東道大行臺金部
郎中에 오름. 隋나라가 망한 뒤 天策府記室參軍에 올랐으며 汾陰縣男의
봉호를 받음. 武德 6년 本官兼文學館學士가 되었으며 武德 7년에 생을 마침.
《舊唐書》(72)와 《新唐書》(98)에 전이 실려 있음.

【賈瓊】 王通의 제자. 七大弟子, 즉 '七俊穎'의 하나. 中山 사람이라 함.

【元經】 王通의 저술 이름. 그의 《續六經》의 하나로 〈世家〉에 《元經》 15권이
저록되어 있음. 天地人 三才의 관계를 기본으로 하여 晉 惠帝 永熙 원년(290)
부터 隋 開皇 9년(589) 南朝 陳나라가 멸망할 때까지 300년간의 역사를 공자의
《춘추》에 비견하여 기록한 것. 그러나 원본은 사라지고 없으며 지금의 宋本
《元經》은 위서로 밝혀졌음.

【直而微·曲而中】 阮逸 注에 "直微·曲中, 皆權行取中"이라 함.

288(6-21)
이륜彝倫

월공越公이 처음 문중자를 뵙고자 가다가 내사內史 설공薛公을 만나자
물었다.

"그대는 왕통王通을 만났소?"

설공이 말하였다.

"고향 사람입니다. 그 집안은 7대를 전해오고 있지요. 모두가 세상을 경영
하고 제도할 도를 가지고 있으나 지위를 얻는 시대는 만나지 못하였습니다."

월공이 말하였다.

"천하에 어찌 7대를 거치도록 때를 만나지 못할 수 있으리오?"

설공이 말하였다.

"군자는 도가 소멸되면 10대라도 때를 만나지 못하는 경우가 있을 수
있습니다."

월공이 말하였다.

"그 역시 조상들처럼 때를 만나지 못한 것입니까?"

설공이 말하였다.

"왕씨 집안은 조부 때에도, 자손 때에도 비록 오랜 기간이지만 그래도
도에 매달려 거기에 아름다운 것을 다 모았지요. 이분은 기필코 능히 이륜
彝倫을 펴서 밝히겠노라 하고 계십니다."

越公初見子, 遇內史薛公曰:「公見王通乎?」

薛公曰:「鄉人也, 是其家傳七世矣. 皆有經濟之道, 而位
　　　不逢.」
越公曰:「天下豈有七世不逢乎?」
薛公曰:「君子道消, 十世不逢有矣.」
越公曰:「奚若其祖?」
　公曰:「王氏有祖父焉, 有子孫焉, 雖然久於其道, 鍾美
　　　於是也. 是人必能敍彝倫矣.」

【越公】楊素. 隋나라 때의 大臣. 자는 處道(?~606). 隋 煬帝 때 司徒였으며
　朝廷을 장악하고 있었음. 뒤에 尙書令에 올랐으며 먼저 越國公에 봉해졌다가
　大業 2년에 다시 楚國公에 봉해짐. 그 때문에 '越公', '楚公' 등으로도 불림.
　《隋書》(48)에 전이 있음.
【內史薛公】薛道衡(540~609). 薛收의 아버지. 隋나라 때 河南 汾陰縣 사람으로
　자는 玄卿. 薛孝通의 아들이며 詩文에 뛰어나 당시 이름이 높았음. 北齊 때
　《五禮》의 편찬에 참여하였으며 隋나라가 들어서자 內史侍郎을 지냈음. 煬帝
　에게 미움을 받아 뒤에 살해되고 말았음.《薛司隷集》輯佚本이 전함.《北史》
　(36)와《隋書》(57)에 전이 있음. 阮逸 注에 "楊素問薛道衡"이라 함.
【鄉人】고향 사람. 같은 고향. 阮逸 注에 "並家河東"이라 함.
【家傳】대대로 儒家의 전통을 이어온 집안. 阮逸 注에 "家傳儒業"이라 함.
【不逢】좋은 시절, 즉 明君을 만나지 못함. 阮逸 注에 "不逢明時"라 함.
【十世不逢】阮逸 注에 "若孔子自弗父何嗣厲公, 及正考甫佐戴武宣公, 至孔父
　嘉立殤公, 至仲尼凡三百年, 不遇明時. 三十年爲一世"라 함.
【彝倫】天地의 가장 중요한 질서.《尙書》洪範에 "箕子乃言曰:「我聞, 在昔,
　鯀陻洪水, 汨陳其五行, 帝乃震怒, 不畀洪範九疇, 彝倫攸斁. 鯀則殛死, 禹乃嗣興,
　天乃錫禹洪範九疇, 彝倫攸敍. 初一曰五行, 次二曰敬用五事, 次三曰農用八政,
　次四曰協用五紀, 次五曰建用皇極, 次六曰乂用三德, 次七曰明用稽疑, 次八曰念
　用庶徵, 次九曰嚮用五福威用六極"이라 함. 阮逸 注에 "六經續而彝倫敍"라 함.

289(6-22)
포관蒲關의 육봉陸逢

문중자가 포관蒲關을 나서려 하자 관문 관리 육봉陸逢이 이렇게 말렸다.
"아직 안 됩니다. 은둔隱遯의 방법으로 우리 백성들을 살려주십시오."
문중자가 그를 위해 그의 집을 숙소로 하고 이튿날 떠나게 되었다.
육봉은 문중자를 보내며 이렇게 말하였다.
"잘 가십시오. 강호江湖의 전경鱣鯨같은 큰 물고기는 구독溝瀆 같은 작은
물이 용납하지 못하는 것입니다."

子出自蒲關, 關吏陸逢止之曰:「未可, 以遯我生民也.」
子爲之宿, 翌日而行.
陸逢送子曰:「行矣, 江湖鱣鯨, 非溝瀆所容也.」

【蒲關】蒲는 隋나라 때 河中郡. 지금의 山西 蒲城縣. 포관은 그곳에 있던 關門.
關塞. 阮逸 注에 "自長安出蒲州, 龍門關, 北歸晉"이라 함.
【陸逢】蒲關의 關吏. 문지기 이름. 阮逸 注에 "陸逢, 賢人, 隱於關吏"라 함.
【遯】'遁'과 같음. 隱遁함.《尙書》說命(下)에 "王曰:「來汝說. 台小子舊學于甘盤.
旣乃遯于荒野, 入宅于河. 自河徂亳, 曁厥終罔顯. 爾惟訓于朕志, 若作酒醴, 爾惟
麴糵, 若作和羹, 爾惟鹽梅. 爾交修予, 罔予棄. 予惟克邁乃訓.」"이라 함.

【翌日而行】 그 집에서 하루를 묵고 다음날 떠남. 阮逸 注에 "子知其賢, 意在生民, 故特爲宿, 未忍去"라 함.

【鱣鯨】 넓은 물에 사는 큰 물고기. '鱣'은 철갑상어. '鯨'은 고래.

【溝瀆】 작은 도랑. 阮逸 注에 "聖道大, 非群小所知"라 함.

290(6-23)
가도家道

정원程元이 말하였다.
"감히 여쭙건대 '풍자화출, 가인(風自火出, 家人)'은 무슨 뜻입니까?"
문중자가 말하였다.
"안을 밝히고 밖을 나란히 하라는 뜻이다. 그 때문에 가도家道가 바로
서야 천하가 바르게 된다."

程元曰:「敢問『風自火出, 家人』, 何也?」
　　子曰:「明內而齊外, 故家道正而天下正.」

【程元】王通의 문인, 제자. 구체적으로는 알 수 없음.
【風自火出, 家人】《周易》家人卦의 象辭. "家人: 利女貞. 象曰: 家人, 女正位乎內,
男正位乎外; 男女正, 天地之大義也. 家人有嚴君焉, 父母之謂也. 父父, 子子,
兄兄, 弟弟, 夫夫, 婦婦, 而家道正; 正家而天下定矣. 象曰: 風自火出, 家人;
君子以吉有物而行有恆"라 함. 家人卦는 離下巽上(☰下☲上)의 卦形으로 '巽(☰)은 風',
'離(☲)는 火'로써 '內火外風'으로 되어 있음. 따라서 "風助火勢하고 火助風威
하여 서로 相輔相成하는 의미"를 담고 있음. 이에 君子는 자신의 言行을 살피고
內外를 檢束하여 集眼을 다스려나갈 것을 상징함. "바람은 불에서 나오는
것이니 집안부터 잘 다스려야 한다"의 뜻임.
【明內而齊外】안을 잘 밝히고 밖을 잘 다스림. 阮逸 注에 "離明巽齊"라 함.
【天下正】阮逸 注에 "治國者, 先齊家"라 함.

291(6-24)
인의와 예악

문중자가 말하였다.

"인의仁義는 교화의 근본이로다! 선왕先王은 이 까닭으로 도덕道德을 이어 예악禮樂을 흥기시킨 것이다."

> 子曰:「仁義, 其教之本乎! 先王以是繼道德, 而興禮樂
> 　者也.」

【教之本】阮逸 注에 "立人之道曰引與義, 是謂教本"이라 함.

【興禮樂】阮逸 注에 "韓愈曰: 仁與義爲定名, 道與德爲虛位." 然則道德者, 本仁 而中和之, 所以爲禮樂也"라 함.

292(6-25)
황극皇極의 문

문중자가 말하였다.

"예禮는 황극皇極의 문이로다! 성인聖人이 밝은 곳으로 향하고 천하를 절제하도록 한 것이다. 그 중도를 터득한 것이리라! 그 때문에 능히 상하의 직분을 설명하고 백성의 뜻을 안정시킬 수 있었던 것이다."

子曰:「禮, 其皇極之門乎! 聖人所以嚮明而節天下也.
其得中道乎! 故能辯上下·定民志.」

【節天下】阮逸 注에 "喩門南向, 使人出入, 而節限內外"라 함.
【中道】阮逸 注에 "解上文皇極義"라 함.
【定民志】阮逸 注에 "上不偪下, 下不僭上, 人志自定, 是中也"라 함.

293(6-26)

군자불기君子不器

어떤 자가 군자君子에 대하여 여쭈었다.

문중자가 말하였다.

"미세한 것을 알고, 드러난 것을 알아차리며, 부드러움을 알고, 강함을 알아야 한다."

그가 물었다.

"군자불기(君子不器)'라 하였으니 어찌 해야 하는 것입니까?"

문중자가 말하였다.

"이것을 일러 '불기'라 하는 것이다."

或問君子.

子曰:「知微·知章·知柔·知剛.」

曰:「『君子不器』, 何如?」

子曰:「此之謂不器.」

【知柔知剛】《周易》繫辭傳(下)에 "君子知微知彰, 知柔知剛, 萬夫之望"이라 함. 阮逸 注에 "《易》繫辭"라 함.

【君子不器】《論語》爲政篇에 "子曰:「君子不器.」"라 하였고, 朱熹 集註에 "器者, 各適其用, 而不能相通. 成德之士, 體無不具, 故用無不周, 非特爲一才一藝而已"라 함. 《禮記》學記에도 "大道不器"라 함. 阮逸 注에 "卽此微章柔剛, 是不器"라 함.

294(6-27)
북주北周와 북제北齊

문중자가 말하였다.

"북주北周와 북제北齊 때에는 왕공王公과 대신大臣들이 예禮를 실행할 겨를이 없었다. 그러자 헌공獻公께서 '천자가 예를 잃으면 제후들이 자신의 나라에서 이를 닦아야 하고, 제후가 예를 잃으면 대부들이 자신의 집에서 이를 닦아야 한다'라고 하셨으니 그나마 예악이 이어져 온 것은 바로 헌공의 뜻 때문이었다."

> 文中子曰:「周·齊之際, 王公大臣不暇及禮矣. 獻公曰:
> 『天子失禮, 則諸侯脩於國; 諸侯失禮, 則大
> 夫脩於家.』禮樂之作, 獻公之志也.」

【北周】西魏를 이어 宇文覺이 長安에 세웠던 나라. 556~581년까지 존속하고 楊堅(隨國公)이 靜帝로부터 禪讓을 받아 隋나라를 세움.

【北齊】東魏를 이어 高洋이 鄴(지금의 河南 臨漳)에 세웠던 나라. 551~578년까지 존속하고 北周에게 망함.

【不暇及禮】阮逸 注에 "北齊高洋至高緯, 二十八年, 後周自宇文覺至介國公, 二十五年, 日尋干戈, 雖有名臣, 豈暇及禮哉?"라 함.

【獻公】安康獻公. 王通의 祖父. 이름은 王一(?~581). 龍門에 봉지를 받아 정착함. 唐 太宗 貞觀 연간에 絳州刺史 杜之松이 王績에게 禮樂에 대한 강의를 청하자,

王績은 王一에게 편지로 家禮에 대하여 토론하였다 함.《皇極讖義》9편과
〈過龍門禹廟碑〉가 있음.

【天子失禮−大夫脩於家】阮逸 注에 "周東遷, 邦禮喪, 韓宣子適魯曰:「周禮在
魯矣.」此諸侯脩於國也. 魯三家專政, 八佾舞庭. 孔子自衛反魯, 乃定禮樂. 此大夫
脩於家也"라 함.

【獻公之志】阮逸 注에 "《禮論》·《樂論》, 蓋推獻公之志而作"이라 함.

295(6-28)
육경六經의 극치極致

정원程元이 육경六經의 극치極致에 대하여 질문하였다.

문중자가 말하였다.

"내 《속서續書》에는 한漢, 진晉의 사실을 존속시켰고, 《속시續詩》는 육대六代의 풍속을 변론하였으며, 《원경元經》으로는 남북의 의심을 끊어버렸고, 《찬역讚易》은 도로써 선사先師의 뜻을 폈으며, 《예禮》와 《악樂》을 바르게 하여 후대 왕들의 실책을 지적하였다. 이와 같을 뿐이니라."

程元問六經之致.

子曰:「吾續《書》以存漢晉之實, 續《詩》以辯六代
　　之俗, 修《元經》以斷南北之疑, 讚《易》道以申
　　先師之旨, 正《禮》·《樂》以旌後王之失, 如斯
　　而已矣.」

【程元】 王通의 문인, 제자. 구체적으로는 알 수 없음.
【六經】 왕통의 《續經》을 가리킴. 阮逸 注에 "《續經》"이라 함.
【致】 極致. 緻密함의 뜻.
【漢晉】 阮逸 注에 "《續經》起於漢高祖, 止晉武帝"라 하여 漢 高祖(劉邦)로부터 晉 武帝(司馬炎) 때까지의 역사 기록.

【六代】晉, 宋(劉宋), 後魏, 北齊, 後周, 隋의 여섯 왕조를 가리킴. 阮逸 注에 “六代,
晉, 宋, 後魏, 北齊, 後周, 隋也”함.

【元經】王通의 저술 이름. 그의 《續六經》의 하나로 〈世家〉에 《元經》 15권이
저록되어 있음. 天地人 三才의 관계를 기본으로 하여 晉 惠帝 永熙 원년(290)
부터 隋 開皇 9년(589) 南朝 陳나라가 멸망할 때까지 300년간의 역사를 공자의
《春秋》에 비견하여 기록한 것. 그러나 원본은 사라지고 없으며 지금의 宋本
《元經》은 僞書로 밝혀졌음.

【斷南北之疑】阮逸 注에 “晉東遷, 故南朝推運曆者, 因以齊梁陳爲正統. 後魏據
中原, 故南北朝推運曆者, 以北齊周隋爲正統. 於是南北二史, 夷虜相稱, 而天下
疑矣. 《元經》者, 所以尊中國, 故中國無主, 則正統在晉宋; 中國有主, 則正統歸
魏周”라 함.

【讚易】문중자가 《周易》을 援用하여 나름대로 다시 풀이하여 쓴 책. 모두 70권
으로 되어 있음.

【申先師之旨】‘申’은 ‘伸’과 같음. ‘先師’는 孔子를 가리킴. ‘旨’는 孔子가 《周易》을
풀이한 ‘十翼’, 즉, 彖辭(上下), 象辭, 繫辭傳(上下), 文言傳, 說卦傳, 序卦傳, 雜卦傳을
가리킴. 阮逸 注에 “申明十翼也”라 함.

【旌後王之失】‘旌’은 ‘正’과 같음. 뒤의 왕들의 실책을 바로잡음. 阮逸 注에 “後王
有不合周公制作者, 則論而正之”라 함.

〈晉 武帝〉《三才圖會》

296(6-29)
성聖과 명明

정원程元이 말하였다.

"창작한 자를 일러 성聖이라 하고, 이를 풀어 쓴 자를 일러 명明이라 한다는데 선생님께서는 어디에 해당하십니까?"

문중자가 말하였다.

"나는 도에 대하여 계속해서 풀어나갈 뿐이다. 좋아하기에 능히 즐기는 것이며 근면히 하여 싫증을 내지 않는 자라고 할까? 성이나 명에 내 어찌 감히 자처하겠느냐?"

程元曰:「作者之謂聖, 述者之謂明, 夫子何處乎?」
　子曰:「吾於道屢伸而已, 其好而能樂, 勤而不厭者乎?
　　　聖與明, 吾安敢處?」

【程元】王通의 문인, 제자. 구체적으로는 알 수 없음.

【處】阮逸 注에 "處, 居中"이라 함.

【屢伸】阮逸 注에 "言我亦不作, 而不述. 蓋以微言絶, 大義乖, 則我再三伸明之爾"라 함.

【不厭者乎】阮逸 注에 "言我但好學不厭而已"라 함.

【安敢處】阮逸 注에 "不敢當程元所言"이라 함.

297(6-30)
두 가지 유형

문중자가 말하였다.

"앉아서도 얻는 자가 있고 앉아서는 얻지 못하는 자가 있으며, 실행하고도 이르지 못하는 경우가 있고 실행하지 않고도 이르는 경우도 있다."

子曰:「有坐而得者, 有坐而不得者, 有行而至者, 有不行
　　而至者.」

【有不行而至者】阮逸 注에 "《老子》曰:「坐進此道」《書》曰:「行之惟難, 坐之行之」
一也. 而有得有不得, 有至有不至. 此言人性差殊, 各有所習, 遂相遠也"라 함.

298(6-31)
보이면서 존재하는 것

문중자가 말하였다.
"보이면서 존재하는 것은 보이지 않으면서 존재하는 것만 못하다."

子曰:「見而存, 未若不見而存者也.」

【見而存】阮逸 注에 "因所見而存諸心"이라 함.
【不見而存者】阮逸 注에 "不待見而心常存之, 猶言不勉而中, 不言而信也"라 함.

299(6-32)
유혹할 수 없는 것

문중자가 말하였다.

"군자는 가히 부를 수는 있으나 유혹할 수는 없고, 버릴 수는 있으나 거만하게 대할 수는 없다. 쉽게 칭송하다가 구차스럽게 헐뜯거나, 미워하기를 잘하거나 쉽게 분노하는 것은 소인이로다!"

子曰:「君子可招而不可誘, 可棄而不可慢; 輕譽苟毀,
好憎尙怒, 小人哉!」

【可招不可誘】《論語》雍也篇의 "宰我問曰:「仁者, 雖告之曰,『井有仁焉.』其從
之也?」子曰:「何爲其然也? 君子可逝也, 不可陷也; 可欺也, 不可罔也.」"와
의미가 같음. 阮逸 注에 "可以禮招, 不可以機誘"라 함.
【棄而不可慢】阮逸 注에 "棄, 謂道不同; 慢, 謂傷名敎"라 함.
【小人】阮逸 注에 "四者任情"이라 함.

300(6-33)
세력으로 사귀는 자

문중자가 말하였다.

"세력으로 사귀는 자는 세력이 기울면 끊어지게 마련이요, 이익으로써 사귀는 자는 이익이 궁해지면 흩어지게 마련이다. 그 때문에 군자는 그런 사귐을 찬동하지 않는 것이다."

子曰:「以勢交者, 勢傾則絶; 以利交者, 利窮則散,
故君子不與也.」

【不與】 阮逸 注에 "不與之交"라 함.

301(6-34)
설수薛收

문중자가 말하였다.

"설수薛收는 소인도 잘 대접하여 멀리하되 소략疏略하게 하지 않으며, 가까이 하되 친압親狎하지도 않아 퇴여頹如하구나."

子謂:「薛收善接小人, 遠而不疎, 近而不狎, 頹如也.」

【薛收】 文中子 王通의 제자. 자는 伯褒(592~612). 隋나라 때 河東 汾陰縣 출신으로 隋나라 內史侍郎 薛道衡의 아들. 수나라 大業 때 秦王府의 記室 房玄齡이 그를 秦王(李世民)에게 추천하여 秦王府主簿가 되어 判陝東道大行臺金部郎中에 오름. 隋나라가 망한 뒤 天策府記室參軍에 올랐으며 汾陰縣男의 봉호를 받음. 武德 6년 本官兼文學館學士가 되었으며 武德 7년에 생을 마침. 《舊唐書》(72)와 《新唐書》(98)에 전이 실려 있음.

【頹如】 뽐내지 않음. 자랑하지 않음. 혹 坦蕩함. 굳건함. 한결같음. 阮逸 注에 "頹如, 不矜持之貌"라 함.

302(6-35)
분정조汾亭操

문중자가 분정汾亭에 나들이 가서 앉아서 금琴을 연주하고 있을 때 어떤 배에서 낚시를 하던 자가 지나가다가 이렇게 말하였다.

"아름답도다! 금의 뜻이여. 애처로우면서도 온화하고 원망이 있으면서도 안정되도다. 산택山澤에 묻혀 살면서도 낭묘廊廟의 뜻이 있으니 태공太公이 살던 반계磻溪가 아니면 중니仲尼가 살던 사빈泗濱이로구나."

문중자가 급히 〈남풍南風〉의 시를 연주하였다.

낚시하던 자가 말하였다.

"아! 지금의 일을 노래한 것이 아니구나. 그 도는 능히 백성을 이롭게 하고, 공은 족히 천하를 구제할 만하니 유우씨有虞氏의 심정이로구나! 순舜임금이 직접 연주하는 것만은 못하나 소리는 그대로이며 절조節操가 변하였구나."

문중자가 급히 금을 치우면서 문인들에게 말하였다.

"심정의 변화에 따라 소리 역시 이와 같구나!"

일어나 낚시하던 자를 이끌어 맞으려 하자 그는 낚싯대를 흔들고 노를 두드리며 사라져버렸다.

문인들이 뒤쫓으려 하자 문중자가 말하였다.

"뒤쫓지 말라. 도무韜武를 흔들던 사람은 하수河水로 들어갔고, 형양磬襄을 치던 자는 바다로 사라졌다 한 것이 진실로 있었던 일이로다."

그러고는 드디어 그 일을 주제로 하여 〈분정조汾亭操〉를 지었다.

子遊汾亭, 坐鼓琴, 有舟而釣者過曰:「美哉! 琴意, 傷而和, 怨而靜, 在山澤而有廊廟之志, 非太公之都磻溪, 則仲尼之宅泗濱也.」

子驟而鼓〈南風〉.

釣者曰:「嘻! 非今日事也, 道能利生民, 功足濟天下, 其有虞氏之心乎! 不如舜自鼓也. 聲存而操變矣.」

子遽捨琴謂門人曰:「情之變, 聲也如是乎!」

起將延之釣者, 搖竿鼓枻而逝.

門人追之, 子曰:「無追也, 播鼗武入于河, 擊磬襄入于海, 固有之也.」

遂志其事, 作《汾亭操》焉.

【汾亭】 지명, 혹 汾水(汾河) 가에 있는 정자.

【鼓琴】 鼓는 동사. '연주하다'의 뜻. 阮逸 注에 "君子不去琴瑟"이라 함.

【釣者】 阮逸 注에 "釣, 隱者也. 聞琴如意"라 함.

【怨而靜】 阮逸 注에 "傷怨和靜, 乃縵傷絃調也"라 함.

【磻溪·泗濱】 '磻溪'는 姜太公이 은거하며 낚시하던 시내 이름. 지금의 陝西 寶雞市 동남쪽을 흘러 渭水로 들어감. '泗濱'은 泗水 가. 孔子가 살던 曲阜 근처를 흐르는 물. 阮逸 注에 "時亂, 賢人隱於野"라 함.

【南風】 舜임금이 부르던 노래.《孔子家語》辯樂解에 "昔者, 舜彈五弦之琴, 造南風之詩, 其詩曰:『南風之薰兮, 可以解吾民之慍兮; 南風之時兮, 可以阜吾民之財兮』唯修此化, 故其興也勃焉. 德如泉, 流至于今, 王公大人, 述而弗忘"이라 함.

【有虞氏】 舜임금을 가리킴. 舜은 有虞氏 부락의 영수였으며 堯(陶唐氏)로부터 천하를 물려받음.

【操變】阮逸 注에 "新傳〈南風〉, 聲則存矣, 而所操者之情, 則變而不類"라 함.

【鼗武】鼗는 작은 북, 武는 그것을 연주하던 악사 이름.《論語》子張篇에 "大師
摯適齊, 亞飯干適楚, 三飯繚適蔡, 四飯缺適秦, 鼓方叔入於河, 播鼗武入於漢,
少師陽·擊磬襄入於海"라 한 고사를 인용한 것. 한편《漢書》禮樂志에「殷紂
斷棄先祖之樂, 樂官師瞽, 抱其器而奔散; 或適諸侯, 或入河海」라 함. 阮逸 注에
"掌鼗, 掌磬之官. 武·襄, 是其名也. 魯哀公時, 禮壞樂崩, 樂人皆去"라 함.

【汾亭操】王通이 지은 樂操 이름. 阮逸 注에 "文中子撰此操"라 함.

303(6-36)
독선獨善

문중자가 하성夏城으로 가고 있을 때, 설수薛收와 요의姚義가 뒤에 따라 가다가 돼지를 치는 자를 만나 길을 물었다.

돼지 치던 자가 말하였다.

"누구를 따라가고 있었소?"

설수가 말하였다.

"왕선생王先生이란 분을 따라가고 있었소."

목자가 말하였다.

"새여, 새여, 하늘을 나는 것이며, 물고기여, 물고기여, 못에 잠겨 사는 것이지요. 도를 아는 자라면 대체로 아무 말이 없는 법인데."

문중자가 듣고 설수에게 말하였다.

"독선獨善도 좋다. 그러나 말해주는 자가 없다면 누가 도를 밝혀주겠는가?"

子之夏城, 薛收·姚義後, 遇牧豕者, 問塗焉.

牧者曰:「從誰歟?」

薛收曰:「從王先生也.」

牧者曰:「有鳥有鳥, 則飛于天; 有魚有魚, 則潛于淵. 知道者, 蓋黙黙焉.」

子聞之, 謂薛收曰:「獨善可矣, 不有言者, 誰明道乎?」

【夏城】 지금의 山西省에 있는 지명. 阮逸 注에 "絳州有夏城縣"이라 함.

【薛收】 文中子 王通의 제자. 자는 伯褒(592~612). 隋나라 때 河東 汾陰縣 출신으로 隋나라 內史侍郎 薛道衡의 아들. 수나라 大業 때 秦王府의 記室 房玄齡이 그를 秦王(李世民)에게 추천하여 秦王府主簿가 되어 判陝東道大行臺金部郎中에 오름. 隋나라가 망한 뒤 天策府記室參軍에 올랐으며 汾陰縣男의 봉호를 받음. 武德 6년 本官兼文學館學士가 되었으며 武德 7년에 생을 마침. 《舊唐書》(72)와 《新唐書》(98)에 전이 실려 있음.

【姚義】 太山 사람으로 王通의 門人이며 '七俊穎'의 第一人者. 자세한 事迹은 알 수 없음.

【問塗】 '塗'는 '途', '道'와 같음.

【有魚有魚】《論語》微子篇 "楚狂接輿歌而過孔子曰:「鳳兮鳳兮! 何德之衰? 往者不可諫, 來者猶可追. 已而, 已而! 今之從政者殆而!」孔子下, 欲與之言. 趨而辟之, 不得與之言"과 "子路從而後, 遇丈人, 以杖荷蓧. 子路問曰:「子見夫子乎?」丈人曰:「四體不勤, 五穀不分. 孰爲夫子?」植其杖而芸. 子路拱而立. 止子路宿, 殺雞爲黍而食之, 見其二子焉. 明日, 子路行以告. 子曰:「隱者也」使子路反見之. 至, 則行矣. 子路曰:「不仕無義. 長幼之節, 不可廢也; 君臣之義, 如之何其廢之? 欲潔其身, 而亂大倫. 君子之仕也, 行其義也. 道之不行, 已知之矣.」"의 주제를 결합한 고사임.

【潛于淵】 일부 판본에는 '潛于泉'으로 되어 있으며 이는 唐高祖 李淵의 이름 '淵'을 피하여 같은 운인 '泉'으로 바꾼 것이라 하였음. 阮逸 注에 "一本作泉, 後人避唐諱也"라 함.

【默默焉】 阮逸 注에 "牧者亦隱士也. 意謂魚鳥尙得其所, 知道者何不默而遁?" 이라 함.

【獨善】 자신이 옳다고 여기는 길로 갈 것임을 말함. 阮逸 注에 "斥牧者"라 함.

【有不言】《論語》陽貨篇에 "子曰:「予欲無言」子貢曰:「子如不言, 則小子何述焉?」子曰:「天何言哉? 四時行焉, 百物生焉, 天何言哉?」"라 함. 阮逸 注에 "旣云知道, 卽不可獨善其身, 必當言于天下, 使明而行焉"이라 함.

304(6-37)
기도祈禱

문중자는 관상을 보지 않았으며, 질환에 기도를 하지 않았으며, 옳지 못한 일에 점을 보지 않았다.

문중자가 말하였다.

"군자는 헛된 명예를 수용하지 않으며 망녕된 복을 위해 기도하지 않으며, 옳은 죽음은 피하지 않는다."

子不相形, 不禱疾, 不卜非義.

子曰:「君子不受虛譽, 不祈妄福, 不避死義.」

【相形】觀相을 봄. 사람을 겉모습으로 평가하지 않음. 阮逸 注에 "不可以貌取人"이라 함.

【禱疾】疾患을 낫게 해 달라고 기도함.《論語》述而篇에 "子疾病, 子路請禱. 子曰: 「有諸?」 子路對曰:「有之; 誄曰:『禱爾于上下神祇.』」子曰:「丘之禱久矣.」"라 함. 阮逸 注에 "無妄之疾, 勿藥有喜"라 함.

【不卜】점을 치지 않음. 阮逸 注에 "不疑何卜"이라 함.

【不受虛譽·不祈妄福·不避死義】阮逸 注에 "三者, 常德也"라 함.

다섯 제자의 장점

문중자가 말하였다.

"남의 선은 기억하며 그 과실은 잊어버리는 일은 온대아溫大雅가 능하고, 빈천에 처하면서도 안쓰러워하지 않는 것은 위징魏徵이 능하며, 자신의 과오를 지적해주는 말을 듣고 즐거운 표정을 짓는 것은 정원程元이 능하며, 난세에 부귀를 수치로 느끼는 것은 두위竇威가 능하며, 신중하고 치밀하여 마구 내놓지 않는 것은 동상董常이 능하다."

文中子曰:「記人之善而忘其過, 溫大雅能之; 處貧賤而不懾, 魏徵能之; 聞過而有喜色, 程元能之; 亂世羞富貴, 竇威能之; 愼密不出, 董常能之.」

【溫大雅】당나라 并州 祁縣 사람으로 자는 彦宏. 아우 大臨(溫彦博), 大有(溫彦將)와 함께 이름을 날림. 唐 高祖 李淵이 기병하자 그를 機務에 참여시켰으며 吏部尙書를 거쳐 黎國公에 봉해짐.《大唐創業起居注》를 지었으며《舊唐書》(61)와《新唐書》(91)에 전이 있음. 阮逸 注에 "深而弘, 能容物"이라 함.

【魏徵】자는 玄成(580~643). 王通의 제자이며 貞觀 최고 名臣. 唐 太宗 李世民에게 직언으로 보필한 것으로 유명함. 北周 靜帝 大象 2년(580) 襄國郡 鉅鹿縣에서 태어나 어릴 때 고아가 되어 隋나라 말에 떠돌다가 道士라 속이고 李密의

瓦崗軍과 竇建德의 河北義軍에 들어가 공을 세움. 태종이 즉위하여 諫議大夫와 尙書右丞을 겸하였음. 다시 貞觀 3년(629)에 秘書監이 되어 국정에 참여하였으며 7년(633) 侍中이 되어 鄭國公에 봉해졌으며 17년(643) 병으로 長安에서 죽음. 시호는 文貞. 昭陵 곁에 묻혔음.《舊唐書》에 太宗과의 관계에 대하여 "討論政術, 往復應對, 凡數十萬言"이라 함.《舊唐書》(71)와《新唐書》(97)에 전이 있음.《貞觀政要》등에 그의 일화가 널리 실려 있음. 阮逸 注에 "直而遂, 能强立"이라 함.

【程元】 王通의 문인, 제자. 구체적으로는 알 수 없음. 阮逸 注에 "好學"이라 함.

【竇威】 자는 文蔚. 竇熾의 아들이며 竇后의 從兄. 秘書郎을 지냈으며 隋 煬帝 大業 때 內史舍人에 올라 많은 직언을 하였음. 李淵이 불러 丞相府의 司錄參軍으로 삼아 唐初 제도를 마련함. 시호는 靖.《舊唐書》(61)와《新唐書》(95)에 전이 있음. 阮逸 注에 "好禮儉肅"이라 함.

【董常】 자는 履常. 원래 河南 사람으로 孔子에게 顔回가 있듯이 王通에게 안회와 같은 존재로 알려져 있음. 왕통보다 일찍 죽음. 阮逸 注에 "知時"라 함.

306(6-39)
배우지 않고 이루는 것은 없다

진숙달陳叔達이 문중자에게 말하였다.

"제가 보건대 선생님의 도는 어찌 그토록 일찍 이루셨습니까?"

문중자가 말하였다.

"도에 통하겠노라 거기에 뜻을 둔 것이지 어찌 일찍 성취한 것이겠는가?"

진숙달이 나가다가 정원程元과 두위竇威를 길에서 만나 있었던 일을 말해주었다.

정원이 말하였다.

"선생님께서 이루신 것은 우리들은 그 도를 사모한 지 오래되었으며 일찍이 하고자 하는 대로 충분하다고 느껴보지 않은 적이 없었소. 선생님 문하에 드나드는 자로서 질문을 하였는데도 모르거나, 구했는데도 얻지 못한 자는 없었다오. 《시詩》에 '내 마음에 얻은 것 있다네'라 하였으니 하늘이 열어주신 것이지 학문을 쌓는다고 해서 도달할 수 있는 경지는 아닐 것일세."

문중자가 이를 듣고 말하였다.

"정원아, 너는 아느냐! 천하에 배우지 아니하고 이룬 자는 없느니라."

陳叔達謂子曰:「吾視夫子之道, 何其早成也?」

　　　子曰:「通於道有志焉, 又焉取乎早成耶?」

叔達出, 遇程元·竇威於塗, 因言之.

程元曰：「夫子之成也, 吾儕慕道久矣, 未嘗不充欲焉.
　　　　遊夫子之門者, 未有問而不知, 求而不給
　　　　者也.《詩》云『實獲我心』, 蓋天啓之, 非積
　　　　學能致也.」
子聞之曰：「元, 汝知乎哉! 天下未有不學而成者也.」

【陳叔達】陳叔達(?~635). 자는 子聰. 陳 宣帝의 16번째 아들. 陳나라 때 義陽王에
봉해졌으며 隋나라 大業 때 內史舍人을 거쳐 鋒郡通導에 오름. 李淵이 鋒郡에
이르렀을 때 적극 호응하여 丞相府主簿에 올랐으며 武德 4년 侍中을 거쳐
貞觀 때 禮部尙書에 오름.《陳書》(28),《南史》(65),《舊唐書》(61),《新唐書》(100)에
전이 있음.
【早成】阮逸 注에 "子謁隋文帝時, 年二十一, 是早成"이라 함.
【程元】王通의 문인, 제자. 구체적으로는 알 수 없음.
【寶威】자는 文蔚. 寶熾의 아들이며 寶后의 從兄. 秘書郎을 지냈으며 隋 煬帝
大業 때 內史舍人에 올라 많은 직언을 하였음. 李淵이 불러 丞相府의 司錄
參軍으로 삼아 唐初 제도를 마련함. 시호는 靖.《舊唐書》(61)와《新唐書》(95)에
전이 있음. 阮逸 注에 "好禮儉肅"이라 함.
【充欲】阮逸 注에 "所問道, 必充其欲"이라 함.
【不給】阮逸 注에 "凡鄧門者, 皆充欲"이라 함.
【詩】《詩經》邶風 綠衣에 "絺兮綌兮, 凄其以風. 我思古人, 實穫我心"이라 하여
'實穫我心'으로 되어 있음.
【非積學能致】阮逸 注에 "言早成, 亦非志學, 蓋天縱生知爾"라 함.
【未有不學】阮逸 注에 "必須學"이라 함.

307(6-40)
장생술長生術과 신선술神仙術

어떤 자가 장생술長生術과 신선술神仙術에 대하여 질문하였다.

문중자가 말하였다.

"인의仁義를 닦지 않고, 효제孝悌도 세우지 못하면서 무슨 장생을 익힌다는 것인가? 심하도다! 사람의 싫증을 모름이여"

或問長生神仙之道.

子曰:「仁義不修, 孝悌不立, 奚爲長生? 甚矣! 人之無
　　　厭也.」

【奚爲長生】阮逸 注에 "苟不仁不孝, 長生何爲?"라 함.

【無厭】阮逸 注에 "秦皇·漢武, 無厭妄求"라 함.

308(6-41)
피은避隱

어떤 이가 엄광嚴光과 번영樊英이 피은避隱으로 이름이 난 것에 대하여 물었다.

문중자가 말하였다.

"옛날의 말을 피했던 사람이다."

이번에는 동방삭東方朔에 대하여 물었다.

문중자가 말하였다.

"사람들 속에 숨었던 자이다."

문중자가 말하였다.

"태백太伯과 우중虞仲 이래로 천하에 땅을 피한 자는 적다. 중장자광仲長子光은 하늘에 숨은 자로서 가는 곳마다 알맞지 않은 곳이 없었다."

문중자가 말하였다.

"세상을 피해 은둔하여 고민이 없는 것, 이는 세상을 피하는 것을 두고 한 말이겠는가? 무릇 가可함도 없고, 불가不可함도 없는 것이 아니라면 이룰 수 없는 것이다."

或問嚴光·樊英名隱.

　　子曰:「古之避言人也.」

問東方朔.

　　子曰:「人隱者也.」

子曰：「自太伯·虞仲已來, 天下鮮避地者也. 仲長
　　子光, 天隱者也, 無往而不適矣.」
子曰：「遁世無悶, 其避世之謂乎? 非夫無可·無
　　不可, 不能齊也.」

【嚴光】자는 子陵. 後漢 光武帝 劉秀의 어릴 때 친구. 친구 劉秀가 皇帝가 되어
그를 찾은 고사로 유명함.《後漢書》逸民傳에 "嚴光字子陵, 一名遵, 會稽餘姚
人也. 少有高名, 與光武同遊學. 及光武卽位, 乃變名姓, 隱身不見. 帝思其賢, 乃令
以物色訪之. 後齊國上言：「有一男子, 披羊裘釣澤中」帝疑其光, 乃備安車玄纁,
遣使聘之, 三反而後至. 舍於北軍, 給牀褥, 太官朝夕進膳. 司徒侯霸與光素舊,
遣使奉書. 使人因謂光曰：「公聞先生至, 區區欲卽詣造, 迫於典司, 是以不獲.
願因日暮, 自屈語言.」光不答, 乃投札與之, 口授曰：「君房足下: 位至鼎足, 甚善.
懷仁輔義天下悅, 阿諛順旨要領絶.」霸得書, 奉奏之. 帝笑曰：「狂奴故態也.」車駕
卽日幸其館, 光臥不起, 帝卽其臥所, 撫光腹曰：「咄咄子陵, 不可相助爲理邪?」
光又眠不應, 良久, 乃張目熟視曰：「昔唐堯著德, 巢父洗耳. 士故有志. 何至相迫乎?」
帝曰：「子陵, 我竟不能下汝邪?」於是乘輿歎息而去. 復引光入, 論道舊故, 相對
累日. 帝從容問光曰：「朕何如昔時?」對曰：「陛下差增於往.」因共偃臥, 光以足
加帝腹上. 明日, 太史奏：「客星犯帝坐甚急.」帝笑曰：「朕故人子陵共臥耳.」除諫
議大夫, 不屈. 乃耕於富春山. 後人名其釣處爲嚴陵瀨焉. 建巫十七年, 復特徵,
不至. 年八十, 終於家. 帝傷惜之, 詔下郡縣賜錢百萬·穀千斛"이라 하였고,
《十八史略》(3)에도 "處士嚴光, 與上嘗同游學, 物色得之齊國, 披羊裘釣澤中.
徵至, 亦不屈. 上與光同臥, 以足加帝腹. 明日太史奏：「客星犯御座甚急.」上曰：
「朕與故人嚴子陵共臥耳.」拜諫議大夫不肯受, 去耕釣, 隱富春山中終. 漢世多淸
節士子此始"라 하였으며,《蒙求》「嚴陵去釣」에는 "後漢, 嚴光字子陵, 會稽餘
姚人, 少與光武同遊學. 光武卽位, 乃變名姓, 隱身不見. 帝思其賢, 乃令以物色
訪之. 後齊國上言：「有一男子, 披羊裘釣澤中」帝疑其光, 乃備安車玄纁聘之,
三反而後至. 舍於北軍, 給牀褥, 太官進膳, 車駕幸其館, 光臥不起, 帝卽臥所,
撫光腹. 良久乃張目, 熟視曰：「昔唐堯著德, 巢父洗耳. 士故有志. 何至相迫乎?」
帝歎息而去. 復引入, 論道舊故, 相對累日. 因共偃臥, 光以足加帝腹上. 明日太
史奏：「客星犯帝坐甚急.」帝笑曰：「朕故人子陵共臥耳.」除諫議大夫不屈. 乃耕
於富春山. 後人名其釣處爲嚴陵瀨焉"이라 하는 등 많은 일화를 남김. 한편

阮逸 注에는 "光, 字子陵, 少與漢光武同學, 除爲諫議, 不就, 耕於富春山, 釣於瀨上"이라 함.

【樊英】 東漢 南陽 魯陽 사람. 자는 季齊.《京氏易》을 익혀 占術, 風角, 星算 등에 뛰어나 그의 학문을 '樊氏學'이라 하였음. 安帝 때 조정에서 불렀으나 나가지 않았으며 順帝가 다시 불러 五官中郎將을 주었으나 곧바로 병을 핑계로 낙향함.《後漢書》(112) 方術傳에 전이 있음. 阮逸 注에 "樊英, 字季齊. 明經善推步之術, 順帝徵不出, 隱壺山, 此並不求名而隱, 故曰明隱"이라 함.

【避言】《論語》先進篇에 "子曰:「賢者辟世, 其次辟地, 其次辟色, 其次辟言.」" 이라 함. 阮逸 注에 "避毀譽之言而已"라 함.

【東方朔】 자는 曼倩(B.C.154~B.C.93). 漢 武帝 때에 中郎을 지냈으며 滑稽家로 유명함.〈答客難〉,〈非有先生論〉,〈七諫〉 등 명문을 남김. 아울러 神仙 方士에도 일화를 남겨 六朝 시대《神異經》,《海內十洲記》 등은 그의 이름에 의탁하여 지어진 것임.《史記》(126)와《漢書》(65)에 전이 있음. 阮逸 注에 "朔, 字曼倩. 漢武帝時爲郎, 諸郎號爲狂人. 醉歌曰:「陸沉於俗, 避世金馬門.」"이라 함.

【人隱】 阮逸 注에 "詭迹混俗, 不自求別於衆人, 故曰人隱"이라 함.

【太伯·虞仲】 太伯은 泰伯으로도 표기함. 둘 모두 周나라 古公亶父의 아들. 季歷의 형. 고공단보가 계력의 아들 昌(姬昌, 뒤의 文王)이 훌륭함을 알고 그에게 지위가 이어지기를 바라자 이에 太伯과 虞仲은 남쪽으로 도망하여 吳(지금의 江蘇 蘇州)에 이르러 吳나라의 시조가 됨.《史記》周本紀 및 吳太白世家 참조. 阮逸 注에 "古公長子太白, 次虞仲, 少季歷. 季歷子昌, 有聖瑞. 太白·虞仲知立 季歷以及昌, 於是如荊吳以讓季歷. 一云虞仲乃仲雍之孫也. 君於吳, 後武王克商, 封虞仲於周, 未知孰是. 言二人皆奔之遠地, 以避賢君, 故曰避地"라 함.

【仲長子光】 자는 不耀. 王通의 문인. 河東에서 활동하여 이름을 날렸으며 王績의 〈仲長先生傳〉이 있음.

【天隱】 阮逸 注에 "因言數人, 其隱則一, 而道德相遠, 或藏名, 或混俗, 或讓國, 皆執一有迹也. 惟天隱浩然太虛, 孰爲名, 孰爲俗, 孰爲國, 惟變所適, 人不能知, 是天隱也"라 함.

【避世】 阮逸 注에 "避世, 卽天隱也. 生世間, 治則彰, 亂則晦, 樂則行, 憂則違, 適時而已, 又何悶哉! 此與名隱·人隱·地隱異矣"라 함.

【無可無不可】《論語》微子篇에 "逸民: 伯夷·叔齊·虞仲·夷逸·朱張·柳下惠·少連 子曰:「不降其志, 不辱其身, 伯夷·叔齊與!」 謂「柳下惠·少連, 降志辱身矣, 言中倫, 行中慮, 其斯而已矣.」 謂「虞仲·夷逸, 隱居放言, 身中淸, 廢中權. 我則異於是, 無可無不可.」"라 한 말을 원용한 것. 阮逸 注에 "可不可齊致, 則成天隱"이라 함.

309(6-42)
소아小雅와 소화小化

문중자가 말하였다.

"〈소아小雅〉가 남김없이 폐기되자 《춘추春秋》가 지어졌으며, 〈소화小化〉가 모도 쇠퇴하고 나서 천하에 한 사람의 제왕이 아닌 것이 되었다. 《원경元經》은 이를 이어서 지어진 것으로 쇠망해가는 세상의 뜻을 드러낸 것이다."

文中子曰:「〈小雅〉盡廢, 而《春秋》作矣; 〈小化〉皆衰,
    而天下非一帝.《元經》所以續而作者, 其衰
    世之意乎!」

【小化】《詩經》의 小雅에 대칭하여 王通이 《續詩》에서 설정한 시의 분류. 阮逸
    注에 "《續詩》有大化·小化, 亦大小雅之義也"라 함.
【非一帝】阮逸 注에 "及其衰也, 四夷僭帝號, 故曰非一帝"라 함.
【元經】王通의 저술 이름. 그의 《續六經》의 하나로 〈世家〉에 《元經》15권이
    저록되어 있음. 天地人 三才의 관계를 기본으로 하여 晉 惠帝 永熙 원년(290)
    부터 隋 開皇 9년(589) 南朝 陳나라가 멸망할 때까지 300년간의 역사를 공자의
    《춘추》에 비견하여 기록한 것. 그러나 원본은 사라지고 없으며 지금의 宋本
    《元經》은 위서로 밝혀졌음.
【衰世】阮逸 注에 "救世衰, 故續《春秋》之法"이라 함.

310(6-43)
진수陳守

문중자가 강絳에 있을 때 들에 나갔다가 진수陳守를 만나게 되어 그가 물었다.

"선생님께서는 어디를 가십니까?"

문중자가 말하였다.

"장차 하성현夏城縣으로 가려 한다."

그러자 진수가 관리에게 노역을 그치도록 권하는 명령을 내렸다.

동상董常이 이를 듣고 말하였다.

"나는 선생님께서 나라를 수행함에 일찍이 헛된 발걸음을 하지 않았음을 알겠도다."

子在絳, 出于野, 遇陳守, 曰:「夫子何之乎?」

子曰:「將之夏.」

陳守令勸吏息役.

董常聞之曰:「吾知夫子行國矣, 未嘗虛行也.」

【絳】隋나라 때 絳州. 지금의 山西 翼城縣, 혹 侯馬市라고도 함.

【陳守】陳叔達을 가리킴. 당시 陳叔達은 絳州 郡守였음. 阮逸 注에 "叔達時爲 絳郡守"라 함.

【夏】夏城縣. 絳州의 屬縣. 阮逸 注에 "絳州夏城縣"이라 함.

【息役】당시 陳叔達은 夏城縣에서 큰 토목공사를 벌이고 있었으며 王通이
그곳으로 가려 하자 자신의 선생님 왕통이 이를 보게 될까 하여 공사를 중지
하고 휴식하도록 관리에게 지시한 것. 阮逸 注에 "慮其師見役民"이라 함.
【董常】자는 履常. 원래 河南 사람으로 孔子에게 顔回가 있듯이 王通에게
안회와 같은 존재로 알려져 있음. 왕통보다 일찍 죽음.
【未嘗虛行】阮逸 注에 "漢置八使行國, 以觀天下風俗. 文中子一布衣出行, 而郡
守息役. 是不虛行也"라 함.

311(6-44)
가경賈瓊

가경賈瓊이 초공楚公을 섬기다가 참훼로 인해 돌아와서는 문중자에게
이를 고하였다.

문중자가 말하였다.

"경아, 너는 장차 문을 걸어 잠그고 모든 것을 씻어내어라! 입을 닫고
안으로 자신을 닦아야 한다는 것을 모르고 있었구나. 가경은 옛사람의
뜻을 아직 통달하지 못하였다."

賈瓊事楚公, 因讒而歸, 以告子.
子曰:「瓊, 汝將閉門却掃歟! 不知緘口而內修也. 瓊未
　　達古人之意焉.」

【賈瓊】 王通의 제자. 七大弟子, 즉 '七俊穎'의 하나. 中山 사람이라 함.
【楚公】 楊素. 隋나라 때의 大臣. 자는 處道(?~606). 隋 煬帝 때 司徒였으며
　　朝廷을 장악하고 있었음. 뒤에 尙書令에 올랐으며 먼저 越國公에 봉해졌다가
　　大業 2년에 다시 楚國公에 봉해짐. 그 때문에 '越公', '楚公' 등으로도 불림.
　　《隋書》(48)에 전이 있음. 한편 그 아들 楊玄感 역시 아버지 爵位를 襲封하여
　　楚公으로 불렸음.
【緘口而內修】 阮逸 注에 "古人杜門却掃者, 義在緘口淨其內也"라 함.
【古人之意】 阮逸 注에 "將謂眞閉門"이라 함.

312(6-45)
지언知言

중장자광仲長子光이 말하였다.

"험한 곳에 있으면서 기적의 운수를 바라는 것은 집에 편안히 있으면서 아무것도 하지 않느니만 못하다."

문중자는 말을 아는 자라 여겼다.

仲長子光曰:「在險而運奇, 不若宅平而無爲.」
文中子以爲知言.

【仲長子光】자는 不耀. 王通의 문인. 河東에서 활동하여 이름을 날렸으며 王績의 〈仲長先生傳〉이 있음.

【運奇·無爲】阮逸 注에 "運奇, 一時之用; 無爲, 長世之圖"라 함.

【知言】《論語》堯曰篇에 "子曰:「不知命, 無以爲君子也; 不知禮, 無以立也; 不知言, 無以知人也.」"라 하였고,《孟子》公孫丑(上)에는 "何謂知言?」曰:「詖辭 知其所蔽, 淫辭知其所陷, 邪辭知其所離, 遁辭知其所窮. 生於其心, 害於其政; 發於其政, 害於其事. 聖人復起, 必從吾言矣.」"라 함. 阮逸 注에 "言得大者遠者"라 함.

313(6-46)
명예와 덕

문중자가 말하였다.
"그 이름이 사라질수록 그 덕은 더욱 자랄 것이며, 그 몸이 물러설수록 그 도는 앞으로 나갈 것이니 이렇게 하는 자는 그 도리를 아는 자이다."

文中子曰:「其名彌消, 其德彌長, 其身彌退, 其道彌進, 此人其知之矣.」

【此人知之】 이는 앞장의 仲長子光을 두고 한 품평이라 하였음. 阮逸 注에 "此人卽謂仲長子光也. 退宅平無爲, 則知消長進退之極致也"라 함.

314(6-47)
편안히 여기는 것

문중자가 말하였다.

"아는 것은 실행하는 것만 같지 못하고, 실행하는 것은 편안히 여기는 것만 같지 못하다."

子曰:「知之者, 不如行之者; 行之者, 不如安之者.」

【知之者】道를 알고 있는 자. 그러한 상황. 《論語》雍也篇의 "子曰:「知之者, 不如好之者; 好之者, 不如樂之者.」와 같은 표현법임.

【行之者】阮逸 注에 "苟不能行, 猶不知"라 함.

【安之者】阮逸 注에 "委物以能, 不勞聰明, 安然而事自行, 此亦廣上文無爲之義" 라 함.

315(6-48)
이름과 자字

중장자광仲長子光은 자가 불요不曜였으며, 동상董常은 자가 이상履常이었다.
문중자가 말하였다.
"덕에 걸맞구나."
문중자의 둘째 아우 왕적王績은 자가 무공無功이었다.
문중자가 말하였다.
"자란 친구가 정해주는 것이다. '신인은 공적이 없다'라 하였으니 너에게는
맞지 않다. 보통 상식에 맞게 지어라."

仲長子光, 字不曜; 董常, 字履常.
子曰:「稱德矣.」
子之叔弟績, 字無功.
子曰:「字, 朋友之職也.『神人無功』, 非爾所宜也, 常
　　名之.」

【仲長子光】 자는 不曜. 王通의 문인. 河東에서 활동하여 이름을 날렸으며 王績의
〈仲長先生傳〉이 있음.
【董常】 자는 履常. 원래 河南 사람으로 孔子에게 顔回가 있듯이 王通에게
안회와 같은 존재로 알려져 있음. 왕통보다 일찍 죽음.

【績】王績. 자는 無功. 王通의 아우. 불우하였으며 술에 빠져 한 번 마셨다 하면 다섯 말을 마셔 스스로 '五斗先生'이라 자호를 짓고 陶淵明의 〈五柳先生傳〉에 빗대어 〈五斗先生傳〉을 지었음. 阮逸 注에 "王績, 字無功, 子之弟也. 不遇時, 則縱酒, 一飮五斗, 自〈作五斗先生傳〉, 以見志"라 함.《舊唐書》(192)와《新唐書》(196) 隱逸傳에 전이 있음. 호를 東皐子라 하였으며《東皐子集》(四庫全書 集部2, 別集類1)이 전함. 부록을 참조할 것.

【朋友之職】阮逸 注에 "朋友呼而字之, 非自立也"라 함.

【神人無功】《莊子》逍遙游에 "故曰: 至人無己, 神人無功, 聖人無名"이라 함.

【常名之】阮逸 注에 "績終號無功子, 自作傳, 弃官不仕"라 함.

316(6-49)
왕정王靜의 자 보명保名

문중자의 막내아우는 이름이 정靜, 王靜이었는데 설수薛收가 그의 자를 보명保名이라 지어주었다.

문중자가 이를 듣고 말하였다.

"설생은 자를 잘 짓는구나. 정은 능히 그 이름을 보존하도록 덕에 맞고 경계警誡함이 있으니 설생은 이에 그와 친구가 될 수 있다."

季弟名靜, 薛收字之曰保名.
子聞之曰: 「薛生善字矣, 靜能保名, 有稱有誡, 薛生於
　　　　是乎可與友也.」

【靜】王靜. 王通의 막내아우. 자는 保名.
【薛收】文中子 王通의 제자. 자는 伯褒(592~612). 隋나라 때 河東 汾陰縣 출신으로 隋나라 內史侍郎 薛道衡의 아들. 수나라 大業 때 秦王府의 記室 房玄齡이 그를 秦王(李世民)에게 추천하여 秦王府主簿가 되어 判陝東道大行臺金部郎中에 오름. 隋나라가 망한 뒤 天策府記室參軍에 올랐으며 汾陰縣男의 봉호를 받음. 武德 6년 本官兼文學館學士가 되었으며 武德 7년에 생을 마침. 《舊唐書》(72)와 《新唐書》(98)에 전이 실려 있음.
【可與友】친구가 되어 그를 끝까지 잘 보살펴 줄 것임을 기대한 것. 阮逸 注에 "表德則稱之, 未有可稱則誡之, 蓋益友矣"라 함.

卷七 〈술사편 述史篇〉

　본편은 첫 구절 "述史者幾乎罵矣"의 '述史'를 제목으로 삼은 것
이다. 총 44장으로 分章하였다.

　〈敍篇〉에 "禮樂彌文, 著明則史, 故次之以〈述史篇〉"이라 하였다.

〈銅爵〉(商) 1976 河南 安陽 婦好墓 출토

317(7-1)
태희太熙 이후의 역사 기술

문중자가 말하였다.

"태희太熙 이후로 역사를 기술하는 자들로서 거의가 욕하는 말을 쓰고 있다. 그러므로 군자는 이를 칭찬하지 않는 것이다."

子曰:「太熙之後, 述史者幾乎罵矣, 故君子沒稱焉.」

【太熙】 晉 武帝(司馬炎)가 죽고 惠帝(司馬衷)가 즉위하던 원년. 290년 1년이며 동시에 永熙로 연호를 바꿈. 阮逸 注에 "太熙, 晉惠帝元年也. 已後至十六國載記, 及南北史, 有索虜導夷之呼, 如詬罵焉"이라 함.

318(7-2)

초공楚公의 난難

초공楚公이 난難을 짓자 가경賈瓊이 그를 떠났다.
문중자가 말하였다.
"가경은 가히 '사물이 변하여도 그 도를 잃지 않는다'라고 할 수 있다."

楚公作難, 賈瓊去之.
子曰:「瓊可謂『立不易方』矣.」

【楚公作難】楊玄感, 즉 楊素의 아들(?~613)이 아버지 작위를 습봉하여 역시
楚公으로도 불리며 禮部尙書에 올랐을 때 문학을 중시하여 많은 명사들이
그의 문을 드나들자 煬帝(楊廣)가 매우 미워함. 大業 9년 제 2차 高句麗 정벌 때
黎陽의 督糧司의 임무를 맡았다가 그곳에서 천하가 장차 혼란에 빠질 것을
보고 起兵하여 秦王 楊浩를 옹립, 東都를 공격하였으나 실패하자 관중으로
방향을 바꾸었다가 무너짐. 이에 아우 楊積善에게 칼을 빼어 자신을 죽여달라
하여 최후를 마침.《隋書》(70)와《北史》(41)에 전이 있음.
【賈瓊】王通의 제자. 七大弟子, 즉 '七俊穎'의 하나. 中山 사람이라 함.
【立不易方】《周易》恒卦에 "恒: 亨, 无咎, 利貞, 利有攸往. 象曰: 恒, 久也. 剛上
而柔下, 雷風相與, 巽而動, 剛柔皆應, 恒.「恒, 亨, 无咎, 利貞」, 久於其道也. 天地
之道, 恒久而不已也;「利有攸往」, 終則有始也. 日月得天而能久照, 四時變化而能
久成, 聖人久於其道而天下化成. 觀其所恒, 而天地萬物之情可見矣! 象曰: 雷風,
恒; 君子以立不易方"이라 함. 阮逸 注에 "恆卦象云也. 瓊事楚公不預事"라 함.

319(7-3)
온언박溫彦博의 지知에 대한 질문

온언박溫彦博이 지知에 대하여 여쭈었다.

문중자가 말하였다.

"아무것도 알고 있지 않는 것이다."

이번에는 식識에 대하여 여쭈었다.

문중자가 말하였다.

"아무것도 인식하고 있지 않은 것이다."

온언박이 물었다.

"어찌 그렇게 말할 수 있습니까?"

문중자가 말하였다.

"궁구하고 시도하고 꼭 그래야만 하는가?"

온언박이 물러나 동상에게 이를 고하였다.

동상이 말하였다.

"깊도다! 이는 문왕文王 천명의 법칙에 그대로 순응한 것이다."

溫彦博問知.

　　　子曰:「無知.」

　　　問識.

　　　子曰:「無識.」

　　　彦博曰:「何謂其然?」

子曰:「『是究是圖, 亶其然乎?』」
彦博退, 告董常.
常曰:「深乎哉! 此文王所以順帝之則也.」

【溫彦博】 자는 大臨(?~637). 王通의 제자 중 '七俊穎'의 하나. 隋末 대란이 일어
나자 幽州總管 羅藝를 끌어들여 司馬로 삼았으며 貞觀 4년 中書令을 거쳐
尚書右僕射에 오름. 薛收의 아버지 薛道衡이 溫彦博과 溫大雅 형제를 "卿相
之才"라 칭하였음.《舊唐書》(61)와《新唐書》(91)에 전이 있음. 阮逸 注에 "彦博
本以多知爲問, 子答以無知, 是知也"라 함.

【知】《論語》爲政篇에 "子曰:「由! 誨女知之乎! 知之爲知之, 不知爲不知, 是知也.」"
라 함.

【無識】 阮逸 注에 "不言如愚"라 함.

【是究是圖】《詩經》小雅 棠棣篇에 "妻子好合, 如鼓瑟琴. 兄弟旣翕, 和樂且湛.宜
爾室家, 樂爾妻帑. 是究是圖, 亶其然乎!"라 한 구절을 원용한 것. 阮逸 注에
"棠棣詩箋云:「汝心謀之, 誠如是矣.」"라 함.

【董常】 자는 履常. 원래 河南 사람으로 孔子에게 顔回가 있듯이 王通에게
안회와 같은 존재로 알려져 있음. 왕통보다 일찍 죽음.

【文王】 周나라 건국의 聖王. 姬昌. 后稷(姬棄)의 후손으로 季歷의 아들이며 古公
亶甫의 손자. 商나라 말 紂임금 때 西伯이 되어 인정을 베풀었으며 紂의 미움을
받아 羑里(牖里, 지금의 河南 湯陰縣)의 감옥에 갇히는 등 고초를 겪기도 하였
으며 그 아들 武王(姬發)에 이르러 紂를 牧野에서 멸하고 周나라를 일으킴.
《史記》周本紀 참조.

【順帝之則】《詩經》大雅 皇矣篇에 "帝謂文王, 予懷明德, 不大聲以色, 不長夏以革.
不識不知, 順帝之則. 帝謂文王, 詢爾仇方, 同爾兄弟, 以爾鉤援, 與爾臨衝, 以伐
崇墉"이라 함. 阮逸 注에 "大雅皇矣篇云:「不識不知, 順帝之則.」"이라 함.

320(7-4)
시詩의 작자

문중자가 말하였다.

"《시詩》는 천하가 함께 지은 것이 있고, 한 나라가 지은 것이 있으며, 신명神明이 지은 것이 있다."

> 子曰：「《詩》有天下之作焉, 有一國之作焉, 有神明之作焉.」

【天下之作】 阮逸 注에 "謂大雅"라 함.
【一國之作】 阮逸 注에 "謂國風"이라 함.
【神明之作】 阮逸 注에 "謂頌"이라 함.

321(7-5)
계찰季札

오吳나라 계찰季札이 이렇게 말한 적이 있다.

"〈소아小雅〉는 주周나라가 쇠미해질 때의 시로다! 〈빈豳〉은 즐거우면서도 지나침이 없도다!"

문중자가 말하였다.

"누가 계찰을 음악에 대하여 안다고 일렀던가? 〈소아〉가 어찌 주나라의 흥성함이 쇠하리라 여긴 것이겠는가? 〈빈〉이 어찌 그 부지런히 힘씀을 즐거워하여 원망이 없는 것이겠는가?"

吳季札曰:「〈小雅〉其周之衰乎!〈豳〉其樂而不淫乎!」
子曰:「孰謂季子知樂?〈小雅〉, 烏乎衰其周之
盛乎?〈豳〉, 烏呼樂其勤而不怨乎?」

【季札】延陵季子. 吳나라에 가장 덕 있는 인물로 알려짐. 각 典籍에 많은 故事와 逸話를 남김. 壽夢의 막내아들. 《公羊傳》에 "謁(遏)也, 餘祭也, 夷眛也, 與季札 同母者四. 季子弱而才, 兄弟皆愛之, 同欲立之以爲君. 謁曰:「今若是迮而與季 子國, 季子猶不受也. 請無與子而與弟, 弟兄迭爲君而致國乎季子.」皆曰:「諾.」" 이라 함. 한편《新序》節士篇에 "延陵季子者, 吳王之子也, 嫡同母昆弟四人: 長曰遏, 次曰餘祭, 次曰夷眛, 次曰札. 札卽季子, 最小而賢, 兄弟皆愛之. 旣除喪, 將立季子, 季子辭曰:「曹宣公之卒也, 諸侯與曹人不義曹君, 將立子臧, 子臧去之,

遂不爲也. 以成曹君, 君子曰能守節矣. 君義嗣也, 誰敢干君? 有國非吾節也. 札雖不才, 願附子臧, 以無失節.」固立之, 棄其室而耕, 乃舍之. 遏曰:「今若是作而與季子, 季子必不受, 請無與子而與弟, 弟兄迭爲君, 而致諸侯乎季子.」皆曰:「諾.」故諸其爲君者皆輕死爲勇, 飮食必祝曰:「天若有吾國, 必疾吾禍予身.」故遏也死, 餘祭立; 餘祭死, 夷眜立; 夷眜死, 而國宜之季子也, 季子使而未還. 僚者, 長子之庶兄也, 自立爲吳王. 季子使而還, 至則君事之. 遏之子曰王子光, 號曰闔閭. 不悅曰:「先君所爲, 不與子而與弟者, 凡爲季子也. 將從先君之命, 則國宜之季子也. 如不從先君之命而與子, 我宜當立者也, 僚惡得爲君?」於是使專諸刺僚, 而致國乎季子. 季子曰:「爾殺我君, 吾受爾國, 是吾與爾爲亂也. 爾殺我兄, 吾又殺爾, 是父子兄弟相殺, 終身無已也.」去而之延陵, 終身不入吳國, 故號曰延陵季子. 君子以其不受國爲義, 以其不殺爲仁, 是以春秋賢季子而尊貴之也」라 함.

【周之衰】《左傳》襄公 29년 經에 "吳子使札來聘"이라 하였고, 傳에 "吳公子札來聘, 見叔孫穆子, 說之. 謂穆子曰:「子其不得死乎! 好善而不能擇人. 吾聞君子務在擇人. 吾子爲魯宗卿, 而任其大政, 不愼擧, 何以堪之? 禍必及子!」請觀於周樂. 使工爲之歌〈周南〉·〈召南〉. 曰:「美哉! 始基之矣, 猶未也, 然勤而不怨矣.」爲之歌〈邶〉·〈鄘〉·〈衛〉. 曰:「美哉淵乎! 憂而不困者也. 吾聞衛康叔·武公之德如是, 是其衛風乎!」爲之歌〈王〉, 曰:「美哉! 思而不懼, 其周之東乎!」爲之歌〈鄭〉, 曰:「美哉! 其細已甚, 民弗堪也. 是其先亡乎!」爲之歌〈齊〉, 曰:「美哉, 泱泱乎! 大風也哉! 表東海者, 其大公乎! 國未可量也.」爲之歌〈豳〉, 曰:「美哉, 蕩乎! 樂而不淫, 其周公之東乎!」爲之歌〈秦〉, 曰:「此之謂夏聲. 夫能夏則大, 大之至也, 其周之舊乎!」爲之歌〈魏〉, 曰:「美哉, 渢渢乎! 大而婉, 險而易行, 以德輔此, 則明主也.」爲之歌〈唐〉, 曰:「思深哉! 其有陶唐氏之遺民乎! 不然, 何憂之遠也? 非令德之後, 誰能若是?」爲之歌〈陳〉, 曰:「國無主, 其能久乎!」自〈鄶〉以下無譏焉. 爲之歌〈小雅〉, 曰:「美哉! 思而不貳, 怨而不言, 其周德之衰乎? 猶有先王之遺民焉.」爲之歌〈大雅〉, 曰:「廣哉, 熙熙乎! 曲而有直體, 其文王之德乎!」爲之歌〈頌〉, 曰:「至矣哉! 直而不倨, 曲而不屈, 邇而不偪, 遠而不攜, 遷而不淫, 復而不厭, 哀而不愁, 樂而不荒, 用而不匱, 廣而不宣, 施而不費, 取而不貪, 處而不底, 行而不流. 五聲和, 八風平. 節有度, 守有序, 盛德之所同也.」見舞象箾·南籥者, 曰:「美哉! 猶有憾.」見舞大武者, 曰:「美哉! 周之盛也, 其若此乎!」見舞韶濩者, 曰:「聖人之弘也, 而猶有慙德, 聖人之難也.」見舞大夏者, 曰:「美哉! 勤而不德, 非禹其誰能修之?」見舞韶箾者, 曰:「德至矣哉, 大矣! 如天之無不幬也, 如地之無不載也. 雖甚盛德, 其蔑以加於此矣, 觀止矣. 若有他樂, 吾不敢請已.」其出聘也,

通嗣君也. 故遂聘于齊, 說晏平仲, 謂之曰:「子速納邑與政. 無邑無政, 乃免於難. 齊國之政将有所歸, 未獲所歸, 難未歇也.」故晏子因陳桓子以納政與邑, 是以免於欒·高之難. 聘於鄭, 見子產, 如舊相識. 與之縞帶, 子產獻紵衣焉. 謂子產曰:「鄭之執政侈, 難將至矣, 政必及子. 子爲政, 愼之以禮. 不然, 鄭國將敗.」適衛, 說蘧瑗·史狗·史鰌·公子荊·公叔發·公子朝, 曰:「衛多君子, 未有患也.」自衛如晉, 將宿於戚, 聞鐘聲焉, 曰:「異哉! 吾聞之也, 辯而不德, 必加於戮. 夫子獲罪於君以在此, 懼猶不足, 而又何樂? 夫子之在此也, 猶燕之巢于幕上. 君又在殯, 而可以樂乎?」遂去之. 文子聞之, 終身不聽琴瑟. 適晉, 說趙文子·韓宣子·魏獻子, 曰:「晉國其萃於三族乎!」說叔向. 將行, 謂叔向曰:「吾子勉之! 君侈而多良, 大夫皆富, 政將在家. 吾子好直, 必思自免於難.」을 근거로 문중자가 辨釋한 것. 阮逸 注에 "《左傳》襄二十九年, 吳季札聘魯. 觀周樂, 聽〈小雅〉曰:「思而不貳, 怨而不言. 其周德之衰乎?」聞〈周南〉·〈召南〉曰:「勤而不怨.」聽〈豳〉曰:「樂而不淫.」"이라 함.

【周之盛乎】阮逸 注에 "〈小雅〉自「鹿鳴」至「菁菁者莪」, 皆言先王之德也. 故「天保」已上始內, 「采薇」已下始外. 侯王能修先王之政. 仲尼刪詩, 謂雖不及先王之大, 然亦不失其政, 故曰「〈小雅〉言政之小者」也. 季子所聽, 云「思而不貳, 怨而不言」, 則不謂變雅者也. 幽厲之世, 國異政, 家殊俗, 斯變雅作矣. 然有先王之遺民, 不敢怨貳, 亦有先王盛德使然. 文中子曰:「周之盛也. 何衰乎?」"라 함.

【勤而不怨乎】阮逸 注에 "季子言〈周南〉·〈召南〉「勤而不怨」, 蓋古文誤也. 當謂〈豳〉詩爾. 按〈周南〉「關雎」樂而不淫, 〈豳〉實無樂. 文中子辨季札必知樂, 此文之誤耳"라 함.

322(7-6)
태화太和의 군주

문중자가 말하였다.

"태화太和의 군주는 의도를 가지고 있었는가?"

가경賈瓊이 말하였다.

"진실로 아름다웠지요."

문중자가 말하였다.

"빛을 제대로 발휘하지 못하였지."

子曰:「太和之主有心哉?」

賈瓊曰:「信美矣.」

子曰:「未光也.」

【太和】後魏(北魏, 元魏) 孝文帝(拓拔宏, 元宏)의 연호. 477~499년까지 23년간
이었으며 中原이 가장 안정된 시기를 누렸음. 阮逸 注에 "後魏孝文帝"라 함.
【賈瓊】王通의 제자. 七大弟子, 즉 '七俊穎'의 하나. 中山 사람이라 함.
【未光】阮逸 注에 "有心於治美矣. 未必成化, 是未光"이라 함.

323(7-7)
봉록俸祿

문중자가 말하였다.

"《원경元經》이 지어지고 나서 군자들은 봉록을 영화롭게 여기지 않게 되었다."

文中子曰:「《元經》作, 君子不榮祿矣.」

【元經】王通의 저술 이름. 그의 《續六經》의 하나로 〈世家〉에 《元經》 15권이 저록되어 있음. 天地人 三才의 관계를 기본으로 하여 晉 惠帝 永熙 원년(290)부터 隋 開皇 9년(589) 南朝 陳나라가 멸망할 때까지 300년간의 역사를 공자의 《춘추》에 비견하여 기록한 것. 그러나 원본은 사라지고 없으며 지금의 宋本 《元經》은 僞書로 밝혀졌음.

【不榮祿】阮逸 注에 "《易》否卦:「天地不交否. 君子以儉德避難, 不可榮以祿.」言晉惠而下否矣. 故《元經》作"이라 함.

324(7-8)
오吳와 촉蜀

동상董常이 《서書》를 공부하다가 선생님께 이렇게 고하였다.
"오吳나라와 촉蜀나라는 끝내 잊혀지고 마는 것입니까?"
문중자는 개연慨然히 탄식하며 말하였다.
"내通가 감히 대황大皇과 소열제昭烈帝의 의식懿識, 그리고 제갈공명諸葛孔明과 주공근周公瑾의 성심盛心을 망각할 수 있겠느냐?"

董常習《書》, 告於子曰:「吳·蜀遂忘乎?」
子慨然歎曰:「通也, 敢忘大皇昭烈之懿識, 孔明公瑾之
　　　　盛心哉?」

【董常】 자는 履常. 원래 河南 사람으로 孔子에게 顔回가 있듯이 王通에게
　안회와 같은 존재로 알려져 있음. 王通보다 일찍 죽음.
【書】 王通이 지은 《續書》를 가리킴. 阮逸 注에 "《續書》"라 함.
【吳蜀遂妄】 王通의 《續書》에는 三國 孫權의 東吳 나라와 劉備의 蜀漢 나라는
　싣지 않고 있음. 阮逸 注에 "《續書》有魏而無吳蜀"이라 함.
【大皇】 吳나라 大帝 孫權을 가리킴. 자는 仲謀(182~252). 江東에 孫氏 집안이
　이루어놓은 세력을 바탕으로 江東 6군을 점거하고 222년에 吳王으로 책봉을
　받은 다음 229년에 자립하여 帝를 칭하며 국호를 吳라 하고, 즉시 武昌에서
　建業으로 수도를 옮겨 三國 시대를 열었음. 재위 23년 만에 죽어 그 아들 孫亮이
　뒤를 이음. 《三國志》(47)에 傳이 있음. 阮逸 注에 "吳主孫權, 謚大皇帝"라 함.

【昭烈】蜀나라를 세운 劉備. 자는 玄德. 221~223년 재위하고 그 아들 後主 劉禪이 뒤를 이음. 廟號가 昭烈로 昭烈帝로 불림.《十八史略》(3)에 "涿郡劉備 字玄德, 其先出於景帝, 中山靖王勝之後也. 有大志少語言, 喜怒不形於色. 河東 關羽·涿郡張飛, 與備相善, 備起, 二人從之"라 함.《三國志》蜀志(2)를 볼 것. 阮逸 注에 "蜀主劉備, 諡昭烈皇帝"라 함.

【懿識】阮逸 注에 "懿識, 謂能任賢也"라 함.

【孔明】諸葛亮. 자는 孔明(191~234). 한말 陽都人. 은거하여 스스로 밭을 갈며 자신을 管仲과 樂毅에 비교하여 사람들이 그를 臥龍先生이라 불렀음. 뒤에 蜀漢 劉備의 三顧草廬로 불려가 天下三分之策을 정하고 유비를 도와 荊州와 益州를 차지하여 吳, 蜀, 魏 三國鼎立을 이루었음. 유비의 遺囑에 의해 그 아들 劉禪을 도와 〈出師表〉를 쓰고 북벌을 시도했으나 五丈原에서 생을 마침. 죽은 뒤 武鄕侯에 봉해졌으며 시호는 忠武.《三國志》(35)에 전이 있음. 阮逸 注에 "蜀相諸葛亮, 字孔明"이라 함.

【公瑾】周瑜(175~210). 자가 公瑾. 삼국 吳나라 宰相. 어린 시절부터 孫策과 아주 친한 친구였으며 孫策이 뒤에 "周公瑾與孤有總角之好, 骨肉之分"이라 할 정도였음.《三國志》吳志 周瑜傳을 참조할 것. 阮逸 注에 "吳相周瑜, 字公瑾" 이라 함.

【盛心】阮逸 注에 "盛心, 謂亮云：「普天之下, 莫匪漢民.」; 瑜云：「曹公託名漢相, 實漢之賊.」是也"라 함.

325(7-9)
중원中原의 위대함

동상董常이 말하였다.

"크도다, 중원이여! 오제五帝, 삼왕三王이 스스로 일어선 곳이요, 의관衣冠과 예의禮義가 나온 곳이로다. 그 때문에 성현이 경모景慕하는 곳이다. 중원에 한 분의 성현이 나타나 이를 밝혀 통일하게 될 것이니 성현만이 남쪽 두 나라를 없앨 수 있을 것이다!"

문중자가 말하였다.

"아! 중원이 아니면 감히 옛 교훈을 펼 곳이 없을 것이다."

董常曰:「大哉中國! 五帝三王所自立也, 衣冠禮義所
自出也. 故聖賢景慕焉. 中國有一聖賢明之,
中國有並, 聖賢除之耶!」
子曰:「噫! 非中國不敢以訓.」

【董常】자는 履常. 원래 河南 사람으로 孔子에게 顔回가 있듯이 王通에게 안회와 같은 존재로 알려져 있음. 왕통보다 일찍 죽음.

【中國】中原을 가리킴. 王通은 지역적으로 中原을 정통으로 여겼으며. 中原에 '帝'가 없을 때였던 東晉과 남조 宋(劉宋)까지만을 역사의 정통으로 여겼음. 왕통이 이러한 歷史觀을 갖게 된 것은 蕭道成이 宋나라를 찬탈하고 齊(南齊)를

세우자 그의 4대조 穆公 王虬(428~500)가 建元 연간 北魏로 달아나 中原에 정착한 것과 깊은 관련이 있는 것으로 보임.

【五帝】異說이 많으나《史記》五帝本紀에는 黃帝·顓頊·帝嚳·唐堯·虞舜을 들고 있음. 阮逸 注에 "五帝: 少昊都曲阜, 顓頊都濮陽, 帝嚳都亳, 堯都冀, 舜都蒲" 라 함.

【三王】三代(夏, 殷, 周) 초기의 三王(禹, 湯, 文武). 이들은 儒家에서 聖君으로서 덕치를 폈으며 흔히 이때의 정치를 王道政治라 함. 阮逸 注에 "三王: 夏都安邑, 湯都亳, 周都雍洛. 皆中原之國也"라 함.

【中國有並】阮逸 注에 "並, 謂吳蜀是也"라 함. 中原에 있던 魏나라가 서남방의 吳와 蜀을 아울렀음을 말함.

【除之】제거함. 멸함. 阮逸 注에 "除吳蜀"이라 함.

【訓】周公(姬旦)과 孔子(孔丘)의 가르침을 뜻함. 阮逸 注에 "周·孔之志"라 함.

326(7-10)
원위元魏

동상董常이 말하였다.

"《원경元經》의 제왕 중에 원위元魏는 어떻습니까?"

문중자가 말하였다.

"'난리에 병까지 깊은 이 몸'이라 하였으니 내 누구를 따라가겠느냐? 하늘과 땅이 받들고 백성들이 감싸주니 바로 나의 군주로다. 게다가 선왕先王이 살던 곳에 나라를 세우고 선왕의 도를 받았으며, 나는 선왕의 백성이니 무엇이라 말할 수 있겠는가?"

동상이 말하였다.

"감히 여쭙건대 황시皇始가 북위北魏에게 주어졌을 때 진晉나라는 아직 제왕이 있었으니 어찌 된 것입니까?"

문중자가 말하였다.

"중원을 주재할 자는 장차 중원 사람이 아니었다. 내 듣기로 천명이 있었으나 아직 사람에게 고하지 않았다면 사람들은 고통을 느끼게 된다, 고통을 느끼는 자가 있으면 이들을 품어줄 자가 있게 마련이다."

동상이 물었다.

"감히 여쭙건대 효문제孝文帝에 이르러서야 제왕이 된 것은 어째서입니까?"

문중자가 말하였다.

"그 시기를 귀히 여기고, 그 일을 크게 여긴 것이다. 이에 의義를 사용한 것이다."

董常曰:「《元經》之帝, 元魏何也?」

　子曰:「『亂離斯瘼』, 吾誰適歸? 天地有奉, 生民有庇,
　　　　卽吾君也. 且居先王之國, 受先王之道, 予先
　　　　王之民矣, 謂之何哉?」

董常曰:「敢問皇始之授魏而帝晉, 何也?」

　子曰:「主中國者將非中國也, 我聞有命, 未敢以
　　　　告人, 則猶傷之者也, 傷之者, 懷之也.」

董常曰:「敢問卒帝之何也?」

　子曰:「貴其時, 大其事, 於是乎用義矣.」

【董常】 자는 履常. 원래 河南 사람으로 孔子에게 顔回가 있듯이 王通에게
안회와 같은 존재로 알려져 있음. 왕통보다 일찍 죽음.

【元魏】 北魏, 後魏 등으로도 불리며, 鮮卑族 拓拔氏가 道武帝(拓拔珪) 때에 五胡
十六國의 혼란을 일소하고 북방을 통일하여 北魏(386~534)를 건국하고 지금의
山西 大同에 도읍을 정함. 뒤에 제6대 孝文帝(拓拔宏, 元宏)에 이르러 洛陽으로
遷都한 다음 拓拔氏 성을 元氏로 바꾸고 言語, 婚姻, 服飾, 風習 등 일체에
대하여 漢化를 강행, 가장 깊이 漢化한 민족이 되고 말았음. 이에 따라 北魏를
元魏로도 부르며 孝文帝 자신의 성명 拓拔宏도 元宏으로 바꾸었음. 386~534년
까지 존속하였으며 뒤에 西魏(元寶炬, 長安)와 東魏(元善見, 鄴)로 분리되었다가
다시 西魏는 北周(宇文泰)로, 東魏는 北齊(高洋)로 이어졌음. 이어서 北周가
東魏를 멸하고 北周는 다시 隨國公(楊堅)에게 禪讓하여 隋(隨에서 글자를 隋로
바꿈)나라가 들어섰으며, 隋나라는 남방 陳(陳霸先이 건국, 建業, 南京)의 後主
(陳叔寶)를 멸하고 천하를 통일하여 南北朝를 마감함.

【元經】 王通의 저술 이름. 그의 《續六經》의 하나로 〈世家〉에 《元經》 15권이
저록되어 있음. 天地人 三才의 관계를 기본으로 하여 晉 惠帝 永熙 원년(290)
부터 隋 開皇 9년(589) 南朝 陳나라가 멸망할 때까지 300년간의 역사를 공자의
《春秋》에 비견하여 기록한 것. 그러나 원본은 사라지고 없으며 지금의 宋本

《元經》은 僞書로 밝혀졌음. 阮逸 注에 "《元經》紀年, 書帝春正月, 起晉惠帝, 止東晉及宋, 未妄中國, 故帝之. 至齊梁則中國有元魏, 故帝魏矣"라 하여 남방은 劉宋까지만 帝로 인정하고 그 뒤로는 북방의 元魏(北魏)를 帝로 인정함.

【亂離斯瘼】《詩經》小雅 四月에 "四月維夏, 六月徂暑. 先祖匪人, 胡寧忍予? 秋日凄凄, 百卉具腓. 亂離瘼矣, 爰其適歸? 冬日烈烈, 飄風發發. 民莫不穀, 我獨何害?"라 함. 阮逸 注에 《詩》四月篇云:「亂離瘼矣, 爰其適歸?」箋云:「今政亂憂病, 必有之歸.」라 함.

【吾君】阮逸 注에 "必君元魏"라 함.

【先王之國】阮逸 注에 "都洛"이라 하여 元魏의 孝文帝가 洛邑(洛陽)을 도읍으로 삼았음을 말함.

【先王之道】阮逸 注에 "建明堂, 修典禮"라 하여 孝文帝가 洛陽을 도읍으로 하고 정통 국가로서의 제도를 갖춤을 말함.

【予先王之民】予는 文中子를 가리킴. 阮逸 注에 "予, 文中子自謂. 言子自晉陽穆公已來事魏. 故曰先王之民"이라 함.

【何哉】"어찌 元魏를 帝로 인정하지 않겠는가?"의 뜻. 阮逸 注에 "何爲不帝"라 함.

【皇始】魏(北魏, 元魏) 太祖(道武帝, 拓拔珪)가 北魏를 건국하고 '皇始'의 연호를 씀. 396~397년까지 2년간이었음. 阮逸 注에 "魏太祖入長安, 始有中原, 是歲丙申, 皇后元年, 當東晉孝武帝, 盡太元二十一年也. 然《元經》尙以安恭紀年"이라 함.

【中國】中原을 가리킴. 王通은 지역적으로 中原을 정통으로 여겼으며. 中原에 '帝'가 없을 때였던 東晉과 남조 宋(劉宋)까지만을 역사의 정통으로 여겼음. 왕통이 이러한 歷史觀을 갖게 된 것은 蕭道成이 宋나라를 찬탈하고 齊(南齊)를 세우자 그의 4대조 穆公 王虬(428~500)가 建元 연간 北魏로 달아나 中原에 정착한 것과 깊은 관련이 있는 것으로 보임. 이에 따라 王通은 비록 異民族일지라도 中原을 통치한 왕조를 正統으로 보아, 血統보다는 地域을 중시하여 모든 학문과 주의 주장, 이론을 펴고 있음. 따라서 江南의 王朝는 비록 漢族일지라도 中原을 포기한 책임을 물어 매우 부정적 시각으로 보고 있음. 阮逸 注에 "晉主中國, 至孝武帝. 名存而實去矣. 故曰非中國"이라 함.

【告人】阮逸 注에 "揚之水篇云也. 聞有善政之命, 未敢告勳民心去之"라 함.

【懷之】阮逸 注에 "雖實去, 尙追懷之"라 함.

【卒帝】阮逸 注에 "魏至孝文, 方得紀帝"라 함.

【用義】阮逸 注에 "天時人事, 盛大而帝之, 得其宜也"라 함.

327(7-11)
목공穆公과 왕숙王肅

문중자가 말하였다.

"목공穆公이 오자 왕숙王肅도 찾아왔으며 원위元魏는 그 때부터 발전하게 되었다."

子曰:「穆公來, 王肅至而元魏達矣.」

【穆公】晉陽穆公 王虬(428~500). 王通의 四代祖. 蕭道成이 南朝 劉宋을 찬탈하고 齊(南齊)를 세우자 建元 연간 北魏로 달아나 幷州刺史를 역임하였으며 이때부터 王通의 집안이 汾河(晉陽) 근처에 살게 됨. 그 때문에 '晉陽穆公'이라 부른 것. 《政大論》 8편을 저술함. 阮逸 注에 "穆公虬, 宋順帝升明二年奔魏"라 함.

【王肅】자는 恭懿(464~501). 北魏 琅邪 臨沂人. 王導의 후손으로 南齊의 秘書丞을 역임하고 있었음. 孝文帝 太和 17년 가족이 齊 武帝에게 죽임을 당하자 魏나라로 도망하여 孝文帝의 총애를 입음. 大將軍長史를 거쳐 鎭南將軍에 올랐으며 孝文帝가 죽고 遺詔에 의해 尙書令에 오름. 宣武帝 때 昌國縣侯에 봉해졌으며 散騎常侍, 揚州刺史 등에 오름. 시호는 宣簡. 《魏書》(63)와 《北史》(42)에 전이 있음. 阮逸 注에 "王肅, 字恭懿. 齊明帝建武四年亦奔魏. 並魏孝文時也. 虬爲晉陽太守, 肅爲平南將軍, 皆預國政. 虬累薦肅, 肅制典章律令, 故曰達矣"라 함.

328(7-12)
지공至公

문중자가 말하였다.
"지극한 공평함이 없다면 역사를 쓸 수가 없다."

子曰:「非至公不及史也.」

【至公】阮逸 注에 "以先王爲公"이라 함.
【史】역사를 기록함. '史'의 原義는 '中+又'로써 '中을 잡고 있는 형상'이며 이러한 추상적 의미를 가지고 있음.

329(7-13)
망한 진陳나라

숙념叔恬이 말하였다.

"감히 여쭙건대 《원경元經》은 진陳나라가 망하였음에도 모두 '국國'이라고 갖추어 부르고 있는데 어찌 그렇습니까?"

문중자가 말하였다.

"강동江東은 중원의 옛 의관衣冠과 예악禮樂이 향하던 곳이다. 영가永嘉 이후에 강동이 귀중한 곳이 되었으나 끝내 그 귀함을 지켜내지 못하고 사람이 없게 되었다. 제齊, 양梁, 진陳은 나라 축에 들지도 못하다가 마침내 망하기에 이르렀다. 그런데도 군자들은 그 때를 그리워하고 있으니 그 때문에 《서書》에 진晉 송宋, 제齊, 양, 진이 망하였으나 함께 다섯 나라를 묶어 나라라고 귀속시키면서 아울러 망한 나라라고 표현한 것이다. 오호라! 선왕의 예악을 버리기가 이 지경에 이른 것이다!"

숙념이 말하였다.

"진晉, 송宋은 망한 지가 오래되었는데 지금 갖추어 싣고 있으니 어찌 된 것입니까?"

문중자가 말하였다.

"의관과 문물文物이 옛날대로 있으니 군자가 그들을 서둘러 없애고 싶지 않았고, 송나라는 일찍이 진나라의 공적을 수립하여 다시 중원을 수복할 뜻을 가지고 있었기에 역시 서둘러 없애고 싶지 않아 그 때문에 제, 양, 진과 함께 나라라는 지위에는 귀속시켰으나 그들이 아직 멸망하지 않았을 때 군자는 이미 그들을 나라의 지위를 일컬어주는 명칭을 빼앗은 것이다."

叔恬曰:「敢問《元經》書陳亡而具五國, 何也?」

子曰:「江東, 中國之舊也, 衣冠禮樂之所就也. 永嘉之後, 江東貴焉, 而卒不貴, 無人也. 齊‧梁‧陳, 於是乎不與其爲國也, 及其亡也. 君子猶懷之. 故《書》曰晉‧宋‧齊‧梁‧陳亡, 具五以歸其國, 且言其國亡也. 嗚呼! 棄先王之禮樂, 以至是乎!」

叔恬曰:「晉‧宋亡國久矣, 今具之, 何謂也?」

子曰:「衣冠文物之舊, 君子不欲其先亡, 宋嘗有樹晉之功, 有復中國之志, 亦不欲其先亡也, 故具齊‧梁‧陳, 以歸其國也, 其未亡, 則君子奪其國焉.」

【叔恬】王凝. 王通의 아우이며 王績의 형. 자는 叔恬. 太原縣令에 올라 그 때문에 太原府君으로도 부름. 唐 太宗 貞觀 초에 監察御史에 올랐다가 侯君集의 사건에 연루되어 姑蘇令으로 좌천되기도 함. 뒤에 벼슬을 버리고 낙향하여 王通의 《六經》과 《文中子(中說)》를 정리함. 대체로 隋나라 開皇 초에 태어난 것으로 보이며 죽은 해는 알려지지 않음.

【元經】王通의 저술 이름. 그의 《續六經》의 하나로 〈世家〉에 《元經》 15권이 저록되어 있음. 天地人 三才의 관계를 기본으로 하여 晉 惠帝 永熙 원년(290) 부터 隋 開皇 9년(589) 南朝 陳나라가 멸망할 때까지 300년간의 역사를 공자의 《춘추》에 비견하여 기록한 것. 그러나 원본은 사라지고 없으며 지금의 宋本 《元經》은 僞書로 밝혀졌음.

【陳亡而具五國】南朝 陳을 멸망시켜 隋나라가 통일한 해의 《元經》 기록에 다섯 나라를 함께 거론한 것을 의문으로 여긴 것. 阮逸 注에 "書隋九年春, 帝正月: 晉宋齊梁陳亡"이라 함.

【江東】南方. 建業(지금의 南京)이 長江 동쪽에 있어 흔히 江南을 江左, 江東이라
부름. 西晉나라가 永嘉之亂으로 洛陽에서 남쪽 建業으로 옮기면서 中國
文物이 그곳으로 이동함. 阮逸 注에 "晉懷帝永嘉二年, 琅邪王叡自徐州移鎭建業,
中國衣冠往依焉"이라 함.

【不貴】강남에서 중원 정통이 부흥하여 귀함을 받았으나 지켜내지 못함. 阮逸
注에 "貴, 猶興也"라 함.

【無人】江南 東晉에는 지키고 이어갈 사람이 더 이상 없음. 阮逸 注에 "元明成
三帝, 二十餘年, 賴王導爲之輔, 康穆之世, 桓溫專政, 晉祚中微. 至孝武朝, 賴謝
安爲之佐, 江東復振, 安卒後, 桓玄簒位, 劉裕興焉. 是無多賢人使然"이라 함.

【不與其爲國】阮逸 注에 "宋尙有樹晉之功, 君子猶與之也. 至齊梁陳無復念中國.
但自相簒立, 故曰「不與其爲國」也"라 함.

【君子猶懷之】阮逸 注에 "齊梁陳亡, 君子猶懷晉宋"이라 함.

【歸其國】阮逸 注에 "歸晉舊國"이라 함.

【言亡國】阮逸 注에 "春秋書梁亡, 言自亡也. 江東亦然. 不任賢, 不修典禮, 尙淫
靡之文, 自取亡國, 故曰自亡"이라 함.

【棄先王之禮樂】阮逸 注에 "南朝喪弃古道"라 함.

【中國】中原을 가리킴. 王通은 지역적으로 中原을 정통으로 여겼으며, 中原에
'帝'가 없을 때였던 東晉과 남조 宋(劉宋)까지만을 역사의 정통으로 여겼음.
왕통이 이러한 歷史觀을 갖게 된 것은 蕭道成이 宋나라를 찬탈하고 齊(南齊)를
세우자 그의 4대조 穆公 王虬(428~500)가 建元 연간 北魏로 달아나 中原에
정착한 것과 깊은 관련이 있는 것으로 보임. 이에 따라 王通은 비록 異民族
일지라도 中原을 통치한 왕조를 正統으로 보아, 血統보다는 地域을 중시하여
모든 학문과 주의주장, 이론을 펴고 있음. 따라서 江南의 王朝는 비록 漢族
일지라도 中原을 포기한 책임을 물어 매우 부정적 시각으로 보고 있음. 阮逸
注에 "宋祖劉裕, 平桓玄盧循, 此樹晉功也. 伐南燕, 擒慕容超, 伐後秦姚泓,
平洛陽, 修謁五陵, 劉子義眞守長安, 此復中國志也"라 함.

330(7-14)
중원의 예악

문중자가 말하였다.

"중원의 예악이 어디에 있는가? 이미 사라지고 없다면 군자가 그 나라에 관여하지 않을 수 있겠는가?"

문중자가 말하였다.

"내가 중원에서 남겨진 경우와 같다."

曰:「中國之禮樂, 安在? 其已亡, 則君子與其國焉?」

曰:「猶我中國之遺人也.」

【中國】中原을 가리킴. 王通은 지역적으로 中原을 정통으로 여겼으며. 中原에 '帝'가 없을 때였던 東晉과 남조 宋(劉宋)까지만을 역사의 정통으로 여겼음. 왕통이 이러한 歷史觀을 갖게 된 것은 蕭道成이 宋나라를 찬탈하고 齊(南齊)를 세우자 그의 4대조 穆公 王虯(428~500)가 建元 연간 北魏로 달아나 中原에 정착한 것과 깊은 관련이 있는 것으로 보임. 이에 따라 王通은 비록 異民族일지라도 中原을 통치한 왕조를 正統으로 보아, 血統보다는 地域을 중시하여 모든 학문과 주의주장, 이론을 펴고 있음. 따라서 江南의 王朝는 비록 漢族일지라도 中原을 포기한 책임을 물어 매우 부정적 시각으로 보고 있음.

【安在】阮逸 注에 "齊梁陳, 不修禮樂. 但自謀立, 故君子至公及史, 以其未亡, 而必奪之也"라 함.

【遺人】阮逸 注에 "已亡, 謂晉宋; 禮樂猶存先王之化, 衣冠猶有中國之人. 故君子及史, 雖其已亡, 而必與之也"라 함.

331(7-15)
원경元經을 쓴 이유

숙념叔恬이 말하였다.

"감히 〈지志〉에 대하여 여쭙습니다."

문중자는 현연泫然히 일어나서 이렇게 말하였다.

"동천부군銅川府君의 뜻이니 내通가 감히 폐지하지 못하고 다섯 나라가 함께 망한 시기를 적은 것으로 대체로 선왕의 도가 모두 추락하고 말았음을 안타까워한 것이다. 그 때문에 군자는 그 말을 크게 과장하다가 극에 달하여 이러한 패배를 낳은 것이다! 땅을 쓸고 다시 새롭게 되기를 기대하였으나 '때가 지나도 소식 없으니 자꾸 많아지는 것 근심걱정일세'라 한 것이다. 너는 알고 있느냐? 이것이 《원경》에 그렇게 쓴 이유란다."

叔恬曰:「敢問其〈志〉.」

文中子泫然而興, 曰:「銅川府君之志也, 通不敢廢, 書五國並時而亡, 蓋傷先王之道盡墜. 故君子大其言, 極其敗於是乎! 掃地而求更新也, 『期逝不至, 而多爲卹.』 汝知之乎? 此《元經》所以書也.」

【叔恬】 王凝. 王通의 아우이며 王績의 형. 자는 叔恬. 太原縣令에 올라 그 때문에 太原府君으로도 부름. 唐 太宗 貞觀 초에 監察御史에 올랐다가 侯君集의 사건에 연루되어 姑蘇令으로 좌천되기도 함. 뒤에 벼슬을 버리고 낙향하여

王通의《六經》과《文中子(中說)》를 정리함. 대체로 隋나라 開皇 초에 태어난
것으로 보이며 죽은 해는 알려지지 않음.

【銅川府君】王通의 아버지 王隆. 자는 伯高. 隋나라 開皇 초에 國子博士待詔의
신분으로 隋 文帝(楊堅)에게《興衰要論》7편을 올림. 뒤에 武陽郡 昌樂縣
縣令에 올랐다가 다시 忻州 銅川縣(지금의 山西 忻縣) 현령이 됨. 그 때문에
'銅川府君'이라 부른 것. 그 뒤 은퇴하고 낙향하여 더 이상 벼슬길에 오르지
않음. 阮逸 注에 "銅川, 子之父也. 著《興衰要論》, 言六代得失, 此其志也"라 함.

【期逝不至, 而多爲卹】《詩經》小雅 杕杜篇에 "匪載匪來, 憂心孔疚. 期逝不至,
而多爲卹. 卜筮偕止, 會言近止, 征夫邇止"라 함. 阮逸 注에 "〈杕杜篇〉云:「匪載
匪來, 憂心孔疚. 期逝不至, 而多爲卹.」逝, 往也; 卹, 憂也. 言君子未來, 我憂卹之,
往不可期其來至, 而徒多日爲病也. 文中子喩己懷先王之道, 亦猶此詩爾"라 함.

【元經】王通의 저술 이름. 그의《續六經》의 하나로〈世家〉에《元經》15권이
저록되어 있음. 天地人 三才의 관계를 기본으로 하여 晉 惠帝 永熙 원년(290)
부터 隋 開皇 9년(589) 南朝 陳나라가 멸망할 때까지 300년간의 역사를 공자의
《춘추》에 비견하여 기록한 것. 그러나 원본은 사라지고 없으며 지금의 宋本
《元經》은 僞書로 밝혀졌음.

【所以書】阮逸 注에 "所以書「五國皆亡也」"라 함.

332(7-16)
한위漢魏의 예악

문중자가 말하였다.

"한漢나라, 위魏나라 때의 예악禮樂은 그 끝부분은 족히 칭할 만한 것이 없음에도 이를 기록해야 하며 폐기할 수 없으니 근고近古의 〈대對〉와 〈의議〉가 그 안에 있기 때문이다. 〈제制〉와 〈지誌〉, 〈조詔〉와 〈책冊〉은 〈전典〉과 〈고誥〉에 가깝다."

文中子曰:「漢·魏禮樂, 其末不足稱也, 然書不可廢,
　　　尚有近古〈對〉·〈議〉存焉.〈制〉·〈誌〉·〈詔〉·
　　　〈冊〉, 則幾乎〈典〉·〈誥〉矣.」

【末】阮逸 注에 "末, 謂末節也"라 함.

【對議】阮逸 注에 《續書》有對議問對. 若高貴鄉公問諸儒經義. 淳于駿·馬昭等 對曰「三王以德化民, 三王以禮爲治」是也. 議若夏侯玄議時事曰:「銓衡臺閣上 之分, 孝悌閭里下之分」是也"라 함.

【典誥】阮逸 注에 "制, 發於君心也; 誌, 臣下誌君之善也; 誥, 君以告于下也; 冊, 君求于賢也. 皆近於二典九誥"라 함.

333(7-17)
인仁과 오상五常

설수薛收가 인仁에 대하여 여쭈었다.

문중자가 말하였다.

"오상五常의 시작이다."

성性에 대하여 묻자 문중자가 말하였다.

"오상의 근본이다."

이번에는 도道에 대하여 묻자 문중자가 말하였다.

"오상의 통일이다."

薛收問仁.

子曰:「五常之始也.」

問性, 子曰:「五常之本也.」

問道, 子曰:「五常一也.」

【薛收】 文中子 王通의 제자. 자는 伯褒(592~612). 隋나라 때 河東 汾陰縣 출신으로 隋나라 內史侍郎 薛道衡의 아들. 수나라 大業 때 秦王府의 記室 房玄齡이 그를 秦王(李世民)에게 추천하여 秦王府主簿가 되어 判陝東道大行臺金部郎中에 오름. 隋나라가 망한 뒤 天策府記室參軍에 올랐으며 汾陰縣男의 봉호를 받음. 武德 6년 本官兼文學館學士가 되었으며 武德 7년에 생을 마침. 《舊唐書》(72)와 《新唐書》(98)에 전이 실려 있음.

【五常之始】阮逸 注에 “五常, 一曰仁. 在乾四德, 爲善長. 在《孟子》四端爲惻隱”
이라 함.

【五常之本】阮逸 注에 “本, 謂善也.《孟子》曰「人性無不善」, 孔子曰: 「繼之者,
善也; 成之者, 性也.」”라 함.

【五常一也】阮逸 注에 “性善, 其道一也.《禮》曰: 「率性之謂道.」”라 함.

334(7-18)
삼재三才와 오상五常

가경賈瓊이 말하였다.

"선생님께서는 도에 대하여 미진함이 있습니까?"

문중자가 말하였다.

"내通가 삼재三才와 오상五常에 대하여 다하지 못한 것이 있다면 신명神明이 나를 죽일 것이다. 혹 힘이 부족한 것은 있을 수 있으니 이 정도에 그칠 뿐이다."

賈瓊曰:「子於道, 有不盡矣乎?」

　　子曰:「通於三才五常, 有不盡者, 神明殛也. 或力不
　　　　足者, 斯止矣.」

【賈瓊】 王通의 제자. 七大弟子, 즉 '七俊穎'의 하나. 中山 사람이라 함.

【有不盡矣】 阮逸 注에 "言父子以門人不可敎, 而父子不盡以道敎之乎"라 함.

【神明殛也】 阮逸 注에 "責賈瓊不知心也. 言三才五常之道, 有爲之敎. 吾盡之矣. 如要無爲, 則退藏於密, 不能盡焉"이라 함.

【力不足】《論語》雍也篇에 "冉求曰:「非不說子之道, 力不足也.」子曰:「力不足者, 中道而廢. 今女畫.」"라 함. 阮逸 注에 "智不及, 則有不盡焉. 故不敎爾也. 此謙辭"라 함.

335(7-19)
봉황鳳凰

배희裴晞가 목공穆公의 사적에 대하여 물었다.

문중자가 말하였다.

"외삼촌께서는 봉황鳳皇에 대하여 듣지 못하셨습니까? 덕이 빛나는 모습을 보게 되면 아래로 내려오지요. 하필 그분을 그리워하십니까?"

숙념이 말하였다.

"목공이 한 일은 대체로 남제南齊와 북위北魏의 차이를 밝힌 것이다."

裴晞問穆公之事.

　子曰:「舅氏不聞鳳皇乎? 覽德暉而下, 何必懷彼也?」

叔恬曰:「穆公之事, 蓋明齊・魏.」

【裴晞】王通의 외삼촌. 자세한 사적은 알 수 없음. 阮逸 注에 "晞, 子之舅. 傳未見"
이라 함. 상황으로 보아 왕통보다 나이가 어린 외삼촌이었을 가능성이 있으며
왕통에게 학문을 익힌 것으로 보임. 이에 따라 下待語로 해석하였음. 阮逸 注에
"晞, 文中子之舅也"라 함.

【穆公】晉陽穆公. 王通의 4대조 王虯(428~500). 蕭道成이 宋나라를 찬탈하고
齊(南齊)를 세우자 建元 연간 北魏로 달아나 幷州刺史를 역임하였으며 이때
부터 王通의 집안이 汾河(晉陽) 근처에 살게 됨. 그 때문에 '晉陽穆公'이라 부른
것. 《政大論》8편을 저술함. 阮逸 注에 "續書有此篇名, 事則未詳"이라 함.

【鳳皇】鳳凰과 같음. 阮逸 注에 "鳳翔千仞, 有德則來, 無德則去"라 함.

【叔恬】王凝. 王通의 아우이며 王績의 형. 자는 叔恬. 太原縣令에 올라 그 때문에 太原府君으로도 부름. 唐 太宗 貞觀 초에 監察御史에 올랐다가 侯君集의 사건에 연루되어 姑蘇令으로 좌천되기도 함. 뒤에 벼슬을 버리고 낙향하여 王通의 《六經》과 《文中子(中說)》를 정리함. 대체로 隋나라 開皇 초에 태어난 것으로 보이며 죽은 해는 알려지지 않음.

【蓋明齊魏】阮逸 注에 "言《續書》之事, 非爲穆公而已. 蓋明南齊篡國, 君子振鳳翮而去之. 穆公所以來魏也"라 함.

336(7-20)
사람의 수명

배희가 말하였다.

"사람의 수명은 얼마나 됩니까? 내 보기에 중니仲尼는 어찌 그리 고생을 하셨습니까?"

문중자가 말하였다.

"있지요. 그 고생하심이. 그러나 감히 하늘을 위배하리오! 뒷사람이 지금을 볼 때 지금 우리가 옛사람을 보는 것만 같지 못하다고 하겠습니까?"

裴晞曰:「人壽幾何? 吾視仲尼何其勞也!」

　子曰:「有之矣, 其勞也, 敢違天乎! 焉知後之視今,
　　　　不如今之視昔也?」

【何其勞也】阮逸 注에 "應聘列國, 未嘗暫暇"라 함.

【違天】阮逸 注에 "仲尼誠有此勞也. 然天行健, 君子自强不息, 豈敢違天?"이라 함.

【今之視昔】阮逸 注에 "子自謂我勤道亦勞也. 然後人視我, 亦將譏人壽幾何也"라 함.

337(7-21)
천유穿窬

온대아溫大雅가 물었다.

"어떻게 해야 가히 정치에 참여시킬 수 있습니까?"

문중자가 말하였다.

"인仁으로써 실행하고, 관대함을 가지고 처하며 예악禮樂의 정서를 깊이 알아야 한다."

"감히 그 다음을 여쭙습니다."

문중자가 말하였다.

"말은 반드시 충성되게 하고 행동은 반드시 용서함이 있어야 하며 이해 利害로써 유혹을 해도 움직이지 말아야 한다."

"다시 그 다음을 여쭙습니다."

문중자가 말하였다.

"삼가되 견고하게, 청렴하면서도 사려 깊게 하며, 악착齷齪스럽게 자신을 보호하여 부족한 듯이 겉으로 내세워야 한다."

문중자가 말하였다.

"그 다음 것들은 천유穿窬를 하는 사람일 뿐이니 어찌 족히 정치에 미치겠느냐? 생각건대 그런 자라면 그저 관원의 수를 채우는 정도나 될 뿐이다."

溫大雅問:「如之何可使爲政?」

子曰:「仁以行之, 寬以居之, 深識禮樂之情.」

「敢問其次.」

子曰:「言必忠, 行必恕, 鼓之以利害不動.」

　　「又問其次.」

子曰:「謹而固, 廉而慮, 齟齟焉自保, 不足以發也.」

子曰:「降此, 則穿窬之人爾, 何足及政? 抑可使備員矣.」

【溫大雅】溫大雅. 당나라 幷州 祁縣 사람으로 자는 彦宏. 아우 大臨(溫彦博),
　大有(溫彦將)와 함께 이름을 날림. 唐 高祖 李淵이 기병하자 그를 機務에 참여
　시켰으며 吏部尙書를 거쳐 黎國公에 봉해짐.《大唐創業起居注》를 지었으며
　《舊唐書》(61)와《新唐書》(91)에 전이 있음.

【深識禮樂】阮逸 注에 "若周公, 是也"라 함.

【利害不動】阮逸 注에 "若孟軻, 是也"라 함.

【謹固】阮逸 注에 "若伯夷·叔齊, 是也"라 함.

【穿窬】'穿踰'로도 표기하며 남의 담을 넘어들어가 나쁜 짓을 함.《論語》陽貨
　篇에 "子曰:「色厲而內荏, 譬諸小人, 其猶穿窬之盜也與?」"라 하였고,《孟子》
　萬章(下)에도 "孟子曰:「人皆有所不忍, 達之於其所忍, 仁也; 人皆有所不爲,
　達之於其所爲, 義也. 人能充無欲害人之心, 而仁不可勝用也; 人能充無穿踰之心,
　而義不可勝用也. 人能充無受爾汝之實, 無所往而不爲義也. 士未可以言而言,
　是以言餂之也; 可以言而不言, 是以不言餂之也, 是皆穿踰之類也.」"이라 함.
　阮逸 注에 "苟無周公之深識, 孟軻之不動, 又無伯夷叔齊之謹固, 則是竊祿如穿
　窬者爾"라 함.

【備員】'具臣'과 같음. 숫자나 채우는 관원.《論語》先進篇에 "季子然問:「仲由·
　冉求可謂大臣與?」子曰:「吾以子爲異之問, 曾由與求之問. 所謂大臣者, 以道
　事君, 不可則止. 今由與求也, 可謂具臣矣.」曰:「然則從之者與?」子曰:「弑父
　與君, 亦不從也.」"라 함. 阮逸 注에 "若漢之張禹, 魏之鍾繇, 晉之張華之類. 備員
　相位, 實非及民之政也"라 함.

338(7-22)
씨성氏姓과 명자名字

문중자가 말하였다.

"조종宗祖에 대한 추모가 폐기되자 씨성氏姓이 사라졌고, 붕우朋友의 도가 폐기되자 명자名字가 혼란스러워졌다."

子曰:「宗祖廢而氏姓離矣, 朋友廢而名字亂矣.」

【名字亂】阮逸 注에 "大宗小宗, 同尊其祖. 所以親族不離, 朋友相字, 以表其德, 所以稱謂不亂"이라 함.

339(7-23)
설공薛公의 문장

내사內史 설공薛公이 문중자에게 말하였다.

"저의 문장은 가히 지나치다 할 수 있습니다."

문중자는 자리를 뜨면서 이렇게 절을 하였다.

"감히 어른께서 허물을 알고 계심에 대하여 축하드립니다."

설공은 문중자의 손을 잡고 위연喟然이 이렇게 읊었다.

"저 역시 이 시대의 퇴폐한 기강을 그대께서 진작시키실 희망을 얼마나 품고 있었겠습니까?"

內史薛公謂子曰:「吾文章可謂淫溺矣.」

文中子離席而拜曰:「敢賀丈人之知過也.」

薛公因執子手, 喟然而詠曰:「老夫亦何冀之子振頹綱?」

【內史薛公】 薛道衡(540~609). 薛收의 아버지. 隋나라 때 河南 汾陰縣 사람으로 자는 玄卿. 薛孝通의 아들이며 詩文에 뛰어나 당시 이름이 높았음. 北齊 때 《五禮》의 편찬에 참여하였으며 隋나라가 들어서자 內史侍郎을 지냈음. 煬帝에게 미움을 받아 뒤에 살해되고 말았음. 《薛司隷集》 輯佚本이 전함. 《北史》 (36)와 《隋書》(57)에 전이 있음.

【淫溺】 阮逸 注에 "薛道衡自謂淫文, 溺於所習"이라 함.

【子振頹綱】 "그대가 六朝의 文弊를 바로잡아 振作시킴"의 뜻. 阮逸 注에 "〈詠古詩〉也. 頹綱, 謂六朝文弊"라 함.

340(7-24)
나를 알지도 못하는 자들

문중자가 장차 섬陝 땅으로 갈 때 문인으로서 따르는 자들이 들이 장장 鏘鏘하게 길을 메우고 있었다. 문중자는 이들을 저지하며 이렇게 말하였다. "흩어지거라. '나를 알지도 못하는 자들이, 나에게 무엇을 바라는가 묻고 있네'로다."

문인들은 이에 물러서고 말았다.

子將之陝, 門人從者, 鏘鏘焉被于路, 子止之曰:「散矣, 『不知我者, 謂我何求.』」
門人乃退.

【陝】河南에 두었던 縣 이름. 阮逸 注에 "河南陝縣, 唐置陝州"라 함.
【不知我者, 謂我何求】《詩經》 王風 黍離篇에 "彼黍離離, 彼稷之苗. 行邁靡靡, 中心搖搖. 知我者, 謂我心憂. 不知我者, 謂我何求? 悠悠蒼天, 此何人哉! 彼黍 離離, 彼稷之穗. 行邁靡靡, 中心如醉. 知我者, 謂我心憂. 不知我者, 謂我何求? 悠悠蒼天, 此何人哉! 彼黍離離, 彼稷之實. 行邁靡靡, 中心如噎. 知我者, 謂我 心憂. 不知我者, 謂我何求? 悠悠蒼天, 此何人哉!"라 함. 阮逸 注에 〈黍離〉詩曰: 知我者, 謂我心憂, 不知我者, 謂我何求?"라 함.

341(7-25)
하약필賀若弼

문중자가 하약필賀若弼을 두고 이렇게 말하였다.
"정벌에 나서는 발걸음이 씩씩할 뿐이지."

子謂賀若弼曰:「壯于趾而已矣.」

【賀若弼】자는 輔伯(544~607). 河南 洛陽 사람으로 賀若敦의 아들. 그 아버지가
宇文護에게 살해되면서 아들에게 陳나라를 평정할 뜻을 전하여 그는 北周에
벼슬하다가 隋나라가 들어서자 文帝(楊堅)를 도와 吳州總管이 되어 陳나라를
평정하고 大將軍에 오름. 宰相에까지 올랐으나 煬帝(楊廣)가 즉위하자 그를
멀리하게 되었으며, 이에 불만을 품다가 大業 3년 모반죄로 주살을 당함.
《北史》(68)와 《隋書》(52)에 전이 있음.
【壯于趾】《周易》大壯卦에 "象曰: 大壯, 大者壯也; 剛以動, 故壯. 「大壯, 利貞」,
大者正也. 正大而天地之情可見矣! 象曰: 雷在天上, 大壯; 君子以非禮弗履.
初九, 壯于趾, 征凶, 有孚. 象曰: 「壯于趾」, 其孚窮也"라 함. 阮逸 注에 "大壯初九:
「壯于趾, 征凶.」言居下用剛也"라 함.

342(7-26)
고생 없이 성공한 자

문중자가 말하였다.
"천하에 고생 없이 성공한 자는 있어 본 적이 없다."

子曰:「天下未有不勞而成者也.」

【不勞而成者】阮逸 注에 《孟子》曰:「君子勞心, 小人勞力.」이라 함.

343(7-27)
정가지도正家之道

가경賈瓊이 집안을 바르게 하는 도를 여쭈었다.
문중자가 말하였다.
"말에는 실물이 있어야 하고 행동에는 떳떳함이 있어야 한다."

賈瓊問正家之道.
子曰:「言有物而行有恆.」

【賈瓊】王通의 제자. 七大弟子, 즉 '七俊穎'의 하나. 中山 사람이라 함.
【行有恆】'恆'은 '恒'과 같음.《周易》家人卦에 "象曰: 風自火出, 家人; 君子以吉
有物而行有恆"이라 함. 阮逸 注에 "答以〈家人〉卦, 大象詞"라 함.

344(7-28)
유세遊說

왕효일王孝逸이 문중자에게 말하였다.

"어찌 유세를 하지 않습니까?"

문중자가 말하였다.

"오호라! 유세가 믿음을 얻지 못한 지가 오래되었다. 내 장차 크게 사람을 바르게 하는 것으로써 길吉함을 얻고자 한다. 유세를 숭상한다면 궁해질 것이며 게다가 천명을 이루고 뜻을 완수하는 것은 군자만이 할 수 있는 일이리라!"

王孝逸謂子曰:「盍說乎?」

　　子曰:「嗚呼! 言之不見信久矣, 吾將正大人
　　　　　以取吉, 尚口則窮也, 且致命遂志,
　　　　　其唯君子乎!」

【王孝逸】文中子 王通의 제자. 구체적 사적은 알려져 있지 않음.

【盍】'何不'의 合音字.

【說】遊說(游說)를 뜻함. 阮逸 注에 "游說"라 함.

【言之不見信】《周易》困卦에 "困; 亨; 貞, 大人吉, 无咎, 有言不信. 象曰:「困」, 剛揜也. 險以說, 困而不失其所, 亨, 其唯君子乎!「貞, 大人吉」, 以剛中也;「有言

不信」, 尚口乃窮也”라 함. 阮逸 注에 “〈困〉卦辭云:「有言不信.」周公之詞也. 故曰
久矣”라 함.

【致命遂志】《周易》困卦에 “象曰: 澤无水, 困; 君子以致命遂志. 初六, 臀困于
株木, 入于幽谷, 三歲不覿. 象曰:「入于幽谷」, 幽不明也”라 함. 阮逸 注에 “〈困〉
卦辭云:「正, 大人吉.」象曰:「正, 大人吉, 以剛中也. 有言不信, 尚口乃窮也.」象曰:
「君子以致命遂志.」言命雖致困, 志必遂通”이라 함.

345(7-29)
획린獲麟

문중자가 말하였다.

"《춘추春秋》는 그것으로써 천도天道를 끝맺은 것이로다! 그 때문에 획린獲麟에서 그친 것이다. 《원경元經》은 그것으로써 인사人事를 끝맺은 것이로다! 그 때문에 진陳나라가 망하는 데에서 그친 것이다. 이에 천도와 인사가 갖추어지게 되었다."

설수가 여쭈었다.

"무엇을 이른 것입니까?"

문중자가 말하였다.

"천도와 인사가 서로 함께 할 때에는 심히 두려운 법이다. 이 때문에 군자는 이를 대비하게 되는 것이다."

文中子曰:「《春秋》其以天道終乎! 故止於獲麟;《元經》
其以人事終乎! 故止於陳亡. 於是乎天人
備矣.」

薛收曰:「何謂也?」

子曰:「天人相與之際, 甚可是畏也, 故君子備之.」

【獲麟】孔子가《春秋》를 찬술하다가 서쪽에서 麟을 잡았다는 말을 듣고 집필을 중지함.《左傳》哀公 14년(B.C.481) 經에 "十有四年春, 西狩獲麟"이라 하였고, 傳에는 "十四年春, 西狩於大野, 叔孫氏之車子鉏商獲麟, 以爲不祥, 以賜虞人. 仲尼觀之, 曰:「麟也.」然後取之"라 함. 阮逸 注에 "麟不遇時, 天命窮矣"라 함.

【元經】王通의 저술 이름. 그의《續六經》의 하나로〈世家〉에《元經》15권이 저록되어 있음. 天地人 三才의 관계를 기본으로 하여 晉 惠帝 永熙 원년(290) 부터 隋 開皇 9년(589) 南朝 陳나라가 멸망할 때 까지 300년간의 역사를 공자의 《춘추》에 비견하여 기록한 것. 그러나 원본은 사라지고 없으며 지금의 宋本 《元經》은 僞書로 밝혀졌음.

【人事終】阮逸 注에 "先王之道掃地, 而求更新, 是人事極矣"라 함.

【天人備】阮逸 注에 "《春秋》王次春, 正次王, 是天人之道參焉. 孔子因天命之窮, 仲淹因人事之極, 天人之道一也"라 함.

【薛收】文中子 王通의 제자. 자는 伯褒(592~612). 隋나라 때 河東 汾陰縣 출신 으로 隋나라 內史侍郎 薛道衡의 아들. 수나라 大業 때 秦王府의 記室 房玄齡이 그를 秦王(李世民)에게 추천하여 秦王府主簿가 되어 判陝東道大行臺金部 郎中에 오름. 隋나라가 망한 뒤 天策府記室參軍에 올랐으며 汾陰縣男의 봉호를 받음. 武德 6년 本官兼文學館學士가 되었으며 武德 7년에 생을 마침. 《舊唐書》(72)와《新唐書》(98)에 전이 실려 있음.

【可畏】阮逸 注에 "此董仲舒解《春秋》云也"라 함.

346(7-30)
이제二帝, 삼왕三王

문중자가 말하였다.

"가히 더불어 즐거움은 함께 할 수 있으나 근심은 함께 할 수 없는 경우가 있고, 가히 더불어 근심은 함께 할 수 있으나 즐거움은 함께 할 수 없는 경우가 있다. 나는 아직 근심스러울 때나 즐거울 때 함께 하는 자를 보지 못하였다. 이제二帝, 삼왕三王은 가히 근심을 함께 할 수 있는 이들이었다."

子曰:「可與共樂, 未可與共憂; 可與共憂, 未可共樂.
吾未見可共與憂樂者也. 二帝三王可與憂矣.」

【憂樂】阮逸 注에 "樂, 謂守成也. 致成則與民同樂. 憂, 謂慮始也. 事初則與民同患. 凡可與守成者, 難與慮始. 若成王初疑周公是也. 可與慮始, 不可與守成, 若范蠡 終避勾踐是也. 有始有卒, 難全也哉!"라 함.

【可與憂】阮逸 注에 "堯禪舜, 舜禪禹, 天下共樂矣. 湯伐桀, 武王伐紂, 天下共憂矣. 憂樂皆以天下, 故文中子以天下之道, 共與而言之也"라 함.

347(7-31)
군자가 아니면

문중자가 말하였다.

"군자가 아니면 그와 변화에 대하여 함께 말을 나눌 수가 없다."

子曰:「非君子不可與語變.」

【語變】阮逸 注에 "變, 權也. 反經合道之謂也. 孔子曰:「可與適道, 未可與權.」"
이라 하여 《論語》子罕篇 "子曰:「可與共學, 未可與適道; 可與適道, 未可與立;
可與立, 未可與權.」"을 원용하고 있음.

348(7-32)
찬역讚易

문중자가 《찬역讚易》을 쓰면서 〈혁괘革卦〉에 이르러 이렇게 탄식하였다.
"그렇다. 누가 능히 이런 큰 임무를 맡을 수 있을까?"
초구初九에 이르러서는 이렇게 말하였다.
"내가 담당하리라. 다시 무엇을 실행하리오?"

子《讚易》, 至于〈革〉, 歎曰:「可矣, 其孰能爲此哉?」
至初九, 曰:「吾當之矣, 又安行乎?」

【讚易】 문중자가 《周易》을 援用하여 나름대로 다시 풀이하여 쓴 책. 모두 70권
으로 되어 있음.
【革】 《周易》革卦에 "革, 已日乃孚, 元亨, 利貞, 悔亡. 象曰: 革, 水火相息; 二女同居,
其志不相得, 曰革. 「已日乃孚」. 革而信之; 文明以說, 大亨以正, 革而當, 其悔乃亡.
天地革而四時成, 湯武革命, 順乎天而應乎人. 革之時大矣哉! 象曰: 澤中有火, 革;
君子以治曆明時. 初九, 鞏用黃牛之革. 象曰:「鞏用黃牛」, 不可以有爲也. 六二, 已日
乃革之, 征吉, 无咎. 象曰:「已日革之」, 行有嘉也. 九三, 征凶, 貞厲; 革言三就, 有孚.
象曰:「革言三就」, 又何之矣! 九四, 悔亡, 有孚改命, 吉. 象曰:「改命之吉」, 信志也.
九五, 大人虎變, 未占有孚. 象曰:「大人虎變」, 其文炳也. 上六, 君子豹變, 小人
革面; 征凶, 居貞吉. 象曰:「君子豹變」, 其文蔚也;「小人革面」, 順以從君也"라 함.
阮逸 注에 "大業可革"이라 하여 隋나라의 天下統一을 革命으로 보았음.
【安行】 阮逸 注에 "革初九曰:「鞏用黃牛之革.」象曰:「不可以有爲也.」"라 함.

349(7-33)
괘卦와 효爻

설수薛收가 하나의 괘卦와 여섯 개의 효爻가 있음에 대한 뜻을 여쭈었다. 문중자가 말하였다.

"괘라고 하는 것은 천하의 때를 드러내는 것이며, 효라는 것은 천하의 움직임을 본받은 것이다. 때의 흐름에는 여섯 가지 움직임이 있으니 그 때마다의 길흉吉凶과 회인悔吝이 이 때문에 같지 않은 것이다."

설수가 말하였다.

"감히 육효六爻의 뜻을 여쭙습니다."

문중자가 말하였다.

"육六이란 다른 것이 아니다. 삼재三才의 도를 누가 능히 넘어서겠느냐?"

薛收問一卦六爻之義.

子曰:「卦也者, 著天下之時也; 爻也者, 傚天下之動也.
　　　趨時有六動焉, 吉凶悔吝, 所以不同也.」

收曰:「敢問六爻之義.」

子曰:「六者非他也, 三才之道, 誰能禍乎?」

【薛收】 文中子 王通의 제자. 자는 伯褒(592~612). 隋나라 때 河東 汾陰縣 출신으로 隋나라 內史侍郎 薛道衡의 아들. 수나라 大業 때 秦王府의 記室 房玄齡이

그를 秦王(李世民)에게 추천하여 秦王府主簿가 되어 判陝東道大行臺金部郎中에 오름. 隋나라가 망한 뒤 天策府記室參軍에 올랐으며 汾陰縣男의 봉호를 받음. 武德 6년 本官兼文學館學士가 되었으며 武德 7년에 생을 마침. 《舊唐書》(72)와 《新唐書》(98)에 전이 실려 있음.

【一卦六爻】《易》의 부호는 爻와 卦로 나뉘며 爻는 陽爻(一)와 陰爻(--)가 있음. 陽爻는 九로 읽으며, 陰爻는 六으로 읽음. 이들이 3개씩 임의로 결합하여 小成卦를 이루며 총 8가지를 '八卦'라 함. 즉, ☰(乾), ☱(兌), ☲(離), ☳(震), ☴(巽), ☵(坎), ☶(艮), ☷(坤)이 됨. 이 小成卦가 다시 둘씩 결합하여 총 64괘가 나오며 총 여섯 개의 효가 하나의 괘를 이루어 大成卦라 하여 전체를 이루고 있음. 한편 爻를 말로 풀이한 것을 爻辭, 卦를 풀이한 것을 卦辭라 함.

【天下之時】阮逸 注에 《關氏易傳》曰:「乾坤屯濟四卦, 時之門, 變之開闔也. 餘六十卦, 爲六十時, 而小言之六時而已.」라 함.

【爻】阮逸 注에 "爻, 効也"라 함.

【吉凶悔吝】阮逸 注에 "一卦一時之動, 適時則吉, 失時則凶"이라 함.

【誰能禍乎】'禍'는 '過'의 오기. 阮逸 注에 "天時人事, 不過乎六. 《關氏易傳》曰:「六者, 天地生成之謂也.」"라 하여 '過'의 뜻으로 풀이하였음.

350(7-34)
배움의 대상

정원程元과 설수薛收가 문중자를 뵈었다.

문중자가 말하였다.

"너희 둘의 글 배우기는 어디에 뜻을 두고 있느냐?"

그들이 대답하였다.

"이보尼父의 경經과 선생님의 속경續經이며 감히 게을리 하지 않고 있습니다."

문중자가 말하였다.

"미덥다. 군자는 성실히 하는 것이다. 크게 이루어 평소에는 편안히 여기고 움직임에는 변화를 알아차리면 가히 왕을 보좌할 수 있을 것이다."

程元·薛收見子.

子曰:「二生之學文, 奚志也?」

對曰:「尼父之經, 夫子之續, 不敢殆也.」

子曰:「允矣, 君子, 展也. 大成, 居而安, 動而變, 可以
　　　佐王矣.」

【程元】 王通의 문인, 제자. 구체적으로는 알 수 없음.

【薛收】 文中子 王通의 제자. 자는 伯褒(592~612). 隋나라 때 河東 汾陰縣 출신으로 隋나라 內史侍郎 薛道衡의 아들. 隋나라 大業 때 秦王府의 記室 房玄齡이

그를 秦王(李世民)에게 추천하여 秦王府主簿가 되어 判陝東道大行臺金部
郎中에 오름. 隋나라가 망한 뒤 天策府記室參軍에 올랐으며 汾陰縣男의
봉호를 받음. 武德 6년 本官兼文學館學士가 되었으며 武德 7년에 생을 마침.
《舊唐書》(72)와 《新唐書》(98)에 전이 있음.

【學文】 글을 익히고 배움. 《論語》學而篇에 "子曰:「弟子, 入則孝, 出則弟, 謹而信,
汎愛衆, 而親仁. 行有餘力, 則以學文.」"이라 함.

【殆】 '怠'와 같음. 阮逸 注에 "殆, 怠同"이라 함.

【允矣】 '允'은 '미덥다'의 뜻이며 '展'은 '성실하다'의 뜻. 阮逸 注에 "允, 信. 展,
誠也. 大成, 謂致太平"이라 함. 이 구절은 《詩經》小雅 車攻의 "肅肅馬鳴, 悠悠
旆旌. 徒御不驚, 大庖不盈. 之子于征, 有聞無聲. 允矣君子, 展也大成"을 인용한
것임.

【居而安, 動而變】 阮逸 注에 "居而安, 可與立也; 動而變, 可與權也"라 함. 立·權은
《論語》子罕篇에 "子曰:「可與共學, 未可與適道; 可與適道, 未可與立; 可與立,
未可與權.」"이라 한 것을 풀이한 것.

351(7-35)
면지沔池의 가시밭

동상董常의 상喪에 문중자가 낙洛으로 가던 중 면지沔池를 지나게 되었다.

어느 집 주인이 숙소를 마련해 주지 않아 문중자는 주린 기색에 가시밭에 앉아 《찬역讚易》을 그치지 않고 있었다.

그러면서 문인에게 이렇게 말하였다.

"오래되었도다. 내 장차 이 일을 그만두고자 하였으나 끝내 아직 그만두지 못하고 있구나. 지금 이렇게 큰 곤액에서 통하게 될 줄은 몰랐다. 곤액에 처하되 근심이 없고 궁함에 처하되 두려움이 없으니 능히 이렇게 통하게 된 것은 이 학문의 힘이로다."

주인이 이를 듣고 그를 불러 숙소를 내어주고 음식도 갖추어주었다.

董常之喪, 子赴洛, 道於沔池.

主人不授館, 子有飢色, 坐荊棘間, 讚《易》不輟也.

謂門人曰:「久矣, 吾將輟也, 而竟未獲. 不知今也, 而通大困, 困而不憂, 窮而不懾, 通能之, 斯學之力也.」

主人聞之, 召舍具餐焉.

【董常】자는 履常. 원래 河南 사람으로 孔子에게 顔回가 있듯이 王通에게 안회와 같은 존재로 알려져 있음. 왕통보다 일찍 죽음.

【赴洛】洛은 洛陽. 阮逸 注에 "常死在洛"이라 함.

【沔池】지명. 河南에 있던 지명. 唐나라 때 穀州. 阮逸 注에 "河南有沔池縣, 唐置 穀州"라 함.

【輟】《讚易》작업을 그만 둠. 阮逸 注에 "輟《讚易》"이라 함.

【未獲】그만두지 못함. 阮逸 注에 "未獲已"라 함.

【召舍具餐】숙소를 마련해 주고 음식을 대접함. 阮逸 注에 "世俗亦知非常人" 이라 함.

352(7-36)
인사人事를 끊고자

가경賈瓊이 인사人事를 끊기를 청하자, 문중자가 말하였다.
"안 된다."
가경이 그러면 인사를 용납하겠다고 청하자, 문중자가 말하였다.
"안 된다."
가경이 물었다.
"그러면 어떻게 하라는 것입니까?"
문중자가 말하였다.
"장엄함으로써 대접하고 믿음으로써 따르면 된다. 그렇게 하여 가는 자는 뒤쫓지 말고 오는 자는 거부하지 않아야 한다. 널리 이와 같이 하면 그것이 옳은 것이다."

賈瓊請絶人事, 子曰:「不可.」
請接人事, 子曰:「不可.」
瓊曰:「然則奚若?」
子曰:「莊以待之, 信以從之, 去者不追,
來者不拒, 泛如也, 斯可矣.」

【賈瓊】王通의 제자. 七大弟子, 즉 '七俊穎'의 하나. 中山 사람이라 함.

【人事】사람과의 사이에 인사를 나누고 예물을 주고받는 등 예절과 의무.《後漢書》黃琬傳에 "時權富子弟, 多以人事得擧"라 함. 阮逸 注에 "絶之接之, 是執一端"이라 함.

【斯可矣】阮逸 注에 "亂世唐如此"라 함.

353(7-37)
가의賈誼

문중자文中子가 말하였다.

"가의賈誼가 요절하고 문제文帝가 붕어하자 한나라 복은 거기에서 끝났음을 가히 알 수 있다."

> **文中子曰:「賈誼夭, 孝文崩, 則漢祚可見矣.」**

【賈誼】 B.C.200~B.C.168. 西漢 河南 洛陽 사람. 나이 18에 文才를 인정받아 文帝가 불러 博士로 삼음. 뒤이어 太中大夫에 올랐으며 여러 차례 上書하여 개혁을 요구함. 이에 周勃, 灌嬰 등의 참회를 입어 長沙王太傅로 강등되었다가 다시 梁懷王太傅가 됨. 제후왕의 세력을 깎을 것을 주장하였으나 뜻을 이루지 못하자 분함을 품고 죽음. 《陳政事疏》, 《過秦論》, 〈弔屈原賦〉 등이 있으며 《新書》와 《賈長沙集》이 있음. 《史記》(84)와 《漢書》(48)에 전이 있음. 阮逸 注에 "賈誼, 年十八上書, 孝文帝謂才堪卿相. 然未及大用, 而誼夭帝崩. 使漢祚不及三代之永, 誠以此爾"라 함.

【孝文】 西漢 文帝. 西漢 제3대 황제. 劉恒. 高祖의 아들이며 周勃과 陳平 등이 呂氏들을 몰아내고 황제로 옹립함. B.C.179~B.C157년까지 23년간 재위하면서 漢初 안정을 구가하여 '文景之治'를 이룸. 46세에 생을 마침.

354(7-38)
겸손

문중자가 말하였다.

"나는 겸손을 다했는데도 남으로부터 원망을 산다거나, 강직한데도 모욕을 당해본 적이 없다거나, 악행을 저질렀는데도 드러나지 않은 경우를 본 적이 없다."

子曰:「我未見謙而有怨, 亢而無辱, 惡而不彰者也.」

【謙而有怨】謙讓(謙遜)을 다했음에도 그를 원망함이 있음.
【不彰】죄악이 밝혀지지 않음. 阮逸 注에 "三者, 必然之理"라 함.

355(7-39)
십이책十二策

동상董常이 말하였다.

"선생님의 〈십이책十二策〉은 무엇을 품의한 것입니까?"

문중자가 말하였다.

"거기에는 천도天道도 있고, 지도地道도 있으며, 인도人道도 있다. 이것을 품의한 것이다."

동상이 말하였다.

"아! 삼극三極의 도를 품의하여 그것이 실행되었다면 역시 밝은 세상이 되지 않았겠습니까?"

문중자가 말하였다.

"〈십이책〉이 만약 때맞추어 실행되었다면 〈육경六經〉은 속편이 나오지 못하였을 것이다."

동상이 여쭈었다.

"어찌 그렇습니까?"

문중자가 말하였다.

"천문天文을 우러러 관찰하고 지리地理를 굽어 살펴보며 중간에 인극人極을 세웠기 때문이다. 내가 이를 가탁하여 그 안에는 말없는 교화를 넣어 이를 실행하였다면 만물과 더불어 불어났을 것이다."

董常曰:「子之〈十二策〉, 奚稟也?」

　子曰:「有天道焉, 有地道焉, 有人道焉, 此其稟也.」

董常曰:「噫! 三極之道, 稟之而行, 不亦煥乎?」
　子曰:「十二策若行于時, 則六經不續矣.」
董常曰:「何謂也?」
　子曰:「仰以觀天文, 俯以察地理, 中以建人極. 吾暇
　　　矣哉, 其有不言之敎, 行而與萬物息矣.」

【董常】 자는 履常. 원래 河南 사람으로 孔子에게 顏回가 있듯이 王通에게 안회와 같은 존재로 알려져 있음. 왕통보다 일찍 죽음.
【十二策】 왕통이 수 문제를 처음 만나고 올렸던 12가지 책략. 그러나 阮逸 당시에 이미 볼 수 없었던 것으로 보임. 阮逸 注에 "策今亡"이라 함.
【三極之道】 阮逸 注에 "極者, 謂動也"라 함.
【暇】 阮逸 注에 "足以無爲"라 함.
【萬物息焉】 阮逸 注에 "堯民曰: 「日出而作, 日入而息, 帝何力於我哉!」 是也"라 함.

356(7-40)
천하에 도가 있으면

문중자가 말하였다.

"천하에 도가 있으면 성인聖人은 숨겨져 있는 것이요, 천하에 도가 없으면 성인이 드러나는 것이다."

동상이 말하였다.

"그 설명을 듣기를 원합니다."

문중자가 말하였다.

"하나를 반증하여 아무런 흔적도 남기지 않으니 어찌 숨어 있는 것이 아니겠느냐? 둘을 근거로 하여 세상을 구제하고 있으니 능히 드러나지 않을 수 있겠느냐? 만약 나를 등용하여 쓰는 자가 있다면 마땅히 태산泰山에 처하게 될 것이다."

文中子曰:「天下有道, 聖人藏焉; 天下無道, 聖人彰焉.」

董常曰:「願聞其說.」

子曰:「反一無跡, 庸非藏乎? 因貳以濟, 能無彰乎?

如有用我者, 當處於泰山矣.」

【藏焉】阮逸 注에 "閑暇, 故藏"이라 함.

【彰焉】阮逸 注에 "辯不得已"라 함.

【董常】자는 履常. 원래 河南 사람으로 孔子에게 顏回가 있듯이 王通에게 안회와 같은 존재로 알려져 있음. 왕통보다 일찍 죽음.

【反一無跡, 庸非藏乎】阮逸 注에 "反一, 謂反復一性也. 復靜, 則萬慮何有?《老子》曰:「歸根曰靜.」是也. 無跡, 謂無形也. 無形, 聖人所以藏諸用. 蓋不言之敎也" 라 함.

【貳】阮逸 注에 "貳, 謂異端也. 乖乎大義, 我則關之爾. 如尼父因史法之貳, 作《春秋》以濟之; 孟子因亂華之貳, 尊《元經》以濟之, 蓋有爲之典也" 라 함.

【泰山】阮逸 注에 "泰山, 魯國周公禮樂之境, 文中子周之後, 故慕焉. 一說泰山, 黃帝有合宮在, 其下可以立明堂之制焉"이라 함.

357(7-41)
모든 것을 비워둔 채

동상董常이 말하였다.

"장차 모든 것을 비워둔 채 이를 사용할 수 있을까?《역易》에 말하지 않았던가?《역》은 간략하나 천지의 이치가 모두 들어 있다."

董常曰:「將沖而用之乎?《易》不云乎?《易》簡而天地
之理得矣.」

【董常】 자는 履常. 원래 河南 사람으로 孔子에게 顏回가 있듯이 王通에게 안회와 같은 존재로 알려져 있음. 왕통보다 일찍 죽음.

【沖】 阮逸 注에 "沖, 虛也.《老子》曰:「道沖而用之.」言子不求官達, 而思慕泰山 黃帝周公之道, 是將假沖虛爲詞乎!"라 함.

【易簡】 阮逸 注에 "易簡, 言無爲也. 道沖用, 則知子之志, 有不可爲矣"라 함.

358(7-42)
칠제七制의 군주

두엄杜淹이 칠제七制의 군주에 대하여 질문하였다.

문중자가 말하였다.

"모두가 큰 공적을 남겼지."

다시 질문하였다.

"가의賈誼의 도는 어떻습니까?"

문중자가 말하였다.

"많은 사람들의 의심을 모두 사라지게 하였지."

杜淹問七制之主.

　　子曰:「有大功也.」

　　　問:「賈誼之道, 何如?」

　　子曰:「羣疑亡矣.」

【淹】杜淹(?~628). 자는 執禮. 隋 開皇 때 隋 文帝의 미움을 받아 유배를 당하였
　　다가 雍州司馬 高孝基의 추천으로 承奉郎에 올랐다가 御史中丞에 이름.
　　唐나라가 들어서자 御史大夫를 거처 吏部尙書에 오름. 貞觀 2년에 졸함.
　　《舊唐書》(66)와 《新唐書》(96)에 전이 있음. 〈文中子世家〉를 지은 인물.
【七制之主】西漢의 高祖(劉邦), 文帝(劉恒), 武帝(劉徹), 宣帝(劉詢)와 東漢의
　　光武帝(劉秀), 明帝(劉莊), 章帝(劉炟) 등 7명의 군주를 가리킴.

【賈誼】 B.C.200~B.C.168. 西漢 河南 洛陽 사람. 나이 18에 文才를 인정받아 文帝가
불러 博士로 삼음. 뒤이어 太中大夫에 올랐으며 여러 차례 上書하여 개혁을
요구함. 이에 周勃, 灌嬰 등의 참회를 입어 長沙王太傅로 강등되었다가 다시
梁懷王太傅가 됨. 제후왕의 세력을 깎을 것을 주장하였으나 뜻을 이루지 못하자
분함을 품고 죽음.《陳政事疏》,《過秦論》,〈弔屈原賦〉등이 있으며《新書》와
《賈長沙集》이 있음.《史記》(84)와《漢書》(48)에 전이 있음.

【羣疑亡矣】 阮逸 注에 "《易》睽卦曰:「遇雨則吉, 羣疑亡也」. 誼上書文帝曰:「漢興
二十餘年, 當更秦之法, 定官名禮樂」 又對鬼神之事, 君臣相和, 如過雨吉矣, 此其
道也"라 함.

359(7-43)
초원왕楚元王

혹자가 초원왕楚元王에 대하여 물었다.

문중자가 말하였다.

"은혜로운 사람이지."

이번에는 하간헌왕河間獻王에 대하여 묻자, 문중자가 말하였다.

"지혜로운 사람이지."

다시 동평왕東平王 유창劉蒼에 대하여 묻자, 문중자가 말하였다.

"어진 사람이지."

다시 동해왕東海王 유강劉强, 劉彊에 대하여 묻자, 문중자가 말하였다.

"의로운 사람이지. 영예와 총애를 끝까지 지켰으니 역시 마땅하지 않겠는가?"

或問楚元王.

　　　子曰:「惠人也.」

問河間獻王.

　　　子曰:「智人也.」

問東平王蒼.

　　　子曰:「仁人也.」

問東海王强.

　　　子曰:「義人也. 保終榮寵, 不亦宜乎?」

【楚元王】劉交. 漢 高祖 劉邦의 이복동생. 초원왕(楚元王)에 봉해짐. 그의 4세손 劉德의 아들이 劉向이었음.《史記》(50) 世家와《漢書》(36)에 전이 있음. 阮逸 注에 "元王名交, 好書多才, 嘗與魯申公·白公·穆生同受《詩》, 作傳曰《元王詩》. 又穆生不飮酒, 王設醴待之, 是惠也"라 함.

【惠人】阮逸 注에 "惠, 才惠也"라 하여 재능과 은혜를 함께 거론함.

【河間獻王】劉德(?-B.C.154). 경제의 셋째 아들이며 하간왕에 봉해짐. 민간에 많은 책을 구하여 장서가로도 유명함. 예악에 관심이 깊었고, 유술을 좋아하여 산동 유생들과 널리 교유를 가짐.《史記》(59) 五宗世家와《漢書》(53)에 전이 있음. 阮逸 注에 "獻王名德, 好收書, 與朝廷等. 是時淮南王亦好書, 多招浮辯, 獻王修禮樂, 服儒術. 帝策問三十餘事, 王對以道術, 得事之中立. 是智也"라 함.

【智人】阮逸 注에 "智, 謂能周防也"라 함.

【東平王】東平憲王. 劉蒼. 明帝의 아우로서 행실이 바르고 많은 선행을 베풀었음. 《後漢書》(72)에 전이 있음. 阮逸 注에 "王名蒼, 明帝重之, 位三公上. 蒼意不安, 上疏歸藩, 帝問:「處家何樂?」蒼曰:「爲善最樂」, 是仁也"라 함.

【仁人】阮逸 注에 "仁, 謂樂善也"라 함.

【東海王】劉强(劉彊). 東漢 光武帝의 태자. 원래 郭后 소생이었으나 죄를 짓고 폐위됨.《後漢書》(72)에 전이 있음. 阮逸 注에 "光武太子名强(强). 母郭后有罪廢. 而强不自安, 乞歸藩, 光武不忍, 遲廻數年, 方許之. 遂封東海大國, 後明帝立"이라 함.

【義人】阮逸 注에 "蓋强讓之也. 故曰義"라 함.

【保終榮寵】阮逸 注에 "言四王, 皆善終, 有惠智仁義"라 함.

360(7-44)
부인의 간여

문중자가 말하였다.

"부인이 일에 간여하여 한漢나라 국운이 위험하게 된 것이며, 대신들의 권력이 균등해져서 위魏나라 운명이 혼란에 빠진 것이며, 태자太子와 후비后妃가 순하지 않아 진晉나라 왕실이 무너지고 만 것이다. 이는 하늘의 뜻이 아니라 사람의 모책이 옳지 못하여 그것이 허물이 된 것이로다!"

子曰:「婦人預事, 而漢道危乎; 大臣均權, 而魏命亂矣;
　　　儲后不順, 而晉室隳矣. 此非天也, 人謀不臧,
　　　咎矣夫!」

【婦人預事】 아녀자들이 國事에 간여함. 阮逸 注에 "呂后, 梁后, 産祿之擅權, 冀之跋扈, 終危漢也"라 함.
【魏終亂】 阮逸 注에 "司馬宣王與曹爽, 爭權相傾, 終亂魏也"라 함.
【晉室隳】 阮逸 注에 "惠帝夷, 太子遹, 未加師訓而立, 果隳晉祚"라 함.
【非天也, 人謀不臧, 咎矣夫】 阮逸 注에 "天, 謂曆數也; 人, 謂典禮也. 漢魏晉曆數, 不及三代者, 典禮不修故也. 此是人謀不臧之咎"라 함. '臧'은 '훌륭하다'의 뜻.

卷八 〈위상편魏相篇〉

　본편은 첫 구절 "魏相眞漢相"의 '魏相'을 제목으로 삼은 것이다.
총 57장으로 分章하였다.

　〈敍篇〉에 "興文立制, 燮理爲大, 惟魏相有焉, 故次之以〈魏相篇〉"
이라 하였다.

〈玉人〉(商) 1976 河南 安陽 婦好墓 출토

361(8-1)
위상魏相

문중자가 말하였다.

"위상魏相은 진정한 한漢나라의 재상이었다. 병략兵略에 식견이 있었고, 시령時令에 통달하였으니 원대하였도다!"

子謂:「魏相眞漢相, 識兵略, 達時令, 遠乎哉!」

【魏相】 자는 弱翁(?~B.C.59). 西漢 濟陰 定陶 사람. 昭帝 때 賢良으로 천거되어 茂陵令을 거쳐 河南太守에 오름. 다시 宣帝 때 大司農을 거쳐 御史大夫가 되었으며 霍光이 죽고 아들 霍禹가 대장군이 되고 霍山이 尚書가 되는 등 霍氏가 정권을 휘두르자 魏相은 宣帝에게 이들의 권력을 줄일 것을 건의함. 地節 3년 (B.C.67) 韋賢을 이어 丞相에 올라 高平侯에 봉해짐. 宣帝에게 "勤勞天下, 垂意黎庶"를 건의하여 칭송을 입음. 시호는 憲. 《史記》(96)와 《漢書》(74)에 전이 있음. 阮逸 注에 "魏相, 字弱翁, 學易道舉賢良, 爲漢宣帝相. 諫伐西域, 是識兵略, 作 《明堂月令議》, 是達時令也"라 함.

믿을 수 없는 일들

문중자가 말하였다.

"누가 '제齊 문선제文宣帝는 눈이 멀었다'라고 하였는가? 그는 양준언 楊遵彦을 잘 활용한 것이다. '효문제孝文帝는 명철하였다'라고 하나 나는 믿지 않는다. '이주영爾朱榮은 충성스러웠다'라고 하나 나는 믿지 않는다. '진사왕 陳思王은 양보를 잘 하였으며, 그 자취를 일부러 더럽혀 이로써 형벌을 멀리 하였도다! 그러나 치밀하지는 못하였다'라고 하나 나는 믿지 않는다."

子曰:「孰謂『齊文宣瞽』? 而善楊遵彦也; 謂『孝文明』,
　　吾不信也; 謂『爾朱榮忠』, 吾不信也; 謂『陳思王,
　　善讓也, 能汚其跡, 可謂遠刑名矣! 人謂不密』
　　吾不信也.」

【齊文宣】北齊 文宣帝 高洋(529~559). 자는 子進. 神武帝(高歡)의 아들이며 渤海 蓨(지금의 河北 景縣) 사람으로 원래 東魏의 대신이었음. 東魏(拓拔元 寶炬)를 550년 5월 孝靜帝(元善見)을 폐위하고 자립하여 帝位에 오름. 국호를 齊라 하고 수도를 鄴(지금의 河北 磁縣)으로 하여 역사에서는 이를 '北齊'라 함. 高洋은 처음에는 정치에 힘써 한족 楊愔을 등용하여 律令을 개정하고 행정을 개혁, 위업을 달성하였으나 말년에는 술과 놀이에 빠져 무도한 짓을 저질렀 으며 특히 죄수의 사형에 직접 나서서 천하에 특이한 刑具를 궁중에 진열하는

등 포악의 극치를 자랑하다가 술에 취해 급사하였음. 역사상 가장 심한 술 중독으로 인해 살인과 橫惡 등 악마보다 더 잔혹한 짓을 저질렀던 군주로 알려짐. 《北史》齊本紀(中) 顯祖文宣皇帝 高洋에 "凡諸殺害, 多令支解, 或焚之於火, 或投之於河. 沈酗既久, 彌以狂惑, 每至將醉, 輒拔劍卦手, 或張弓傅矢, 或執持牟槊. 游行市廛, 問婦人曰:「天子如何?」 答曰:「顚顚癡癡, 何成天子?」 帝乃殺之. 或馳騁衢路, 散擲錢物, 恣人拾取, 爭競誼譁, 方以爲喜"라 하였으며, 《資治通鑑》(166) 梁紀(24)에도 "又嘗於衆中召都督韓哲, 無罪, 斬之. 作大鑊・長鋸・剉・碓之屬, 陳之於庭. 每醉, 輒手殺人, 以爲戲樂. 所殺者多令支解, 或焚之於火, 或投之於水. 楊愔乃簡鄴下死囚, 置之仗內, 謂之「供御囚」. 帝欲殺人, 輒執以應命, 三月不殺, 則宥之"라 함. 한편 이를 지혜로써 적극 막은 자가 楊愔(遵彦)이며, 《帝鑑圖說》(下)에는 "齊史紀: 齊主洋嗜酒淫佚, 肆行狂暴. 嘗作大鑊・長鋸・剉・碓之屬, 陳之於庭. 每醉, 輒手殺人, 以爲戲樂. 楊愔乃簡死囚, 置仗內, 謂之「供御囚」. 齊主欲殺人, 輒執以應命"이라 함. 그러나 왕통은 이를 옹호하고 나섰음. 阮逸 注에 "北齊文宣帝高洋卽位, 以法御下, 以功業自矜, 而瞢於爲政. 然善待楊遵彦, 又似非瞢"이라 함.

【瞢】 어리석음. 눈이 멂. 일을 제대로 처리하지 못함.

【楊遵彦】 楊愔(511～560). 華陰(지금의 陝西) 사람으로 士族 출신. 北魏, 東魏, 北齊를 섬겼으며 북제 때 宰相에 올라 행정을 능란하게 처리하고 백성을 사랑한 사람으로 널리 알려짐. 《北齊書》(34)와 《北史》(41) 楊播傳에 전이 함께 실려 있음. 《帝鑑圖說》에 "楊愔乃簡死囚, 置仗內, 謂之「供御囚」. 齊主欲殺人, 輒執以應命"이라 함. 阮逸 注에 "楊愔, 字遵彦, 文宣時爲尙書, 本史稱朝章國命一人而已"라 함.

【孝文】 北魏(元魏, 後魏) 孝文帝. 獻文帝 拓拔弘의 아들이며 宣武帝 拓拔恪(元恪)의 아버지. 471～499년까지 28년간 재위함. 鮮卑族 拓拔氏는 道武帝(拓拔珪)때에 五胡十六國의 혼란을 일소하고 북방을 통일하여 北魏(386～534)를 건국하고 지금의 山西 大同에 도읍을 정함. 뒤에 제6대 孝文帝(拓拔宏, 元宏)에 이르러 洛陽으로 遷都한 다음 拓拔氏 성을 元氏로 바꾸고 言語, 婚姻, 服飾, 風習 등 일체에 대하여 漢化를 강행, 가장 깊이 漢化한 민족이 되고 말았음. 이에 따라 北魏를 元魏로도 부르며 孝文帝 자신의 성명 拓拔宏도 元宏으로 바꾸었음. 阮逸 注에는 "後魏孝文帝, 元氏, 名宏. 都洛陽, 文物制度始備. 然有王虯不能用, 有爾朱榮不能圖, 似不能明也"라 하여 王通은 자신의 조상 王虯를 등용하지 않았고 爾朱榮을 제거하지 못한 점을 들어 부정적으로 보았음.

【爾朱榮】자는 天寶(493~530). 北魏 秀容 川 땅 사람. 契胡部落의 영수. 북위
孝明帝 正光 연간에 사방에서 민란이 일어나자 각 부족을 진압하고 侯景,
高歡 등을 초치하여 진무함. 뒤에 그 공으로 使持節, 安北將軍 등의 벼슬을
거쳐 博陵郡公에 봉해짐. 효명제 武泰 원년에 晉陽으로부터 洛陽에 이르러
胡太后가 효명제를 독살하고 어린 元釗를 세우자 이주영은 孝莊帝를 세우고
호태후와 元釗를 河陰(지금의 河南 孟津 동쪽)에서 물에 빠뜨려 죽였으며,
승상 高陽王 元雍 이하 2천여 명을 살해함. 뒤에 다시 진양에서 葛榮의 난을
진압하고 北海王 元顥를 격멸하였으며 다시 葛榮의 別部 韓樓와 万俟醜奴
(묵기추노) 등을 진압하고 太師, 天柱大將軍에 오름. 이주영은 자신 족속을
권력의 높은 자리에 배치하고 진양에 거하면서 조정을 원격 조정할 정도였음.
뒤에 조정에 들어갔다가 孝莊帝에게 궁전에서 살해되었음.《魏書》(47)에 전이
있음. 阮逸 注에 "榮, 字天寶. 有戰功, 爲都督將軍, 害靈后及小主, 而奉莊帝,
恐其難制也. 手刃殺之"라 함.
【陳思王】曹植. 자는 子建(192~232). 曹操의 셋째 아들이며 曹丕의 아우. 어려서
부터 詩文에 뛰어났었음. 조조가 매우 아껴 후계를 삼으려 하자 曹丕의 시기를
받아〈七步詩〉등의 고사를 남기기도 함. 조비가 漢 獻帝를 폐하고 帝位에
오르자 조식은 더욱 고통을 받게 됨. 조비가 죽고 曹叡가 제위를 잇고 나서도
뜻을 얻지 못하자 일찍 죽음. 그의 시 80여 수와 文章 및 辭賦 40여 편이 남아
있음. 建安作家에게 영향이 가장 컸음. 조식은 일찍이 陳王에 봉해졌고 죽은 후
시호는 思. 그 때문에 '陳思王'으로 불림. 또한 東阿에 봉해진 적이 있어 東阿王
으로도 불림.《曹子建集》10권이 전하며《三國志》(19)에 傳이 있음. 阮逸 注에
"曹植, 字子建. 魏祖欲立爲太子, 植不自雕礪, 飮酒晦迹, 兄文帝矯情自飾, 以求
爲嗣, 人不知子建署兄耳"라 함.
【遠刑】阮逸 注에 "醉酒馳馬, 是汙迹也; 求小責免大患, 是遠刑也"라 함.
【不密】阮逸 注에 "皆謂植以才自顯, 不知汙迹保晦, 其心密矣"라 함.

363(8-3)
눈 밝으면서도 보지 못하는 자

동상이 여쭈었다.

"옛날 눈 밝으면서 보지 않고 귀 밝으면서 듣지 않는다 하였는데 그런 일이 있습니까?"

문중자가 말하였다.

"게다가 둥글면서도 똑같지는 아니하고, 모가 나면서도 서로 막지는 아니하며, 곧으면서 서로 거절하지 아니하고 굽으면서도 참녕하지 않은 자도 있었다."

동상이 말하였다.

"탁하면서도 더럽지 아니하고, 맑으면서도 깨끗하지 아니하고 강하면서도 화합하고, 부드러우면서도 떳떳하면 옳은 것입니까?"

문중자가 말하였다.

"나서되 소리내지 아니하고, 숨되 아주 사라지지는 아니하며, 등용되면 이루고, 버려지면 온전한 것, 나는 너와 이런 점이 같구나."

董常問:「古者, 明而不視, 聰而不聞, 有是夫?」

　子曰:「又有圓而不同, 方而不礙, 直而不抵, 曲而不佞者矣.」

　常曰:「濁而不穢, 淸而不皎, 剛而和, 柔而毅, 可是乎?」

子曰:「出而不聲, 隱而不沒, 用之則成, 捨之則全, 吾
　　 與爾有矣.」

【董常】자는 履常. 원래 河南 사람으로 孔子에게 顔回가 있듯이 王通에게
안회와 같은 존재로 알려져 있음. 왕통보다 일찍 죽음.

【聰明】원래는 귀로 듣고 잘 알아차리는 똑똑함을 '聰'이라 하고, 눈으로 보아
민첩하게 깨닫는 것을 '明'이라 하였으나 이를 묶어 사리에 밝고 영민(靈敏)함을
뜻하는 말로 쓰임.《尚書》堯典에 "昔在帝堯, 聰明文思, 光宅天下"라 하였고,
孔穎達의 疏에 "言聰明者, 據人近驗, 則聽遠爲聰, 見微爲明. ……以耳目之聞見,
喩聖人之智慧, 兼知天下之事"라 함. 阮逸 注에 "古知道者, 視聽不用耳目, 故問"
이라 함.

【抵】阮逸 注에 "抵, 訐也"라 함.

【不侫】阮逸 注에 "廣推其類, 終乎中道"라 함.

【可乎】阮逸 注에 "常聞一知十"이라 함.

【吾與爾】阮逸 注에 "旣泛言其道, 故終顯其志"라 함.

364(8-4)
마협馬頰과 우수牛首

문중자가 마협馬頰의 골짜기를 유람하고 드디어 우수牛首의 계곡에
이르러 그곳을 이삼일 오르내리자 따르는 자들이 즐거움을 느꼈다.

子遊馬頰之谷, 遂至牛首之谿, 登降信宿, 從者樂.

【馬頰之谷】阮逸 注에 "晉州有馬頰河·牛首山"이라 함. 풍경이 뛰어난 물과
골짜기인 듯함.
【牛首之谿】王應麟《困學紀聞》(10)《諸子》에 龔鼎臣 本의《文中子》를 인용하여
"子游黃頰之谷, 遂至白牛之谿"라 하였고,《唐文粹》(82)에 실려 있는 王績의
〈負苓者傳〉에는 "昔者, 文中子講道于白牛之谿"라 하였으며,《文苑英華》(97)의
〈游北山賦〉에는 "白牛谿裏, 鋒欒四時, ……吾兄通, ……大業中隱居此溪"라 하여
牛首之谿는 白牛之溪로 보임.
【信宿】이삼일 머무는 것을 뜻함. 신은 원래 군대가 이틀 머무는 것을 뜻함.
《左傳》莊公 3년 傳에 "凡師, 一宿爲舍, 再宿爲信, 過信爲次"라 함.

365(8-5)

잠은潛隱

요의姚義와 두위竇威가 나서며 말하였다.

"선생님께서는 결국 잠은潛隱하시렵니까?"

문중자가 말하였다.

"내 비록 '잠복한다 해도 역시 큰 빛을 낼 것'이다."

두위가 말하였다.

"조정에서 선생님을 불러 논의를 할 것이라 들었습니다."

문중자가 말하였다.

"그들이 나를 찾으면 나를 찾을 수 없을 것이며, '고집하여 나를 붙들어 둔다 해도 역시 나의 공을 묻지도 않을 것'이다."

요의가 말하였다.

"수레를 보내면서 도리어 보필할 자는 버린다'더니 그런 말이군요."

두위가 말하였다.

"끝내 험한 길 넘어야 하느니, 나라 다스림도 이와 같거늘'의 뜻이지요."

문중자는 위연히 드디어 〈정월正月〉편의 마지막 장을 노래하고 잠시 뒤 이렇게 말하였다.

"구제해 낼 수 없겠구나!"

姚義·竇威進曰：「夫子遂得潛乎?」

子曰：「『潛雖伏矣, 亦孔之炤.』」

威曰:「聞朝廷有召子議矣.」

　子曰:「彼求我, 則如不我得;『執我仇仇, 亦不我力.』」

姚義曰:「『其車旣載, 乃棄爾輔.』」

竇威曰:「『終踰絶險, 曾是不意.』」

　子喟然遂歌〈正月〉終焉.

旣而曰:「不可爲矣!」

【姚義】太山 사람으로 王通의 門人이며 '七俊穎'의 第一人者. 자세한 事迹은
알 수 없음.

【威】竇威. 자는 文蔚, 竇熾의 아들이며 竇后의 從兄. 秘書郎을 지냈으며 隋 煬帝
大業 때 內史舍人에 올라 많은 직언을 하였음. 李淵이 불러 丞相府의 司錄參軍
으로 삼아 唐初 제도를 마련함. 시호는 靖.《舊唐書》(61)와《新唐書》(95)에
전이 있음.

【潛】阮逸 注에 "潛, 隱也"라 함.

【潛遂伏矣, 亦孔之炤】《詩經》小雅 正月에 "終其永懷, 又窘陰雨. 其車旣載, 乃棄
爾輔. 載輸爾載, 將伯助予. 無棄爾輔, 員于爾輻. 屢顧爾僕, 不輸爾載. 終踰絶險,
曾是不意. 魚在于沼, 亦匪克樂. 潛雖伏矣, 亦孔之炤. 憂心慘慘, 念國之爲虐. 彼
有旨酒, 又有嘉殽. 洽比其鄰, 昏姻孔云. 念我獨兮, 憂心慇慇. 佌佌彼有屋, 蔌蔌方
有穀. 民今之無祿, 天夭是椓. 哿矣富人, 哀此惸獨"의 구절로 심사를 대신한 것.
〈正月篇〉은 "大夫刺幽王也"라 함. 阮逸 注에 "《詩》正月篇也. 箋云:「喩賢人道
不行, 遂潛伏, 亦甚易見.」"이라 함.

【召子議】문중자를 불러들이기 위해 조정에서 의논이 있었음. 阮逸 注에 "大業
十一年, 再徵皆不至"라 함.

【執我仇仇, 亦不我力】역시 〈正月〉篇 "瞻彼阪田, 有菀其特. 天之扤我, 如不我克.
彼求我則, 如不我得. 執我仇仇, 亦不我力"를 원용하여 대답한 것. 阮逸 注에
"箋曰:「彼王求我, 如不得. 言禮命多也. 仇仇, 謷謷也. 雖執留我, 然不問我功力.」"
이라 함.

【其車旣載, 乃棄爾輔】역시 〈正月〉篇 "終其永懷, 又窘陰雨. 其車旣載, 乃棄爾輔.
載輸爾載, 將伯助予"로써 질문한 것. 阮逸 注에 "箋云:「車載物, 喩王之任國事也.

弃其輔, 遠賢也.」라 함.

【終踰絶險, 曾是不意】역시 〈正月〉篇 "無棄爾輔, 員于爾輻. 屢顧爾僕, 不輸爾載. 終踰絶險, 曾是不意"로써 대답한 것. 阮逸 注에 "箋云: 車度險, 曾不爲意乎? 喩治國亦然.」"이라 함.

【正月終】〈正月〉편의 마지막 장. "彼有旨酒, 又有嘉殽. 洽比其鄰, 昏姻孔云. 念我獨兮, 憂心慇慇. 佌佌彼有屋, 蔌蔌方有穀. 民今之無祿, 天夭是椓. 哿矣富人, 哀此惸獨"이라 함. 阮逸 注에 "感愴長言之, 終其意也"라 함.

【不可爲矣】阮逸 注에 "言隋必亡, 不可救"라 함.

366(8-6)
오경五經과 원경元經

문중자가 말하였다.

"《서書》로써 사건을 변별하고, 《시詩》로써 성품을 바르게 하며, 《예禮》로써 행동을 절제하고, 《악樂》으로써 덕과 조화를 이루고, 《춘추春秋》와 《원경元經》으로써 지난날을 거론하며, 《역易》으로써 미래를 알 수 있으니 선왕先王이 간직해 둔 것이 모두 여기에 있느니라."

> 子曰:「《書》以辯事, 《詩》以正性, 《禮》以制行, 《樂》以和德, 《春秋》·《元經》以擧往, 《易》以知來, 先王之蘊盡矣.」

【正性】本性(天性)을 바로잡음. 阮逸 注에 "言常道, 在乎事; 思無邪, 在乎性"이라 함.

【制行】행동을 절제함. 阮逸 注에 "行不可縱, 必禮以制之"라 함.

【和德】阮逸 注에 "德不可苦, 必樂以和之"라 함.

【元經】王通의 저술 이름. 그의 《續六經》의 하나로 〈世家〉에 《元經》15권이 저록되어 있음. 天地人 三才의 관계를 기본으로 하여 晉 惠帝 永熙 원년(290)부터 隋 開皇 9년(589) 南朝 陳나라가 멸망할 때까지 300년간의 역사를 공자의 《春秋》에 비견하여 기록한 것. 그러나 원본은 사라지고 없으며 지금의 宋本 《元經》은 僞書로 밝혀졌음.

【擧往】阮逸 注에 "仲尼擧周公之典禮, 仲淹修孔父之筆法, 是往也"라 함.

【知來】阮逸 注에 "生生不窮, 是來也"라 함.

【蘊】阮逸 注에 "蘊, 奧, 賾也"라 함.

367(8-7)
철인喆人

왕효일王孝逸이 말하였다.

"안타깝도다! 선생님께서 벼슬을 아니 하시니 철인喆人으로서 그냥 살아가시는 것이로다."

가경이 말하였다.

"선생님이 어찌 그냥 살아가시는 분이리오? 만고萬古로써 조인兆人을 삼으시고, 오상五常으로써 사국四國을 삼으시며, 삼재三才와 구주九疇로써 공경公卿을 삼고 계시니 어찌 벼슬하실 필요가 있겠소?"

동상이 말하였다.

"선생님께서는 《속시續詩》와 《속서續書》를 조정朝廷으로 여기시고, 《예론禮論》과 《악론樂論》을 정화政化로 여기시며, 《찬역讚易》을 사명司命으로 여기시고, 《원경元經》을 상벌賞罰로 여기시니, 이것이 선생님께서 살아가시는 이유이시다."

숙념이 이를 듣고 이렇게 말하였다.

"효제孝悌를 사직社稷으로 삼으시고, 불언不言을 종묘宗廟로 여기시며, 무소부지無所不知를 부귀富貴로 여기시며, 무소불극無所不極을 사생死生으로 여기시니 천하가 그를 머리로 삼으시는 것이다. 선생님의 도는 이로써 충분하시다."

王孝逸曰:「惜哉! 夫子不仕, 喆人徒生矣.」
賈瓊曰:「夫子豈徒生哉? 以萬古爲兆人, 五常爲四國, 三才・九疇爲公卿, 又安用仕?」

董常曰:「夫子以《續詩》·《續書》爲朝廷,《禮論》·
　　《樂論》爲政化,《讚易》爲司命,《元經》
　　爲賞罰, 此夫子所以生也.」
叔恬聞之, 曰:「孝悌爲社稷, 不言爲宗廟, 無所不知爲
　　富貴, 無所不極爲死生, 天下宗之. 夫子
　　之道足矣.」

【王孝逸】 文中子 王通의 제자. 구체적 사적은 알려져 있지 않음.
【徒生】 그저 살아감. 한갓 생명을 유지함.
【賈瓊】 王通의 제자. 七大弟子, 즉 '七俊穎'의 하나. 中山 사람이라 함.
【三才】 天地人.
【九疇】 禹임금이 천하를 다스리던 治道의 大法 9가지.《尙書》洪範에 "箕子乃言曰:
　　「我聞, 在昔, 鯀陻洪水, 汩陳其五行, 帝乃震怒, 不畀洪範九疇, 彝倫攸斁. 鯀則殛死,
　　禹乃嗣興, 天乃錫禹洪範九疇, 彝倫攸敍. 初一曰五行, 次二曰敬用五事, 次三曰農用
　　八政, 次四曰協用五紀, 次五曰建用皇極, 次六曰乂用三德, 次七曰明用稽疑, 次八曰念
　　用庶徵, 次九曰嚮用五福威用六極"라 함. 阮逸 注에 "九疇: 一五行, 二五事, 三八政,
　　四五紀, 五皇極, 六三德, 七稽疑, 八庶徵, 九五福. 皇極居九數之中, 當主位也"라 함.
【董常】 자는 履常. 원래 河南 사람으로 孔子에게 顔回가 있듯이 王通에게 안
　　회와 같은 존재로 알려져 있음. 왕통보다 일찍 죽음.
【元經】 王通의 저술 이름. 그의《續六經》의 하나로〈世家〉에《元經》15권이
　　저록되어 있음. 天地人 三才의 관계를 기본으로 하여 晉 惠帝 永熙 원년(290)
　　부터 隋 開皇 9년(589) 南朝 陳나라가 멸망할 때까지 300년간의 역사를 공자의
　　《춘추》에 비견하여 기록한 것. 그러나 원본은 사라지고 없으며 지금의 宋本
　　《元經》은 위서로 밝혀졌음.
【叔恬】 王凝. 王通의 아우이며 王績의 형. 자가 叔恬. 太原縣令에 올라 그 때문
　　에 太原府君으로도 부름. 唐 太宗 貞觀 초에 監察御史에 올랐다가 侯君集의
　　사건에 연루되어 姑蘇令으로 좌천되기도 함. 뒤에 벼슬을 버리고 낙향하여
　　王通의《六經》과《文中子(中說)》를 정리함. 대체로 隋나라 開皇 초에 태어난
　　것으로 보이며 죽은 해는 알려지지 않음.
【夫子之道足矣】 阮逸 注에 "雖生亂世, 而門人能宗其敎, 以行於天下, 生亦足矣"라 함.

368(8-8)
효자 오흠吳欽

가경賈瓊이 말하였다.

"중산中山 사람 오흠吳欽은 천하의 효자입니다. 그가 집에 있을 때에는 부형들이 즐거워하고, 그가 밖에 나가 일을 할 때면 부형들이 조급해하니 마치 그가 없으면 식구들이 어디 의거할 곳이 없는 듯이 합니다."

문중자가 말하였다.

"우리 마을의 효자는 이와 다르다. 그가 집에 있을 때에는 부모가 편안히 여기고, 그가 밖에 나가 일을 할 때는 부형들이 편안히 여기니 마치 아무런 생각도 없는 듯이 한다."

賈瓊曰:「中山吳欽, 天下之孝者也, 其處家也, 父兄欣
欣然; 其行事也, 父兄焦然, 若無所據.」
子曰:「吾黨之孝者異此. 其處家也, 父母晏然; 其行
事也, 父兄恬然, 若無所思.」

【賈瓊】 王通의 제자. 七大弟子, 즉 '七俊穎'의 하나. 中山 사람이라 함.
【吳欽】 中山 사람. 孝誠으로 이름이 난 인물. 구체적으로는 알 수 없음. 阮逸
注에 "吳欽. 史傳不顯"이라 함.
【欣欣然】 阮逸 注에 "欣, 悅也. 焦, 猶子也. 子然如無依據, 言事子集"이라 함.

【異此】阮逸 注에 "設此以證彼之非"라 함.

【晏然】阮逸 注에 "晏, 安也. 言不欣嚆而自安"이라 함.

【無所思】阮逸 注에 "無思, 言無事也. 安用據哉!"라 함.

369(8-9)
배하裴嘉와 설방사薛方士

배하裴嘉가 혼례를 치르게 되자 설방사薛方士가 이에 참여하였다.

주연이 베풀어지고 음악이 연주되자 설방사는 이를 그르다 여겨 나와 버렸다.

문중자가 이를 듣고 말하였다.

"설방사는 예를 알기는 하지만 그러나 그래도 군자로서 뒤에 처졌구나!"

裴嘉有婚會, 薛方士預焉.

酒中而樂作, 方士非之而出.

　子聞之曰:「薛方士知禮矣, 然猶在君子之後乎!」

【裴賀】구체적으로 알 수 없음. 阮逸 注에 "裴賀未見"이라 함.

【薛方士】역시 구체적으로 알 수 없음. 阮逸 注에 "薛方士未見"이라 함.

【樂作】음악을 연주함. 혼례에는 사흘 동안 음악을 연주하지 않음. 딸을 보냄을 안타깝게 여긴 것. 阮逸 注에 〈士婚禮〉: 三日不擧樂"이라 함.

【君子之後】阮逸 注에 "孔子曰:「先進於禮樂」謂情生禮樂之前也;「後進於禮樂」謂文修於禮樂之後也. 方士不先爲語之, 而後非之, 無益也. 故禮則然矣, 而用之何不從先進?"이라 함.

370(8-10)
원경元經과 황극皇極

문중자가 말하였다.

"《원경元經》은 떳떳함이 있어 도로써 바로잡은 것이므로 의義를 드러내어 보여주고 있다. 《원경》에는 변화가 있어 행동에는 적당함이 있으므로 권權을 드러내어 보여주고 있다. 권과 의가 드러나니 황극皇極이 세워지게 되는 것이다."

동상董常이 말하였다.

"선생님의 《육경六經》에는 황극을 능히 이룰 수 있는 일들이 모두 갖추어져 있습니다."

文中子曰:「《元經》有常也, 所正以道, 於是乎見義.
　　　　《元經》有變也, 所行有適, 是乎見權. 權義
　　　　舉而皇極立矣.」
董常曰:「夫子《六經》皇極之能事畢矣.」

【元經】王通의 저술 이름. 그의 《續六經》의 하나로 〈世家〉에 《元經》 15권이 저록되어 있음. 天地人 三才의 관계를 기본으로 하여 晉 惠帝 永熙 원년(290)부터 隋 開皇 9년(589) 南朝 陳나라가 멸망할 때까지 300년간의 역사를 공자의 《春秋》에 비견하여 기록한 것. 그러나 원본은 사라지고 없으며 지금의 宋本 《元經》은 僞書로 밝혀졌음.

【有常】阮逸 注에 "常, 經也. 經正則義存. 若五始不可移,《易》是也"라 함.

【見權】阮逸 注에 "《公羊傳》曰:「反經合道爲權.」言順時有適, 不執常道. 若與奪南北以尊中國, 是也"라 함.

【皇極】帝王 통치의 準則.《尙書》洪範에 "皇極, 皇建其有極"이라 함.

【董常】자는 履常. 원래 河南 사람으로 孔子에게 顔回가 있듯이 王通에게 안회와 같은 존재로 알려져 있음. 왕통보다 일찍 죽음.

【事畢】阮逸 注에 "董常知六經一貫, 而道皆歸乎大中也"라 함.

371(8-11)
신기神器가 귀착하는 곳

문중자가 말하였다.

"《춘추春秋》는 한 나라의 일을 기록한 것인데 천하로써 나라를 삼고 있었기에 왕실이 높임을 받지 못한 것이로다! 그러므로 제후들과 왕정을 높여줄 것을 약속하여 천명天命은 아직 바뀌지 않았음을 밝혀야 하였으니 이것이 《춘추》에서 해야 할 일이었다. 《원경元經》은 천하의 일을 기록한 책으로 정해진 제후국이 없기에 제왕의 지위가 밝혀진 것이로다! 천명을 증험하여 제위帝位를 정당하게 보아 신기神器가 귀착하는 곳이 있음을 밝힌 것으로 이것이 《원경》에서 해야 할 일이었다."

文中子曰:「《春秋》, 一國之書也, 其以天下有國, 而王室不尊乎! 故約諸侯以尊王政, 以明天命之未改, 此《春秋》之事也.《元經》天下之書也, 其以無定國, 而帝位明乎! 徵天命以正帝位, 以明神器之有歸, 此《元經》之事也.」

【一國】阮逸 注에 "周室一國"이라 함.
【以尊王政】阮逸 注에 "約之以禮法"이라 함.
【天命】阮逸 注에 "天命在周末改"라 함.

【元經】王通의 저술 이름. 그의 《續六經》의 하나로 〈世家〉에 《元經》15권이
저록되어 있음. 天地人 三才의 관계를 기본으로 하여 晉 惠帝 永熙 원년(290)
부터 隋 開皇 9년(589) 南朝 陳나라가 멸망할 때까지 300년간의 역사를 공자의
《춘추》에 비견하여 기록한 것. 그러나 원본은 사라지고 없으며 지금의 宋本
《元經》은 위서로 밝혀졌음.

【天下之書】阮逸 注에 "罷侯置守, 天下爲一國"이라 함.

【無定國而帝位不明】阮逸 注에 "無定國, 謂南北分名, 無一定也. 不明, 謂僭號
作也"라 함.

【神器之有歸】阮逸 注에 "天命不改, 則周室以一國爲《春秋》. 天命有歸, 則晉宋
魏周隋, 合天下爲《元經》, 文體雖殊, 其志一也"라 함.

372(8-12)

황권皇權

동상董常이 말하였다.

"작은 의義를 고집하다가 큰 권한에 방해가 될 것입니다.《춘추春秋》와 《원경元經》에 죄로 여긴 것이 이런 것이겠지요?"

문중자가 말하였다.

"이것이 바로 황권皇權을 끝까지 다하지 못하였음을 말한 것이다."

董常曰:「執小義, 妨大權,《春秋》·《元經》之所罪歟?」

子曰:「斯謂皇之不極.」

【董常】 자는 履常. 원래 河南 사람으로 孔子에게 顏回가 있듯이 王通에게 안회와 같은 존재로 알려져 있음. 왕통보다 일찍 죽음.

【元經】 王通의 저술 이름. 그의《續六經》의 하나로〈世家〉에《元經》15권이 저록되어 있음. 天地人 三才의 관계를 기본으로 하여 晉 惠帝 永熙 원년(290)부터 隋 開皇 9년(589) 南朝 陳나라가 멸망할 때까지 300년간의 역사를 공자의 《춘추》에 비견하여 기록한 것. 그러나 원본은 사라지고 없으며 지금의 宋本 《元經》은 위서로 밝혀졌음.

【罪歟】 阮逸 注에 "上文云:「權義擧而皇極立.」董常推此意, 以爲意大權小, 則正以義歟? 或義小權大, 則適乎權歟?"라 함.

【皇之不極】 阮逸 注에 "執小防大, 是大之不中也. 故必執大弃小, 是謂大中"이라 함.

373(8-13)
어하御河의 공사

어하御河의 공사가 벌어지자 문중자가 듣고 말하였다.
"사람의 힘이 다하였다."

御河之役, 子聞之曰:「人力盡矣.」

【御河】白溝로 불렸던 물 이름. 永濟渠. 隋 煬帝가 운하로 만들어 高句麗 침략의
군량 운송에 이용하고자 하였음. 阮逸 注에 "魏郡白溝. 煬帝開永濟渠, 名御河,
運糧征遼"라 함.
【人力盡】天地人 三才 중 天과 地의 운세도 이미 끝난 상태에 사람의 도움조차
다하여 이제 곧 隋나라가 망할 것임을 뜻함.

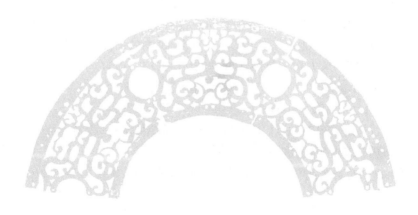

374(8-14)

주례周禮

문중자는 집에 계실 때 잠시도 《주례周禮》를 손에서 놓지 않았다.
문인이 문중자에게 묻자 문중자는 이렇게 대답하였다.
"선사先師께서 왕도王道의 끝이라 여긴 것이 이것이다. 만약 나를 등용
한다면 이 책을 들고 나설 것이다. 나通는 종주宗周의 일개 후대이지만 감히
예를 잊기야 하겠느냐?"

子居家, 不暫捨《周禮》.
門人問子, 子曰:「先師以王道極是也, 如有用我, 則執
　　　　　此以往. 通也, 宗周之介子, 敢忘其
　　　　　禮乎?」

【先師】至聖先師. 즉 孔子를 가리킴. 阮逸 注에 "先師, 謂孔子也. 定禮樂時, 極周
道而已"라 함.
【敢忘其禮】阮逸 注에 "孔子尙極此說, 我小子敢暫捨哉?"라 함.

375(8-15)
천명天命에 따라

문중자가 말하였다.

"《주례周禮》는 천명天命에 필적할 만한 것이로다! 《춘추春秋》는 왕실에 맞서 노魯나라를 높였으니 그 때문에 주나라가 존재할 수 있었던 것이로다! 《원경元經》은 제왕에 맞서 중원을 높였으니 이것으로써 천명이 귀착할 바대로 가게 된 것이로다!"

子曰:「《周禮》其敵於天命乎!《春秋》抗王而尊魯, 其以
周之所存乎!《元經》抗帝而尊中國, 其以天命之
所歸乎!」

【敵於天命】阮逸 注에 "周公典禮, 與天命齊其長久, 故曰敵也"라 함.

【抗王尊魯】阮逸 注에 "抗, 擧也.《春秋》擧周王正朔, 而書於《魯史》者, 以周禮盡在魯故也"라 함.

【元經】王通의 저술 이름. 그의《續六經》의 하나로 〈世家〉에《元經》15권이 저록되어 있음. 天地人 三才의 관계를 기본으로 하여 晉 惠帝 永熙 원년(290)부터 隋 開皇 9년(589) 南朝 陳나라가 멸망할 때까지 300년간의 역사를 공자의 《춘추》에 비견하여 기록한 것. 그러나 원본은 사라지고 없으며 지금의 宋本 《元經》은 위서로 밝혀졌음.

【中國】中原을 가리킴. 王通은 지역적으로 中原을 정통으로 여겼으며. 中原에
'帝'가 없을 때였던 東晉과 남조 宋(劉宋)까지만을 역사의 정통으로 여겼음.
왕통이 이러한 歷史觀을 갖게 된 것은 蕭道成이 宋나라를 찬탈하고 齊(南齊)를
세우자 그의 4대조 穆公 王虯(428~500)가 建元 연간 北魏로 달아나 中原에
정착한 것과 깊은 관련이 있는 것으로 보임. 이에 따라 王通은 비록 異民族
일지라도 中原을 통치한 왕조를 正統으로 보아, 血統보다는 地域을 중시하여
모든 학문과 주의주장, 이론을 펴고 있음. 따라서 江南의 王朝는 비록 漢族
일지라도 中原을 포기한 책임을 물어 매우 부정적 시각으로 보고 있음. 阮逸
注에 "《元經》擧帝號, 以得中國者正朔, 蓋天命歸中國也"라 함.

장현소張玄素의 예禮에 대한 질문

장현소張玄素가 예禮에 대하여 여쭈었다.

문중자가 말하였다.

"너의 마음을 곧게 하고 너의 몸을 엄연히 하며, 동작에는 공경함을 생각하고 조용히 있을 때는 바름을 염두에 두라."

도道에 대하여 질문하자, 문중자가 말하였다.

"예가 얻어지면 도는 거기에 존재하느니라."

장현소가 나가자 문중자는 이렇게 말하였다.

"예에 마음을 두어야 한다. 무릇 예라는 것은 가장해서라도 명예를 이루는 경우가 있거늘 하물며 자신이 직접 실천하는 경우에 있어서랴?"

　　張玄素問禮.

　　　　子曰:「直爾心, 儼爾形, 動思恭, 靜思正.」

　　問道, 子曰:「禮得而道存矣.」

　　玄素出, 子曰:「有心乎禮也. 夫禮, 有竊之而成名者,
　　　　　　　　況躬親哉?」

【張玄素】張元素(?~664). 阮逸 注에 "史傳未見"이라 하였으나 張元素는 蒲州人으로 景城縣 戶曹를 지냈으며 唐 太宗(李世民) 때에는 侍御史, 給事中을 역임함.

貞觀 4년 太宗이 洛陽에 행궁을 지으려 하자 극간하다가 파면되었으며 18년 다시 복권되어 潮州刺史, 鄧州刺史 등을 역임함.《舊唐書》(75)와《新唐書》(103)에 전이 있음.

【道存】阮逸 注에 "上四事合禮, 則道在其中"이라 함.

【竊之而成名】阮逸 注에 "竊, 謂非己有也. 假外飾而行之, 尙得成名, 況玄素有心 於克己哉!《孟子》曰「堯舜性之, 湯武身之, 五霸假之」也. 久假而不歸, 焉知其非 有也?"라 함.

377(8-17)
군자의 달변

위징魏徵이 군자의 달변에 대하여 여쭈었다.

문중자가 말하였다.

"군자가 어찌 변론을 잘한다고 때를 만날 수 있겠는가! 말을 잘하는 것은 부득이해서 그런 것이니 이는 마치 전쟁과 같은 것이로다!"

동상이 이를 듣고 이렇게 말하였다.

"군자는 말을 하지 않는 달변이 있어야 하며, 사람을 죽이지 않는 전쟁이 있어야 하니 그것도 역시 때에 맞아야 하는 것이군요!"

문중자가 말하였다.

"훌륭하도다! 때를 알지 못하면 군자가 될 수 없느니라."

魏徵問君子之辯.

子曰:「君子奚辯而有時乎! 爲辯不得已也. 其猶兵乎!」

董常聞之, 曰:「君子有不言之辯·不殺之兵, 亦時乎!」

子曰:「誠哉! 不知時, 無以爲君子.」

【魏徵】자는 玄成(580~643). 王通의 제자이며 貞觀 최고 名臣. 唐 太宗 李世民에게 직언으로 보필한 것으로 유명함. 北周 靜帝 大象 2년(580) 襄國郡 鉅鹿縣

에서 태어나 어릴 때 고아가 되어 隋나라 말에 떠돌다가 道士라 속이고 李密의
瓦崗軍과 竇建德의 河北義軍에 들어가 공을 세움. 태종이 즉위하여 諫議大夫와
尙書右丞을 겸하였음. 다시 貞觀 3년(629)에 秘書監이 되어 국정에 참여하였
으며 7년(633) 侍中이 되어 鄭國公에 봉해졌으며 17년(643) 병으로 長安에서
죽음. 시호는 文貞. 昭陵 곁에 묻혔음.《舊唐書》에 太宗과의 관계에 대하여
"討論政術, 往復應對, 凡數十萬言"이라 함.《舊唐書》(71)와《新唐書》(97)에
전이 있음.《貞觀政要》등에 그의 일화가 널리 실려 있음.

【其猶兵乎】阮逸 注에 "若湯武之兵伐桀紂. 孟子之辯排楊墨, 開不得已也"라 함.

【董常】자는 履常. 원래 河南 사람으로 孔子에게 顔回가 있듯이 王通에게
안회와 같은 존재로 알려져 있음. 왕통보다 일찍 죽음.

【兵亦時乎】阮逸 注에 "若顔回不言如愚, 知時之不可爲也.《老子》云「善戰不陣,
時可無爲」也"라 함.

【知時】阮逸 注에 "善董常聞辯知時也"라 함.

378(8-18)
참언과 아첨

문중자가 말하였다.

"비방을 듣고 노하는 것, 이것이 바로 참언의 이유가 되며, 칭찬을 받고 기꺼워하는 것, 이것이 바로 아첨의 중매장이이다. 이유를 끊고 중매장이를 제거하면 참언과 아첨이 멀어지게 마련이다."

文中子曰:「聞謗而怒者, 讒之由也; 見譽而喜者, 佞之媒也. 絶由去媒, 讒佞遠矣.」

【佞之媒】阮逸 注에 "爲謗譽所動靜, 則讒佞得計矣"라 함.

379(8-19)
남의 어려움을 들으면

문중자가 말하였다.

"남의 어려움을 들으면 해결해줄 방법을 생각하고, 이익을 보면 피할 생각을 하며, 남의 훌륭함을 성취시켜 주기를 좋아한다면 가히 설 수가 있느니라."

子曰:「聞難思解, 見利思避, 好成人之美, 可以立矣.」

【成人之美】《論語》顔淵篇에 "子曰:「君子成人之美, 不成人之惡. 小人反是.」"
라 함.

380(8-20)
부지런한 자

문중자가 동상에게 말하였다.

"내 부지런한 자를 보지 못하였다. 대체로 있을 수는 있겠으나 나는 아직 보지 못하였다."

子謂董常曰:「我未見勤者矣. 蓋有焉, 我未之見也.」

【董常】 자는 履常. 원래 河南 사람으로 孔子에게 顔回가 있듯이 王通에게 안회와 같은 존재로 알려져 있음. 왕통보다 일찍 죽음.

【勤者】 阮逸 注에 "如天不息者"라 함.

【蓋有焉】 있기는 있음. 《論語》 里仁篇에 "子曰:「我未見好仁者·惡不仁者. 好仁者, 無以尙之; 惡不仁者, 其爲仁矣, 不使不仁者加乎其身. 有能一日用其力於仁矣乎? 我未見力不足者. 蓋有之矣, 我未之見也.」"라 함.

【我未之見】 董常을 격려하는 말임. 阮逸 注에 "因以激常"이라 함.

381(8-21)
풍년이 들지 않고

문중자가 말하였다.

"풍년도 들지 않고 전쟁은 그치지 않으니 나도 이제 끝났나 보다!"

子曰:「年不豐, 兵不息, 吾已矣夫!」

【年·兵】阮逸 注에 "年, 天也; 兵, 人也"라 함.
【吾已矣夫】"모든 것이 끝났다. 어쩔 수 없다"의 뜻.《論語》子罕篇에 "子曰:
「鳳鳥不至, 河不出圖, 吾已矣夫!」"라 함.

382(8-22)
황공黃公과 후생侯生

문중자가 말하였다.

"북산北山의 황공黃公은 의술에 뛰어나니 먼저 잠 잘 자고 밥 잘 먹도록 한 다음에 침이나 약을 쓴다. 분음汾陰의 후생侯生은 점을 잘 보니 먼저 사람으로서의 일부터 잘 하라고 한 다음에 점괘를 설명해 준다."

> 子謂:「北山黃公善醫, 先寢食而後針藥; 汾陰侯生善筮,
> 先人事而後說卦.」

【北山黃公】北山에 살며 의술을 펴는 黃氏 성의 어떤 의사. 구체적으로는 알 수 없음.

【汾陰侯生】汾陰(지금의 山西 汾陰縣)에 살며 점을 쳐 주는 어떤 점쟁이. 阮逸 注에 "黃公·侯生未見"이라 함. 한편 이는 王度가 스승으로 모셨던 유명한 인물이기도 함. 《太平廣記》(230) 王度에 "隋汾陰侯生, 天下奇士也. 王度常以師禮事之. 臨終, 贈度以古鏡曰:「持此則百邪遠人.」度受而寶之"라 함.

【筮】蓍草로 치는 점.

383(8-23)
소하蕭何와 장량張良

방현령房玄齡이 임금을 바르게 하고 백성을 보호하는 방법에 대하여 여쭈었다.

문중자가 말하였다.

"먼저 자신부터 잊어라."

"청컨대 그 이유를 끝까지 듣고 싶습니다."

문중자가 말하였다.

"무릇 그 자신을 잊은 연후에야 능히 사사로움이 없을 수 있으며 사사로움이 없어진 연후에야 지극한 공평함에 이를 수 있으며, 지극한 공평함이 이른 연후에 천하로써 자신의 마음을 삼게 되어 도가 가히 행해질 수 있는 것이니라."

방현령이 말하였다.

"어떻게 주관을 삼아야 합니까?"

문중자가 말하였다.

"나通는 그 설명을 끝까지 할 수 없으나 소하蕭何와 장량張良도 그렇게 하지 못함을 병으로 여겼단다. 아! 이는 그대가 미칠 바가 아니니 잠시 너의 공경을 지키고, 너의 신중함을 지켜라. 그렇게 하면 가히 인사人事는 원만해지리라."

房玄齡問正主庇民之道.

　子曰:「先遺其身.」

曰:「請究其說.」

子曰:「夫能遺其身, 然後能無私; 無私, 然後能至公;
　　　　至公, 然後以天下爲心矣, 道可行矣.」

玄齡曰:「如主何?」

子曰:「通也, 不可究其說, 蕭·張其猶病諸. 噫! 非子
　　　　所及, 姑守爾恭, 執爾愼, 庶可以事人也.」

【房玄齡】자는 喬(혹 이름이 喬이며 자가 玄齡이라고도 함, 579~648). 역시 王通의
제자이며 唐 太宗 貞觀 명신. 濟州 臨淄(지금의 山東 淄博) 출신으로 貞觀 원년
(627) 中書令이 되었으며 3년(629) 尙書左僕射가 되어 梁國公에 봉해졌음.
10여 년 간 재상직에 있으면서 많은 업적을 쌓았음.《舊唐書》(66)와《新唐書》
(96)에 전이 있음.

【正主庇民】임금을 바르게 하고 백성을 庇護함.

【至公】阮逸 注에 "修己以及天下, 漸也"라 함.

【如主何】阮逸 注에 "再問正主之說"이라 함.

【蕭·張】蕭何와 張良. 蕭何(?-B.C.193)는 西漢 泗水 沛人. 劉邦을 따라 關中에
들어가 秦나라 부고의 모든 문서를 수집하여 통치의 기틀을 삼음. 劉邦이
漢中王이 되자 丞相이 되어 韓信을 추천하였고 군량을 마련하는 楚漢戰을
승리로 이끌도록 함. 漢初의 일등공신이며 鄼侯에 봉해짐.《史記》(53) 蕭相國
列傳 및《漢書》(39)를 참조할 것. 張良(?-B.C.186)은 자는 子房. 집안이 韓나라
재상을 지냈으나 秦나라가 韓나라를 멸하자 力士를 모집하여 博浪沙에서
秦始皇을 저격하였으나 실패하기도 하였음. 이에 下邳로 도망하여 黃石公을
만나《太公兵法》을 전수받음. 뒤에 劉邦을 도와 咸陽에 入城, 樊噲와 함께
項羽에게 잠시 자리를 비워줄 것을 건의. 이에 鴻門宴의 잔치에서 살아난
다음 項羽의 楚軍을 격파하고 漢나라를 건국하는 데에 큰 공을 세움. 留侯에
봉해졌으며 만년에 黃老術에 깊이 빠지기도 하였음.《史記》(55) 留侯世家와
《漢書》(40)를 참조할 것. 阮逸 注에 "蕭何知其主不可以正也, 而私營物産;
張良亦私自從赤松子遊, 皆病也"라 함.

【其猶病諸】 그렇게 하지 못함을 병으로 여김.《論語》雍也篇에 "子貢曰:「如有
博施於民而能濟衆, 何如? 可謂仁乎?」子曰:「何事於仁! 必也聖乎! 堯舜其猶
病諸!」"라 하였고, 衛靈公篇에도 "子路問君子. 子曰:「脩己以敬.」曰:「如斯而
已乎?」曰:「脩己以安人.」曰:「如斯而已乎?」曰:「脩己以安百姓. 脩己以安百姓,
堯舜其猶病諸!」"라 함.

【守爾恭, 執爾愼】 阮逸 注에 "言隋主不可正"이라 함.

384(8-24)
강도江都의 변고

강도江都에서 변고가 생겼을 때 문중자는 병환 중이어서 설수薛收에게 이렇게 말하였다.

"도가 폐기된 지 오래되었으니 만약 왕자王者가 나온다면 30년 후에는 예악禮樂이 가히 칭송될 것이니 지금은 아직 아니다."

설수가 물었다.

"무엇을 두고 하시는 말씀입니까?"

문중자가 말하였다.

"10년 동안은 평정하여야 하고 10년은 부유하게 만들어 주어야 하고 10년은 화평을 이루어야 하니 그 때 성취되는 것이다."

江都有變, 子有疾, 謂薛收曰:「道廢久矣, 如有王者出, 三十年而後, 禮樂可稱也, 斯已矣.」

收曰:「何謂也?」

子曰:「十年平之, 十年富之, 十年和之, 斯成矣.」

【江都】지금의 江蘇 揚州. 大業 14년(618) 隋 煬帝(楊廣)가 운하를 완성하고 江都에 별궁을 짓고 운하로 그곳까지 나들이에 빠져 북쪽 도읍 長安으로 돌아갈 생각을 하지 않자 북방에 민란이 끊이지 않게 됨. 이에 宇文化及이 신하들과 병사들의 분위기를 이용하여 煬帝를 죽이고 秦王 楊浩를 옹립함.

그리고 자신은 스스로 大丞相이 되어 군사를 이끌고 洛陽에 이르렀을 때 李密의 군사와 만나 불리해지자 다시 楊浩를 죽이고 자립하여 국호를 '許'라 하였으나 패배하고 聊城으로 도망하였다가 竇建德에게 잡혀 피살됨.

【薛收】文中子 王通의 제자. 자는 伯襃(592~612). 隋나라 때 河東 汾陰縣 출신으로 隋나라 內史侍郎 薛道衡의 아들. 수나라 大業 때 秦王府의 記室 房玄齡이 그를 秦王(李世民)에게 추천하여 秦王府主簿가 되어 判陝東道大行臺金部郎中에 오름. 隋나라가 망한 뒤 天策府記室參軍에 올랐으며 汾陰縣男의 봉호를 받음. 武德 6년 本官兼文學館學士가 되었으며 武德 7년에 생을 마침. 阮逸 注에 "煬帝幸江都宮, 宇文化及弑逆"이라 함.

【道廢久矣】阮逸 注에 "道, 謂先王典禮"라 함.

【王者】《論語》子路篇에 "子曰:「如有王者, 必世而後仁.」"이라 함.

【三十年】앞에 든《論語》'必世'의 '世'에 해당함. 一世는 30년임.

【可稱】阮逸 注에 "稱, 擧也"라 함.

【斯已矣】阮逸 注에 "斯隋不能擧"라 함.

【斯成矣】阮逸 注에 "平亂富民, 和以禮樂, 自江都有變, 是歲庚辰, 唐高祖武德三年也. 平之十年, 至太宗正觀(貞觀)三年, 天下太定. 又富之, 至正觀十三年. 房玄齡奏太平, 又和之, 終正觀二十三年, 太宗崩, 禮樂已和, 然未大成爾"라 함.

385(8-25)
일부일처제一夫一妻制

문중자가 말하였다.

"조혼과 빙례를 줄인 것은 사람들로 하여금 편안함만 가르치는 꼴이 되고 말았으며, 첩과 첩잉妾媵을 무수히 들이는 것은 사람들로 하여금 혼란을 가르친 것이며, 게다가 귀천貴賤에 등급이 있으니 일부일부一夫一婦가 서인에게는 맞는 것이다."

子曰:「早婚少娉, 教人以偸; 妾媵無數, 教人以亂; 且貴賤有等, 一夫一婦, 庶人之職也.」

【少娉】빙은 빙례와 같음. 빙례를 생략함. 줄임.
【偸】阮逸 注에 "偸, 薄也"라 함.
【妾媵】첩은 정처 이외의 여인. 잉은 시집갈 때 함께 딸려 보내는 하인이나 少婢. 남자의 경우 媵臣. 여자의 경우 媵妾이라 함.
【教人以亂】阮逸 注에 "言弃古禮, 是掌敎者之罪也"라 함.
【貴賤有等】阮逸 注에 "妻妾媵, 各有等降之數"라 함.
【一夫一婦】阮逸 注에 "國風, 正夫婦. 王化之本也"라 함.

386(8-26)
십이책十二策

　　문중자가 수隋 문제文帝를 알현하고 한 번 접촉하고 〈십이책十二策〉을
진술하여 이를 4권의 책으로 엮었다.
　　설수가 말하였다.
　　"달변입니다!"
　　동상이 말하였다.
　　"달변이 아니라 이치가 당연히 그런 것이지요."
　　방현령房玄齡이 그 열두 가지 책략을 익히려 청하자 문중자가 말하였다.
　　"때가 달라지면 일도 변하는 것, 익힐 만한 것이 되지 못한다."

　　子謁見隋祖, 一接而陳十二策, 編成四卷.
　　　　　　　薛收曰:「辯矣乎!」
　　　　　　　董常曰:「非辯也, 理當然爾.」
　　房玄齡請習十二策, 子曰:「時異事變, 不足習也.」

【隋祖】隋 文帝 楊堅(541~604). 弘農 華陰人으로 어릴 때 자는 那邏延. 楊忠의
아들이며 北周 때 아버지를 이어 隨國公에 봉해짐. 딸이 北周 宣帝(宇文贇)의
皇后가 되어 국정을 맡음. 어린 외손자 靜帝(宇文闡)를 죽이고 나라를 탈취하여
국호를 '隋'라 함. 원래 隨國公의 '隨'자는 안정감이 없다 하여 '辶'를 제거하고
'隋'자를 만들어 국호로 삼음. 이어서 차례로 後梁, 남조 陳을 멸하고 전국을

통일함. 官制와 兵制를 개혁하여 强國을 도모하였으나 仁壽 4년 병중에 太子 楊廣(뒤의 煬帝)에게 독살당함. 581~604년까지 24년간 재위함.《隋書》에 紀가 있음.

【編成】阮逸 注에 "門人編之"라 함.

【薛收】文中子 王通의 제자. 자는 伯褒(592~612). 隋나라 때 河東 汾陰縣 출신으로 隋나라 內史侍郞 薛道衡의 아들. 수나라 大業 때 秦王府의 記室 房玄齡이 그를 秦王(李世民)에게 추천하여 秦王府主簿가 되어 判陝東道大行臺金部郞中에 오름. 隋나라가 망한 뒤 天策府記室參軍에 올랐으며 汾陰縣男의 봉호를 받음. 武德 6년 本官兼文學館學士가 되었으며 武德 7년에 생을 마침.《舊唐書》(72)와《新唐書》(98)에 전이 실려 있음.

【董常】자는 履常. 원래 河南 사람으로 孔子에게 顔回가 있듯이 王通에게 안회와 같은 존재로 알려져 있음. 왕통보다 일찍 죽음.

【非辯】阮逸 注에 "理奧則言辯, 非務其辯也"라 함.

【房玄齡】자는 喬(혹 이름이 喬이며 자가 玄齡이라고도 함, 579~648). 역시 王通의 제자이며 唐 太宗 貞觀 명신. 濟州 臨淄(지금의 山東 淄博) 출신으로 貞觀 원년 (627) 中書令이 되었으며 3년(629) 尙書左僕射가 되어 梁國公에 봉해졌음. 10여 년 간 재상직에 있으면서 많은 업적을 쌓았음.《舊唐書》(66)와《新唐書》(96)에 전이 있음.

【不足習也】阮逸 注에 "適救隋弊, 非經久策"이라 함.

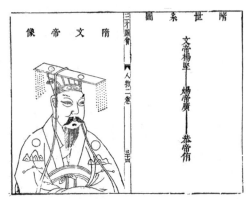

〈隋世系圖와 隋 文帝〉《三才圖會》

387(8-27)
우세기虞世基

우세기虞世基가 사람을 문중자에게 보내어 이렇게 말하였다.

"어찌 벼슬을 하지 않습니까?"

문중자가 말하였다.

"나通는 질환이 있어 벼슬을 할 수 없습니다."

그러고는 심부름 온 자에게 음식을 대접하고 〈소명小明〉 시를 읊어 보내주었다.

우세기가 이를 듣고 말하였다.

"나는 홀로 증격繪繳의 아래에서 놀고 있었구나. 선생님이라면 가히 망망한 하늘과 같다고 할 수 있겠구나."

문중자가 말하였다.

"질문하면 대답하고, 묻지 않으면 나 홀로 서술하고 있는 내 모습을 생각건대 동중서董仲舒에게나 비교할까!"

虞世基遣使謂子曰:「盍仕乎?」

子曰:「通有疾, 不能仕也.」

飮使者, 歌〈小明〉以送之.

世基聞之, 曰:「吾特遊繪繳之下也, 若夫子可謂冥冥矣.」

文中子曰:「問則對, 不問則述, 竊比我於仲舒!」

【虞世基】자는 茂世(?~618). 會稽 姚餘 사람으로 虞荔의 아들이며 虞世南의 형. 처음 陳을 섬겨 尙書左丞에 올랐으나 다시 隋나라를 섬겨 煬帝 때 內史侍郞이

됨. 煬帝가 폭정을 일삼아도 이를 간언하지 않아 뒤에 宇文化及이 煬帝를 弑殺할 때 그도 역시 병사들에게 죽임을 당함.《北史》(84)와《隋書》(67)에 전이 있음. 阮逸 注에 "世南兄也. 煬帝時, 參掌朝廷, 唯諾取容而已. 煬帝遇弑. 世基見害"라 함.

〈虞世南〉《三才圖會》

【小明】《詩經》小雅 小明篇.〈詩序〉에 "大夫悔仕于亂 世也"라 함. "明明上天, 照臨下土. 我征徂西, 至于艽野. 二月初吉, 載離寒暑. 心之憂矣, 其毒大苦. 念彼共人, 涕零如雨. 豈不懷歸, 畏此罪罟. 昔我往矣, 日月方除. 曷云其還, 歲聿云莫. 念我獨兮, 我事孔庶. 心之憂矣, 憚我不暇. 念彼共人, 睠睠懷歸. 豈不懷歸, 畏此譴怒. 昔我往矣, 日月方奧. 曷云 其還, 政事愈蹙. 歲聿云莫, 采蕭穫菽. 心之憂矣, 自詒伊戚. 念彼共人, 興言出宿. 起不懷歸, 畏此反覆. 嗟爾君子, 無恆安處. 靖共爾位, 正直是與. 神之聽之, 式穀 以女. 嗟爾君子, 無恆安息. 靖共爾位, 好是正直. 神之聽之, 介爾景福"이라 함. 阮逸 注에 "〈小雅〉詩. 大夫悔仕於亂世也. 首章云:「豈不懷歸, 畏此罪罟.」言世 基必罪死"라 함.

【繒繳】모두 화살 끝에 실을 달아 사냥하는 사냥법. 여기서는 이러한 사냥법 으로 잡히지 않을 저 하늘 높이 나는 새와 같은 王通을 바라보고 있음을 비유함. 阮逸 注에 "楊子曰:「鴻飛冥冥, 弋者何慕?」"라 함.

【對·述】阮逸 注에 "若策問之則對, 不爾則自述其道, 待時而行"이라 함.

【仲舒】董仲舒(B.C.179~B.C.104). 西漢 信都 廣川人. 어려서부터《春秋》에 박통 하여 景帝 때 博士에 올랐으며 武帝 때 賢良으로 뽑혀 對策을 올림. 오직 儒家만을 숭상하여 治道로 삼을 것을 주장하였으며 이로써 江都相, 膠西王相 등을 역임함. 뒤에 병으로 사직하고 오로지 저술에만 전념하여 '陰陽五行說', '天人感應說' 등의 체계를 세움.《春秋繁露》,《擧賢良對策》등이 유명함.《史記》 (121)와《漢書》(56)에 전이 있음. 阮逸 注에 "董仲舒, 漢武帝時對賢良策, 後爲公 孫弘所抑退免, 以著書爲業"이라 함.

388(8-28)

잡학雜學

문중자가 말하였다.

"나는 벼슬을 하지 않았기에 학업을 이룰 수 있었고, 움직이지 않았기에 후회가 없으며, 널리 요구하지 않았기에 얻음이 있었고, 잡학雜學을 하지 않았기에 도를 밝힐 수 있었다."

子曰:「吾不仕, 故成業; 不動, 故無悔; 不廣求, 故得; 不雜學, 故明.」

【成業】阮逸 注에 "成所述業"이라 함.
【無悔】阮逸 注에 "悔生乎動"이라 함.
【故得】阮逸 注에 "得, 足也"라 함.
【故明】阮逸 注에 "明, 道也"라 함.

389(8-29)
지智, 인仁, 의義

문중자가 말하였다.

"막힘이란 지智의 독벌레이며, 분하게 느끼는 것은 인仁의 독뱀이며, 지나친 인색함은 의義의 좀벌레이다."

文中子曰:「凝滯者, 智之蟊也; 忿憾者, 仁之螣也; 纖吝者, 義之蠹也.」

【凝滯】막힘. 《楚辭》漁父辭에 "聖人不凝於物, 而能與世推移"라 함.
【蟊】곡식의 뿌리를 갉아먹는 해충.
【螣】螣蛇. 심한 독을 가진 뱀.
【蠹】집안 기둥을 파먹는 좀벌레. 阮逸 注에 "蟊·螣·蠹, 皆喩害物"이라 함.

390(8-30)
원경元經의 전단專斷

문중자가 말하였다.

"《원경元經》의 전단專斷은 아마도 거기에 천명天命을 함축하고 있기 때문일 것이니 내 어찌 감히 이를 수 있는 경지리오?"

동상董常이 이를 듣고 말하였다.

"《원경》과 천명에 대해 선생님께서 이르지 못한다면 누가 능히 그 경지에 이를 수 있겠습니까?"

子曰:「《元經》之專斷, 蓋蘊於天命, 吾安敢
　　　至哉?」

董常聞之, 曰:「《元經》之與天命, 夫子而不至, 其孰
　　　能至也?」

【元經】王通의 저술 이름. 그의 《續六經》의 하나로 〈世家〉에 《元經》 15권이 저록되어 있음. 天地人 三才의 관계를 기본으로 하여 晉 惠帝 永熙 원년(290)부터 隋 開皇 9년(589) 南朝 陳나라가 멸망할 때까지 300년간의 역사를 공자의 《춘추》에 비견하여 기록한 것. 그러나 원본은 사라지고 없으며 지금의 宋本 《元經》은 위서로 밝혀졌음.

【天命】阮逸 注에 "天命未改於晉祚, 則《元經》斷之於江南; 天命有歸於中國, 則《元經》斷之於後魏. 言此皆天命所蘊, 非我能之也"라 함.

【董常】자는 履常. 원래 河南 사람으로 孔子에게 顔回가 있듯이 王通에게 안회와 같은 존재로 알려져 있음. 왕통보다 일찍 죽음.

391(8-31)
살아 가면서의 예禮

문중자가 두위竇威에게 말하였다.

"관례를 치를 나이가 되면 관례冠禮를 공부하고, 장차 혼인을 해야 하면 혼례婚禮를 공부하고, 상에 처해서는 상례喪禮를 공부하고, 장례를 치를 때면 제례祭禮를 공부하고, 조정에 나가서는 빈례賓禮를 공부하고, 군대에서는 군례軍禮를 익히니 그 때문에 군자는 평생토록 예에서 떠날 수가 없는 것이다.

두위가 말하였다.

"중니께서 '예를 배우지 아니하면 설 수가 없다'고 하신 말씀이 이를 두고 한 말입니까?"

子謂竇威曰:「旣冠讀冠禮, 將婚讀婚禮, 居喪讀喪禮,
　　　　　旣葬讀祭禮, 朝廷讀賓禮, 軍旅讀軍禮,
　　　　　故君子終身不違禮.」
竇威曰:「仲尼言『不學禮無以立』, 此之謂乎?」

【威】竇威. 자는 文蔚. 竇熾의 아들이며 竇后의 從兄. 秘書郞을 지냈으며 隋 煬帝 大業 때 內史舍人에 올라 많은 직언을 하였음. 李淵이 불러 丞相府의 司錄 參軍으로 삼아 唐初 제도를 마련함. 시호는 靖. 《舊唐書》(61)와 《新唐書》(95)에 전이 있음.

【終身不違禮】阮逸 注에 "言學禮有次序"라 함.

【仲尼言】이는 孔子가 아들 鯉를 가르친 庭敎를 뜻함.《論語》季氏篇에 "陳亢問
於伯魚曰:「子亦有異聞乎?」對曰:「未也. 嘗獨立, 鯉趨而過庭. 曰:『學詩乎?』
對曰:『未也.』『不學詩, 無以言』鯉退而學詩. 他曰, 又獨立, 鯉趨而過庭. 曰:
『學禮乎?』對曰:『未也.』『不學禮, 無以立』鯉退而學禮. 聞斯二者.」陳亢退而喜曰:
「問一得三, 聞詩, 聞禮, 又聞君子之遠其子也.」라 함.

【此之謂乎】阮逸 注에 "言孔子敎鯉, 亦謂此次序"라 함.

392(8-32)
혼례婚禮에 대한 글

문중자가 혼례婚禮에 대하여 글을 짓고 있었다.

가경賈瓊이 말하였다.

"지금은 없어지고 말았는데 어떻게 다시 글로 이어서 지을 수 있습니까?"

문중자가 말하였다.

"가경아, 너는 예를 경홀히 하지 말며, 세속에 아첨하지 말라. 잠시 그대로 존속시키는 것이 옳다."

子述婚禮.

　賈瓊曰:「今皆亡, 又焉用續?」

　　子曰:「瓊, 爾無輕禮, 無諂俗, 姑存之可也.」

【婚禮】阮逸 注에 "述在《禮論》"이라 함.

【賈瓊】王通의 제자. 七大弟子, 즉 '七俊穎'의 하나. 中山 사람이라 함.

【續】阮逸 注에 "續, 補亡也"라 함.

【輕禮·諂俗】阮逸 注에 "輕古禮, 阿時俗. 是汝也"라 함.

【姑存】그대로 존속시킴. 阮逸 注에 "續而存之, 待時而行"이라 함.

393(8-33)
찬역贊易의 관괘觀卦

문중자가 《찬역贊易》에서 〈관괘觀卦〉에 이르자 이렇게 말하였다.
"가히 신명함을 끝까지 다할 수 있으리라."

子《贊易》至〈觀卦〉曰:「可以盡神矣.」

【贊易】'讚易'으로도 표기하며 문중자가 《周易》을 援用하여 나름대로 다시 풀이
하여 쓴 책. 모두 70권으로 되어 있음. 혹은 '《周易》을 贊述하다'의 뜻.

【觀卦】주역 20번째의 괘. "觀: 盥而不薦, 有孚顒若. 彖曰: 大觀在上, 順而巽, 中正
以觀天下, 觀. 「盥而不薦, 有孚顒若」, 下觀而化也. 觀天之神道, 而四時不忒; 聖人
以神道設敎, 而天下服矣. 象曰: 風行地上, 觀; 先王以省方觀民設敎. 初六, 童觀,
小人无咎, 君子吝. 象曰:「初六, 童觀」, 小人道也. 六二, 闚觀, 利女貞. 象曰:「闚觀
女貞」, 亦可醜也. 六三, 觀我生, 進退. 象曰:「觀我生進退」, 未失道也. 六四, 觀國
之光, 利用賓于王. 象曰:「觀國之光」, 尙賓也. 九五, 觀我生, 君子无咎. 象曰:
「觀我生」, 觀民也. 上九, 觀其生, 君子无咎. 象曰:「觀其生」, 志未平也"라 함.
阮逸 注에 "盥而不薦, 可以盡神之奧"라 함.

394(8-34)
진현進賢

문중자가 말하였다.

"옛날에는 어진 자를 진달시키고 불초한 자를 물리치기를 마치 질환을 앓고 있으면서 치료하지 않고 있는 것처럼 여겼으나 지금은 내가 어진 이를 좋아한다면서 어질지 못한 자를 불쌍히 여기고 있으니 이와 같이 하면 원한은 줄일 수 있겠지만 그래도 두려움은 면할 수 없다. 《시詩》에 '불안한 마음이니 조심하기를, 마치 깊은 골짜기 위에 서 있는 듯이'라 하였느니라."

子曰:「古者進賢, 退不肖, 猶患不治; 今則吾樂賢者而
　　　哀不賢者, 如是寡怨, 猶懼不免.《詩》云:『惴惴
　　　小心, 如臨空谷.』」

【患不治】阮逸 注에 "有天下擧賢才, 則不肖者遠矣"라 함.
【哀不賢者】阮逸 注에 "樂之, 不能進之也; 哀之, 不敢退之也"라 함.
【懼不免】阮逸 注에 "不免怨害"라 함.
【惴惴小心, 如臨空谷】《詩經》小雅 小宛篇에 "溫溫恭人, 如集于木. 惴惴小心,
　　如臨于谷. 戰戰兢兢, 如履薄冰"이라 함. 阮逸 注에 《詩》小宛篇注云:「衰亂之世,
　　賢人君子, 雖無罪, 猶恐懼.」"라 함.

395(8-35)
설원說苑

문중자가 《설원說苑》을 읽으면서 이렇게 말하였다.
"가히 교화를 이끌어갈 수 있겠도다."

子讀《說苑》, 曰:「可以輔教矣.」

【說苑】 漢나라 때 劉向이 편집한 책. 君道, 臣術, 建本篇, 立節, 貴德, 復恩, 政理,
尊賢, 正諫, 敬愼, 善說, 奉使, 權謀, 至公, 指武, 談叢, 雜言, 辨物, 脩文, 反質篇 등
모두 20편으로 되어 있으며 당시까지의 모든 고사, 일화를 총망라하여 治道와
敎化의 자료로 삼음. 특히 宋나라 때 殘卷 5권이 오늘날의 20권으로 복원되는
과정에서 〈高麗本〉이 결정적인 역할을 한 것으로 알려짐. 阮逸 注에 "劉向撰,
三十卷"이라 함.
【輔敎】 阮逸 注에 "其說禮樂, 可左右敎化"라 함.

396(8-36)
용문관龍門關에서

문중자가 한성韓城에서 용문관龍門關으로부터 먼저 하수河水를 건넜는데 가경賈瓊과 정원程元이 뒤쳐져 가고 있었다.

용문관의 관리 구장仇璋이 막아서며 말하였다.

"먼저 물을 건넌 자가 누구요? 내 보기에 그의 이마는 툭 튀어나와 무게가 있으나 치켜 오르지는 않았고, 눈은 빛을 발하여 맑으나 눈동자가 보이지 않으며, 입은 우뚝하여 크나 옆으로 째지지는 않았으며 봉황의 목에 거북 등을 하고 있으며, 수염은 허리까지 내려와 무성하군요. 함께 가는 이들은 몸을 굽혀 겸손한 태도를 보이며, 그와 말을 나누는 자들은 예절이 있으면서 나중에 응답하더이다. 배를 타고 건너면서 물결이 세어 끌리고 돌고 하는데도 두려워하지 않으니 이는 틀림없이 특이한 사람일 것이오. 내 듣기로 천하에 도가 없으면 성인은 자신을 들어내지 않지만 허리를 굽히고 침묵을 지킨다 하였는데 이 사람은 마치 그와 비슷하오."

정원이 말하였다.

"그대는 사람을 알아보는구려. 그 분이 바로 왕통王通이란 분이라오."

가경이 말하였다.

"우리 두 사람이 스승으로 모시고 있으며 능히 떠날 수 없다오."

구장이 말하였다.

"무릇 덕이라는 지팡이를 짚고 오상五常이라는 수레를 타고, 삼재三才를 부축하며, 육예六藝를 끌고 있으니 우리 어찌 뒤에 처졌다 하여 따르지 않을 수 있겠소?"

드디어 그는 관직을 버리고 그들을 따라 한성으로 갔다.

子之韓城, 自龍門關先濟; 賈瓊·程元後.

關吏仇璋止之曰:「先濟者爲誰? 吾視其顙, 顙如也, 重而不亢; 目, 燦如也, 澈而不瞬; 口, 敦如也, 閟而不張; 鳳頸龜背, 鬚垂至腰, 參如也. 與之行, 俯然而色卑; 與之言, 泛然而後應. 浪驚拖旋而不懼, 是必有異人者也. 吾聞之, 天下無道, 聖人藏焉, 鞠躬守黙, 斯人殆似也.」

程元曰:「子知人矣, 是王通者也.」

賈瓊曰:「吾二人師之, 而不能去也.」

仇璋曰:「夫杖一德, 乘五常; 扶三才, 控六藝, 吾安得後而不往哉?」

遂捨職, 從於韓城.

【韓城】 지금의 山西 韓城市. 완일 주에 "馮翊有韓城縣"이라 함.

【龍門關】 阮逸 注에 "龍門, 漢皮氏縣, 魏改爲龍門. 隋屬絳州, 今河中有縣"이라 함.

【賈瓊】 王通의 제자. 七大弟子, 즉 '七俊穎'의 하나. 中山 사람이라 함.

【程元】 王通의 문인, 제자. 구체적으로는 알 수 없음.

【仇璋】 원래 龍門關의 문지기 관리였으나 이 때 王通을 만나 그의 제자가 된 인물. 자는 伯成. 阮逸 注에 "字伯成"이라 함.

【止之】 阮逸 注에 "止二子問之"라 함.

【顙】 뛰어나온 모습. 阮逸 注에 "顙, 重之貌"라 함.

【亢】 들어 올려진 모습. 阮逸 注에 "亢, 昂也"라 함.

【澈而不瞬】 阮逸 注에 "澈, 淸也. 睫目曰瞬"이라 함.

【參如也】 무성한 모습. 阮逸 注에 "參參然, 盛貌"라 함.

【拖旋】 '拖'는 '拕', '抴'와 같음. 배를 저어 물 가운데로 감을 뜻함. 《漢書》 嚴助 傳에 "拕舟而入水"라 함.

【不懼】 阮逸 注에 "言狀貌, 皆異常人"이라 함.

【鞠躬·守黙】 阮逸 注에 "鞠躬, 謂卑俯; 守黙, 謂泛應"이라 함.

397(8-37)
구장仇璋

문중자가 가경賈瓊에게 말하였다.

"군자로다! 구장仇璋이여. 동상董常에 비하면 부족하나 설수薛收에 비교하면 남음이 있구나."

> 子謂賈瓊曰:「君子哉! 仇璋也. 比董常則不足, 方薛
>   收則有餘.」

【賈瓊】 王通의 제자. 七大弟子, 즉 '七俊穎'의 하나. 中山 사람이라 함.

【仇璋】 원래 龍門關의 문지기 관리였으나 이 때 王通을 만나 그의 제자가 된 인물. 자는 伯成.

【董常】 자는 履常. 원래 河南 사람으로 孔子에게 顔回가 있듯이 王通에게 안회와 같은 존재로 알려져 있음. 왕통보다 일찍 죽음.

【方】 비교함. 품평함.《論語》憲問篇에 "子貢方人. 子曰:「賜也賢乎哉? 夫我則不暇.」"라 하였고, 注에 "方, 比也"라 함.

【薛收】 文中子 王通의 제자. 자는 伯褒(592~612). 隋나라 때 河東 汾陰縣 출신으로 隋나라 內史侍郎 薛道衡의 아들. 수나라 大業 때 秦王府의 記室 房玄齡이 그를 秦王(李世民)에게 추천하여 秦王府主簿가 되어 判陝東道大行臺金部郎中에 오름. 隋나라가 망한 뒤 天策府記室參軍에 올랐으며 汾陰縣男의 봉호를 받음. 武德 6년 本官兼文學館學士가 되었으며 武德 7년에 생을 마침.《舊唐書》(72)와《新唐書》(98)에 전이 실려 있음.

398(8-38)
관생關生과 곽생霍生

문중자가 말하였다.

"내 관생關生에게 예를 들었는데 나무꾼을 보았더니 거의 그에 가깝더라. 내 곽생霍生을 통해 음악을 바로잡았는데 낚시꾼을 보았더니 그에 가깝더라. 그래서 나는 물러나 들에서 예를 찾으려 하였다."

文中子曰:「吾聞禮於關生, 見負樵者幾焉. 正樂於霍生, 見持竿者幾焉, 吾將退而求諸野矣.」

【關生】關子明. 당시의 隱者. 나무꾼들에 어울려 살고 있었음.
【霍生】역시 당시의 은자. 낚시꾼들 사이에 어울려 살고 있었음. 郭汲. 阮逸 注에 "關子明, 霍汲, 皆隱於樵漁"라 함.
【幾】가까움. 阮逸 注에 "幾, 近也"라 함.
【求諸野】잃어버린 예악을 민간에 남아 있는 풍속에서 찾아냄.《漢書》藝文志에 "仲尼有言:「禮失而求諸野.」方今去聖久遠, 道術缺廢, 無所更索, 彼九家者, 不猶愈於野乎? 若能修六藝之術. 而觀此九家之言, 舍短取長, 則可以通萬方之略矣"라 하였고, 顏師古의 注에 "言都邑失禮, 則於外野求之, 亦將有獲"이라 함. 阮逸 注에 "野, 謂漁樵"라 함.

399(8-39)
위선일지라도

문중자가 말하였다.

"말이 많으면 그러한 자와 원대함을 도모할 수 없고, 행동만 많으면 그런 자와 오래도록 함께 할 수가 없는 것이다. 나는 차라리 위선으로라도 조용하고 속임일지언정 검소한 자로 보이기를 원한다."

子曰:「多言, 不可與遠謀; 多動, 不可與久處. 吾願見
    僞靜詐儉者.」

【不可與遠謀】阮逸 注에 "機易泄"이라 함.
【不可與久處】阮逸 注에 "心易躁"라 함.
【僞靜詐儉】阮逸 注에 "矯時罕眞靜儉者"라 함.

400(8-40)
벽옥壁玉으로 맞이한다 해도

가경賈瓊이 말하였다.

"선을 알면서 실행하지 아니하고, 의를 보고도 권면하지 아니한다면 비록 벽옥壁玉을 들로 나를 맞이한다 해도 나는 그런 집 문에 들어가지 않겠노라."

문중자가 듣고 말하였다.

"강하구나! 바로잡음이여."

賈瓊曰:「知善而不行, 見義而不勸, 雖有拱璧之迎,
　　　　吾不入其門矣.」
子聞之曰:「强哉! 矯也.」

【賈瓊】王通의 제자. 七大弟子, 즉 '七俊穎'의 하나. 中山 사람이라 함.
【不入其門】阮逸 注에 "譏隋朝大臣, 不勸善而飾虛禮"라 함.
【强矯】阮逸 注에 "瓊也明而毅, 故曰强矯"라 함.

401(8-41)
삼유三有와 칠무七無

구장仇璋이 설수薛收에게 말하였다.

"그대는 삼유三有와 칠무七無에 대하여 들어보셨소?"

설수가 말하였다.

"무엇을 말하는 것입니까?"

구장이 말하였다.

"허락한 책임을 지도록 하지 않는 것, 재물로 인한 원망이 없는 것, 전횡을 부려 이익을 얻는 일이 없는 것, 구차스럽게 즐겁게 하고자 하지 않는 것, 잘한 것을 자랑함이 없는 것, 남을 버리는 일이 없는 것, 서운함을 쌓아둠이 없는 것입니다."

설수가 말하였다.

"삼유에 대하여 듣기를 청합니다."

구장이 말하였다.

"자애로움을 가질 것, 검소함을 가질 것, 천하보다 앞장서지 않겠다는 생각을 가질 것입니다."

설수가 말하였다.

"그대는 그런 경지에 이르렀습니까?"

그가 말하였다.

"이는 군자로서 지킬 직무입니다. 내璋가 어찌 그런 경지에 들겠습니까?"

문중자가 이를 듣고 말하였다.

"오직 그러한 덕목을 가진 것만으로도 된다. 이로써 그에 닮아가는 것이다."

仇璋謂薛收曰:「子聞三有・七無乎?」

收曰:「何謂也?」

璋曰:「無諾責, 無財怨, 無專利, 無苟說, 無伐善, 無棄人, 無畜憾.」

薛收曰:「請聞三有.」

璋曰:「有慈, 有儉, 有不爲天下先.」

收曰:「子及是乎?」

曰:「此君子之職也, 璋何預焉?」

子聞之, 曰:「唯其有之, 是以似之.」

【仇璋】 원래 龍門關의 문지기 관리였으나 이 때 王通을 만나 그의 제자가 된 인물. 자는 伯成.

【薛收】 文中子 王通의 제자. 자는 伯褒(592~612). 隋나라 때 河東 汾陰縣 출신으로 隋나라 內史侍郎 薛道衡의 아들. 수나라 大業 때 秦王府의 記室 房玄齡이 그를 秦王(李世民)에게 추천하여 秦王府主簿가 되어 判陝東道大行臺金部郞中에 오름. 隋나라가 망한 뒤 天策府記室參軍에 올랐으며 汾陰縣男의 봉호를 받음. 武德 6년 本官兼文學館學士가 되었으며 武德 7년에 생을 마침. 《舊唐書》(72)와 《新唐書》(98)에 전이 실려 있음.

【無諾責】 阮逸 注에 "不責人以必諾"이라 함.

【無財怨】 阮逸 注에 "不以財使人怨"이라 함.

【無專利】 阮逸 注에 "必先利人"이라 함.

【無苟說】 阮逸 注에 "所悅必以道"라 함. '說'은 '悅'과 같음. 《論語》 子路篇에 "子曰:「君子易事而難說也. 說之不以道, 不說也; 及其使人也, 器之. 小人難事而易說也. 說之雖不以道, 說也; 及其使人也, 求備焉.」"이라 함.

【無伐善】 '伐'은 '자랑하다'의 뜻. 阮逸 注에 "不自矜伐"이라 함.

【無棄人】 阮逸 注에 "片善亦取"라 함. 《論語》 衛靈公篇에 "子曰:「君子不以言擧人, 不以人廢言.」"이라 함.

【不畜憾】阮逸 注에 "不念舊惡"이라 함.《論語》公冶長篇에 "子曰:「伯夷·叔齊
不念舊惡, 怨是用希.」"라 함.

【似之】阮逸 注에 "〈裳裳者華〉篇注曰:「似, 嗣也.」"라 하여 '이어가다'의 뜻으로
보았음.

402(8-42)
군자와 소인

문중자가 말하였다.

"군자는 먼저 잘 선택한 이후에 사귀며, 소인은 먼저 사귄 다음 선택한다. 그러므로 군자는 탓함이 적고, 소인은 원망이 많으니 이는 진실로 이 때문이로다!"

子曰:「君子先擇而後交, 小人先交而後擇. 故君子寡尤, 小人多怨, 良以是夫!」

【後交】阮逸 注에 "擇可交, 則與交"라 함.
【後擇】阮逸 注에 "驟以利合, 擇之則壞"라 함.

403(8-43)
실천하기 쉬운 말

문중자가 말하였다.

"군자는 남이 미칠 바 없는 일을 책임지우지 아니하며, 남이 할 수 없는 일을 억지로 시키지 아니하며 남이 좋아하지 않는 것을 고통 주지 아니한다. 무릇 이와 같이 하기에 재앙을 면하는 것이다. 노자老子가 '내가 한 말은 실행하기 아주 쉽건만 천하는 이를 능히 해내지 못한다'라 하였는데 믿을 만하도다!"

子曰:「君子不責人所不及, 不强人所不能, 不苦人所不好, 夫如此故免. 老聃曰:『吾言甚易行, 天下不能行.』信哉!」

【强】阮逸 注에 "强, 謂力使之"라 함.
【免】阮逸 注에 "免今世之禍"라 함.
【老聃】老子. 李耳. 이 구절은《老子》70장에 "吾言甚易知, 甚易行. 天下莫能知, 莫能行. 言有宗, 事有君. 夫唯無知, 是以不我知. 知我者希, 則我者貴. 是以聖人被褐懷玉"이라 한 것을 인용한 것.
【信哉】阮逸 注에 "信, 今亦然"이라 함.

404(8-44)
군자의 다툼

구장仇璋이 물었다.
"군자도 다툼이 있습니까?"
문중자가 말하였다.
"이익을 보면 양보하기를 다투고, 의義를 들으면 실행하기를 다투고, 선하지 못한 것이 있으면 고치기를 다투는 것이다."

仇璋問:「君子有爭乎?」
　子曰:「見利爭讓, 聞義爭爲, 有不善爭改.」

【仇璋】원래 龍門關의 문지기 관리였으나 이 때 王通을 만나 그의 제자가 된 인물. 자는 伯成.
【爭改】阮逸 注에 "言君子果有爭, 但爭爲善而已"라 함.

405(8-45)
성인과 천지

설수薛收가 여쭈었다.

"성인과 천지는 어떤 관계입니까?"

문중자가 말하였다.

"하늘은 태어나게 해 주고, 땅은 자라게 해주며, 성인은 이루게 해준다. 그러므로 천지가 제 자리를 잡고 있으면 그 속에서 변화와 운행이 이루어지는 것이다."

薛收問:「聖人與天地, 何如?」

子曰:「天生之, 地長之, 聖人成之, 故天地立, 而易
行乎其中矣.」

【薛收】文中子 王通의 제자. 자는 伯褒(592~612). 隋나라 때 河東 汾陰縣 출신으로 隋나라 內史侍郎 薛道衡의 아들. 수나라 大業 때 秦王府의 記室 房玄齡이 그를 秦王(李世民)에게 추천하여 秦王府主簿가 되어 判陝東道大行臺金部郎中에 오름. 隋나라가 망한 뒤 天策府記室參軍에 올랐으며 汾陰縣男의 봉호를 받음. 武德 6년 本官兼文學館學士가 되었으며 武德 7년에 생을 마침. 《舊唐書》(72)와 《新唐書》(98)에 전이 실려 있음.

【聖人成之】阮逸 注에 "天陽地陰之謂道, 聖人經之以善, 成之以性"이라 함.

406(8-46)
하늘과 땅 사이

설수薛收가 《역易》에 대하여 여쭈었다.

문중자가 말하였다.

"하늘과 땅의 중간은 다른 것이 아니라 바로 사람이다."

설수가 물러나 이렇게 감탄하였다.

"지금 비로소 인사가 잘 닦이면 천지의 이치가 터득됨을 알았도다."

薛收問《易》.

　　　子曰:「天地之中, 非他也, 人也.」

收退而歎曰:「乃今知人事修, 天地之理得矣.」

【人也】阮逸 注에 "曰仁與義, 成性之本"이라 함.

【理得】阮逸 注에 "始悟《易》"이라 함.

407(8-47)
본성을 잃은 자

문중자가 설수薛收에게 말하였다.

"나는 아직 인을 욕심내고 의를 좋아하는데도 얻지 못한 자가 있음을 보지 못하였다. 만약 얻지 못했다면 이는 본성이 없는 자이다."

子謂收曰:「我未見欲仁好義, 而不得者也, 如不得, 斯無性者也.」

【不得者也】阮逸 注에 "言人性修, 則天理得"이라 함.
【無性者也】阮逸 注에 "仁義, 性之本也. 感物而動, 性之欲也. 應物而不化物, 則能復性. 故曰欲仁好義. 此言明天理也. 若化物而不能反躬復性, 則是天理滅矣. 故曰無性. 此言昧人事也"라 함.

408(8-48)
엄자릉嚴子陵과 이주영爾朱榮

문중자가 말하였다.

"엄자릉嚴子陵이 물가 돌에서 낚시를 하였고, 이주영爾朱榮은 천하를 휘어 잡았다. 그러므로 군자는 그 지위를 얻는 것을 귀히 여기지는 않는다."

子曰:「嚴子陵釣於湍石, 爾朱榮控勒天下, 故君子不貴
得位.」

【嚴子陵】嚴光. 자는 子陵. 後漢 光武帝 劉秀의 어릴 때 친구. 친구 劉秀가
皇帝가 되어 그를 찾은 고사로 유명함. 阮逸 注에 "嚴光, 字子陵. 漢光武故人.
不仕, 隱釣於七里湍"이라 함. 《後漢書》逸民傳에 "嚴光字子陵, 一名遵, 會稽
餘姚人也. 少有高名, 與光武同遊學. 及光武卽位, 乃變名姓, 隱身不見. 帝思其賢,
乃令以物色訪之. 後齊國上言:「有一男子, 披羊裘釣澤中.」帝疑其光, 乃備安車
玄纁, 遣使聘之, 三反而後至. 舍於北軍, 給牀褥, 太官朝夕進膳. 司徒侯霸與光
素舊, 遣使奉書. 使人因謂光曰:「公聞先生至, 區區欲卽詣造, 迫於典司, 是以不獲.
願因日暮, 自屈語言.」光不荅, 乃投札與之, 口授曰:「君房足下: 位至鼎足, 甚善.
懷仁輔義天下悅, 阿諛順旨要領絶.」霸得書, 奉奏之. 帝笑曰:「狂奴故態也.」車駕
卽日幸其館, 光臥不起, 帝卽其臥所, 撫光腹曰:「咄咄子陵, 不可相助爲理邪?」
光又眠不應, 良久, 乃張目熟視曰:「昔唐堯著德, 巢父洗耳. 士故有志, 何至相迫乎?」
帝曰:「子陵, 我竟不能下汝邪?」於是乘輿歎息而去. 復引光入, 論道舊故, 相對

788 문중자

累日. 帝從容問光曰:「朕何如昔時?」對曰:「陛下差增於往.」因共偃臥, 光以足加帝腹上. 明日, 太史奏:「客星犯帝坐甚急.」帝笑曰:「朕故人子陵共臥耳.」除諫議大夫, 不屈. 乃耕於富春山. 後人名其釣處爲嚴陵瀨焉. 建武十七年, 復特徵, 不至. 年八十, 終於家. 帝傷惜之, 詔下郡縣賜錢百萬·穀千斛"이라 하였고, 《十八史略》(3)에도 "處士嚴光, 與上嘗同游學, 物色得之齊國, 披羊裘釣澤中. 徵至, 亦不屈. 上與光同臥, 以足加帝腹. 明日太史奏:「客星犯御座甚急.」上曰:「朕與故人嚴子陵共臥耳.」拜諫議大夫不肯受, 去耕釣, 隱富春山中終. 漢世多清節士子此始"이라 하였으며, 《蒙求》「嚴陵去釣」에는 "後漢, 嚴光字子陵, 會稽餘姚人, 少與光武同遊學. 光武卽位, 乃變名姓, 隱身不見. 帝思其賢, 乃令以物色訪之. 後齊國上言:「有一男子, 披羊裘釣澤中.」帝疑其光, 乃備安車玄纁聘之, 三反而後至. 舍於北軍, 給牀褥, 太官進膳, 車駕幸其館, 光臥不起, 帝卽臥所, 撫光腹. 良久乃張目, 熟視曰:「昔唐堯著德, 巢父洗耳. 士故有志, 何至相迫乎?」帝歎息而去. 復引入, 論道舊故, 相對累日. 因共偃臥, 光以足加帝腹上. 明日太史奏:「客星犯帝坐甚急.」帝笑曰:「朕故人子陵共臥耳.」除諫議大夫不屈. 乃耕於富春山. 後人名其釣處爲嚴陵瀨焉"이라 하는 등 많은 일화를 남김. 한편 阮逸 注에는 "光, 字子陵, 少與漢光武同學, 除爲諫議, 不就, 耕於富春山, 釣於瀨上"이라 함.

【爾朱榮】 자는 天寶(493~530). 北魏 秀容 川 땅 사람. 契胡部落의 영수. 북위 孝明帝 正光 연간에 사방에서 민란이 일어나자 각 부족을 진압하고 侯景, 高歡 등을 초치하여 진무함. 뒤에 그 공으로 使持節, 安北將軍 등의 벼슬을 거쳐 博陵郡公에 봉해짐. 효명제 武泰 원년에 晉陽으로부터 洛陽에 이르러 胡太后가 효명제를 독살하고 어린 元釗를 세우자 이주영은 孝莊帝를 세우고 호태후와 元釗를 河陰(지금의 河南 孟津 동쪽)에서 물에 빠뜨려 죽였으며, 승상 高陽王 元雍 이하 2천여 명을 살해함. 뒤에 다시 진양에서 葛榮의 난을 진압하고 北海王 元顥를 격멸하였으며 다시 葛榮의 別部 韓樓와 묵기추노(万俟醜奴) 등을 진압하고 太師, 天柱大將軍에 오름. 이주영은 자신의 족속을 권력의 높은 자리에 배치하고 진양에 거하면서 조정을 원격 조정할 정도였음. 뒤에 조정에 들어갔다가 孝章帝에게 궁전에서 살해되었음. 《魏書》(47)에 전이 있음.

【不貴得位】 이 구절은 龔鼎臣 본에는 "子曰:「嚴子陵釣於湍石, 民到於今稱之; 爾朱榮控勒天下, 死之日, 民無得而稱焉. 故君子不貴得位.」"라 하여 훨씬 구체적으로 되어 있음. 阮逸 注에 "爾朱榮得位, 嚴光不貴之也"라 함.

409(8-49)
불꽃과 물길

문중자가 말하였다.

"불꽃은 위로 올라간다 해도 물에게 제압을 받는다. 물은 아래로 흐른다 해도 불에게는 자신을 얻을 수 있다. 그 때문에 군자는 남의 위로 올라가겠다고 욕심을 내지 않는다."

子曰:「火炎上而受制於水, 水趨下而得志於火, 故君子
　　　不欲多上人.」

【不欲多上人】阮逸 注에 "言君子如水之性, 無不下"라 함.

410(8-50)
박괘剝卦

문중자가 《찬역讚易》을 쓰면서 산이 땅에 붙어 있다는 〈박剝〉괘에 이르자 이렇게 말하였다.

"그 있는 위치를 견고히 하여야 장차 안정을 얻을 수 있느니라! 이 까닭으로 군자는 남의 아래에 처할 생각을 하는 것이다."

子《讚易》, 至山附于地, 〈剝〉.
曰:「固其所也, 將安之乎! 是以君子思以下人.」

【剝】《周易》제 23번째 괘. 地山剝이며 '坤(☷)下, 艮(☶)上'으로 되어 있으며 "剝: 不利有攸往. 象曰: 剝, 剝也, 柔變剛也.「不利有攸往」, 小人長也. 順而止之, 觀象也; 君子尙小息盈虛, 天行也. 象曰: 山附於地, 剝; 上以厚下安宅. 初六, 剝牀以足, 蔑; 貞凶. 象曰:「剝牀以足」, 以滅下也. 六二, 剝牀以辨, 蔑; 貞凶. 象曰:「剝牀以辨」, 未有與也. 六三, 剝之无咎. 象曰:「剝之无咎」, 失上下也. 六四, 剝牀以膚, 凶. 象曰:「剝牀以膚」, 切近災也. 六五, 貫魚以宮人寵, 无不利. 象曰:「以宮人寵」, 終无尤也. 上九, 碩果不食, 君子得輿, 小人剝廬. 象曰:「君子得輿」, 民所載也;「小人剝廬」, 終不可用也"라 함.
【固其所】阮逸 注에 "山固宜附地, 人固宜復靜"이라 함.
【將安之乎】阮逸 注에 "隋亂道剝, 我將何之?"라 함.
【思以下人】阮逸 注에 "孔子象曰:「君子以厚下安宅.」"이라 함.

411(8-51)
설원說苑

예성부군芮城府君이 《설원說苑》을 읽고 있을 때 문중자가 이를 보고 말하였다.

"훌륭하오! 형님의 뜻이여, 만물에까지 진출하고 있으니 역시 좋지 않으리오?"

芮城府君讀《說苑》, 子見之, 曰:「美哉! 兄之志也, 于以進物, 不亦可乎?」

【芮城府君】王通의 형 王度. 芮城縣令을 지내어 芮城府君, 혹은 줄여서 芮城이라 부름. 隋나라 大業 연간에 御史에 올랐으며 뒤에 著作郞이 됨. 뒤에 《隋書》를 편찬하였으나 마치지 못하고 죽음. 阮逸 注에 "子之兄也. 爲芮城令, 陝州縣名"이라 함.

【說苑】漢나라 때 劉向이 편집한 책. 君道, 臣術, 建本篇, 立節, 貴德, 復恩, 政理, 尊賢, 正諫, 敬愼, 善說, 奉使, 權謀, 至公, 指武, 談叢, 雜言, 辨物, 脩文, 反質篇 등 모두 20편으로 되어 있으며 당시까지의 모든 고사, 일화를 총망라하여 治道와 敎化의 자료로 삼음. 특히 宋나라 때 殘卷 5권이 오늘날의 20권으로 복원되는 과정에서 〈高麗本〉이 결정적인 역할을 한 것으로 알려짐.

【進物】阮逸 注에 "《說苑》有進物義"라 함.

412(8-52)
군자는 도를 즐기고

　문중자는 평소 항상 맑은 모습이며 말은 반드시 용서하셨으며 행동은 반드시 의에 맞았고 남과 더불어는 관곡款曲히 하여 서로 정이 통하도록 상대하셨다.

　그러므로 군자는 그 도를 즐기고 소인은 그 혜택을 생각하는 것이다.

　子之居, 常湛如也, 言必恕, 動必義, 與人款曲, 以待其會.
故君子樂其道, 小人懷其惠.

【湛如】맑고 깨끗하며 閒靜한 모습.
【恕】《論語》里仁篇에 "子曰:「參乎! 吾道一以貫之.」曾子曰:「唯.」子出, 門人問曰:「何謂也?」曾子曰:「夫子之道, 忠恕而已矣.」"라 함.
【款曲】정성을 다하고 曲盡히 함. 雙聲連綿語.
【待其會】阮逸 注에 "會, 謂理與情會合"이라 함.
【懷其惠】《論語》里仁篇에 "子曰:「君子懷德, 小人懷土; 君子懷刑, 小人懷惠.」"라 함. 阮逸 注에 "小人但知惠"라 함.

413(8-53)
도란 실천하기 어려운 것

숙념叔恬이 말하였다.

"저凝는 선왕의 도에 대하여 행동에는 생각하고 앉아 있을 때는 외우건만 항상 그에 미치지 못하며, 지난 일이나 미래에 대하여 임하나 상상마치 아무에게도 가르침을 받지 못한 듯하니 도란 과연 어렵습니다!"

문중자가 말하였다.

"나 역시 그와 같단다."

叔恬曰:「凝於先王之道, 行思坐誦, 常若不及; 臨事往來, 常若無誨, 道果艱哉!」

子曰:「吾亦然也.」

【叔恬】 王凝. 王通의 아우이며 王績의 형. 자는 叔恬. 太原縣令에 올라 그 때문에 太原府君으로도 부름. 唐 太宗 貞觀 초에 監察御史에 올랐다가 侯君集의 사건에 연루되어 姑蘇令으로 좌천되기도 함. 뒤에 벼슬을 버리고 낙향하여 王通의 《六經》과 《文中子(中說)》를 정리함. 대체로 隋나라 開皇 초에 태어난 것으로 보이며 죽은 해는 알려지지 않음.

【常若無誨】 阮逸 注에 "若無人敎誨我"라 함.

【吾亦然也】 阮逸 注에 "言先王之道, 非凝能及. 答云吾亦然, 實勉之爾"라 함.

414(8-54)
곧게 살아라

숙념叔恬이 말하였다.

"천하에 곧은 것은 미워하고 바른 것을 추하다 하니 저凝만 유독 어찌 그것을 편안히 여기리오!"

문중자가 초연悄然히 표정을 지으며 말하였다.

"'신께서 듣고 계시니 큰 복 받으리라'라 하였다. 군자는 도에 있어서 죽은 이후에나 그치는 것이다. 하늘은 사람이 원망한다고 해서 추위와 더위를 거두어가지는 않으며, 군자는 남들이 미워하거나 추하다 여긴다 해서 그 곧고 바름을 그만두지 않는다. 그런데 너는 《홍범洪範》에 있는 말을 듣지 못하였느냐? '평平하고 강康하며 바르고 곧게 살아라'라는 말을. 무릇 이와 같이 하기 때문에 온전한 것이다. 지금 너는 자질구레하게 여기고 있으니 삼덕三德이 근거할 곳이 없고 마음이 아직 세워지지 않은 것이다. 우뚝함도 없고, 남의 말을 물리침도 없고, 견고함도 없고, 저촉함도 없는 것, 이를 일러 곁으로 돌고 치우치다 하는 것이다. 백성들이 참특僭忒 함만을 내세운다 하였는데 네가 그런 것이 아니냐?"

숙념은 두 번 절하고 물러났다.

叔恬曰:「天下惡直醜正, 凝也, 獨安之乎!」

子悄然作色曰:「『神之聽之, 介爾景福.』君子之於道也, 死而後已. 天不爲人怨咨, 而輟其寒暑; 君子不爲人之

醜惡, 而輟其正直. 然汝不聞《洪範》之言乎? 『平康正直』,
夫如是, 故全. 今汝屑屑焉, 三德無據而心未樹也. 無挺·
無訐·無固·無抵, 斯之謂側僻. 民用僭忒, 無乃汝乎?」
叔恬再拜而出.

【叔恬】王凝. 王通의 아우이며 王績의 형. 자는 叔恬. 太原縣令에 올라 그 때문에
　　太原府君으로도 부름. 唐 太宗 貞觀 초에 監察御史에 올랐다가 侯君集의
　　사건에 연루되어 姑蘇令으로 좌천되기도 함. 뒤에 벼슬을 버리고 낙향하여
　　王通의 《六經》과 《文中子(中說)》를 정리함. 대체로 隋나라 開皇 초에 태어난
　　것으로 보이며 죽은 해는 알려지지 않음.

【神之聽之, 介爾景福】《詩經》小雅 小明篇.〈詩序〉에 "大夫悔仕于亂世也"라 함.
　　"明明上天, 照臨下土. 我征徂西, 至于艽野. 二月初吉, 載離寒暑. 心之憂矣, 其毒
　　大苦. 念彼共人, 涕零如雨. 豈不懷歸, 畏此罪罟. 昔我往矣, 日月方除. 曷云其還,
　　歲聿云莫. 念我獨兮, 我事孔庶. 心之憂矣, 憚我不暇. 念彼共人, 睠睠懷歸. 豈不
　　懷歸, 畏此譴怒. 昔我往矣, 日月方奧. 曷云其還, 政事愈蹙. 歲聿云莫, 采蕭穫菽.
　　心之憂矣, 自詒伊戚. 念彼共人, 興言出宿. 起不懷歸, 畏此反覆. 嗟爾君子, 無恆
　　安處. 靖共爾位, 正直是與. 神之聽之, 式穀以女. 嗟爾君子, 無恆安息. 靖共爾位,
　　好是正直. 神之聽之, 介爾景福"이라 함. 阮逸 注에 "《詩》小明篇.「靖恭爾位, 好是
　　正直.」註: 景, 大也. 好, 與也. 介, 助也. 言有明王, 則道行而得福"이라 함.

【怨咨】《尚書》君牙篇에 "夏暑雨, 小民惟曰怨咨, 冬祁寒, 小民亦惟曰怨咨. 厥惟
　　艱哉! 思其艱以圖其易, 民乃寧"이라 함. 阮逸 注에 "《書》曰:「冬祈寒, 夏暑雨,
　　小民怨咨」라 함.

【如是故全】阮逸 注에 "正直必平康, 故全身全道"라 함.

【三德】《尚書》洪範에 "三德: 一曰正直, 二曰剛克, 三曰柔克, 平康正直, 彊弗友
　　剛克, 燮友柔克, 沈潛剛克, 高明柔克"이라 함. 阮逸 注에 "三德平康正直爲首,
　　其次高明柔克, 沉潛剛克, 皆謂正必平易, 直必康和, 明必柔克, 潛必剛克, 率歸
　　之中道也. 今凝雖正直而無據於德, 心亦未能務兹, 故曰「未樹立」也"라 함.

【無挺】阮逸 注에 "挺, 然立不曲貌"라 함.

【無訐】阮逸 注에 "訐, 斥言也"라 함.

【無固】阮逸 注에 "固, 執"이라 함.

【無抵】阮逸 注에 "抵, 觸"이라 함.

【僭忒】《尙書》洪範에 "臣之有作福作威玉食, 其害于而家, 凶于而國, 人用側頗僻,
　民用僭忒"이라 함. 阮逸 注에 "終洪範之詞敎之也. 言凝有四者, 與無正直同"
　이라 함.

415(8-55)
아랫사람의 입장

구장仇璋이 나서며 말하였다.

"군자로서 아랫사람의 입장이 되어 생각한다면 곧음이 그 속에 있는 것입니까?"

문중자는 웃으면서 아무런 대답을 하지 않았다.

　　仇璋進曰:「君子思以下人, 直在其中歟?」

　子笑而不答.

【仇璋】원래 龍門關의 문지기 관리였으나 이 때 王通을 만나 그의 제자가 된 인물. 자는 伯成.

【直在其中】《論語》子路篇에 "葉公語孔子曰:「吾黨有直躬者, 其父攘羊, 而子證之.」 孔子曰:「吾黨之直者異於是: 父爲子隱, 子爲父隱. 直在其中矣.」"라 함. 阮逸 注에 "璋言《讚易》剝卦, 得平康之德"이라 함.

416(8-56)
낙연후소樂然後笑

설수薛收가 말하였다.

"군자는 즐거워한 이후에 웃는 것인데, 선생님께서는 어찌 앞서가는 이들을 허여하지 않으시는 것입니까?"

문중자가 말하였다.

"오직 지나친 것을 염려하여 이기려 하는 것'이니 이 역시 즐거워함이 아니겠느냐?"

薛收曰:「君子樂然後笑, 夫子何爲不與其進也?」
　　子曰:「『唯狂克念』, 斯非樂乎?」

【薛收】文中子 王通의 제자. 자는 伯褒(592~612). 隋나라 때 河東 汾陰縣 출신으로 隋나라 內史侍郞 薛道衡의 아들. 隋나라 大業 때 秦王府의 記室 房玄齡이 그를 秦王(李世民)에게 추천하여 秦王府主簿가 되어 判陝東道大行臺金部郞中에 오름. 隋나라가 망한 뒤 天策府記室參軍에 올랐으며 汾陰縣男의 봉호를 받음. 武德 6년 本官兼文學館學士가 되었으며 武德 7년에 생을 마침. 《舊唐書》(72)와 《新唐書》(98)에 전이 실려 있음.

【樂然後笑】《論語》憲問篇에 "子問公叔文子於公明賈曰:「信乎, 夫子不言, 不笑, 不取乎?」公明賈對曰:「以告者過也. 夫子時然後言, 人不厭其言; 樂然後笑, 人不厭其笑; 義然後取, 人不厭其取」子曰:「其然? 豈其然乎?」"라 함.

【唯狂克念】《尙書》多方篇에 "惟聖罔念作狂, 惟狂克念作聖, 天惟五年須暇之子孫, 誕作民主, 罔可念聽"이라 함.

【斯非樂乎】阮逸 注에 "《易》道至深, 非璋盡達. 然嘉其狂念, 故樂然笑之"라 함.

417(8-57)
아는 것과 실행하는 것

문중자가 구장仇璋과 설수薛收에게 말하였다.

"'알기가 어려운 것이 아니라 실행하기가 어려운 것'이니라."

子謂仇璋・薛收曰:「『非知之艱, 行之惟艱.』」

【仇璋】원래 龍門關의 문지기 관리였으나 이 때 王通을 만나 그의 제자가 된
인물. 자는 伯成.

【薛收】文中子 王通의 제자. 자는 伯褒(592~612).

【非知之艱, 行之惟艱】《尙書》說命(中)에 "王曰:「旨哉! 說乃言惟服. 乃不良于言,
予罔聞于行.」說拜稽首曰:「非知之艱, 行之惟艱, 王忱不艱, 允恊于先王成德,
惟說不言有厥咎.」"라 함. 阮逸 注에 "言克念之, 必須克行之"라 함.

卷九 〈입명편立命篇〉

　본편은 첫 구절 "命之立也, 其稱人事乎!"의 '立命'을 제목으로
삼은 것이다. 총 27장으로 分章하였다.

　〈敍篇〉에 "夫陰陽旣變, 則理性達矣, 窮理盡性以至於命, 故次之以
〈立命篇〉"이라 하였다.

〈鴨尊〉(서주) 遼寧省 출토

418(9-1)
복은 구하면 얻을 수 있는 것

문중자文中子가 말하였다.

"천명이 세워지는 것, 그것은 인사人事와 대칭되도다! 그 때문에 군자는 두려워하는 것이다. 원근遠近, 고심高深이라 해도 이에 대응되지 않음이 없고, 홍섬洪纖, 곡직曲直이라도 여기에 해당되지 않음이 없다. 그러므로 하늘에 귀속되는 것이다. 《역易》에는 '하늘의 도가 변화하여 각기 천성과 천명을 바르게 하도다'라 하였느니라."

위징魏徵이 말하였다.

"《서書》에 '혜택을 베풀면 길하고, 패역한 짓을 하면 흉하나니 이는 그림자나 메아리와 같도다'라 하였고, 《시詩》에는 '법을 따르지 않거나 재난을 경계하지 않으면 받는 복이 적으리라. 훌륭하신 저 사람 사귐에 오만함이 없으니 만복이 그에게 찾아오리라'라 하였는데 이를 두고 한 말입니까?"

문중자가 말하였다.

"위징은 능히 스스로 복을 취할 수 있겠구나."

동상董常이 말하였다.

"스스로 복을 취하는 그 사람됨이 어디에 대응됩니까?"

문중자가 말하였다.

"훌륭하도다! '오직 사람이 스스로 불러들이는 것'이로다."

가경賈瓊이 앞으로 나서며 말하였다.

"감히 여쭙건대 '죽고사는 것에는 명이 있고 부귀는 하늘에 달려 있다'라 하였는데 무엇을 이른 것입니까?"

문중자가 말하였다.

"불러들이는 것은 앞에 있고 명은 뒤에 있으니 스스로 복을 취하는 것이 어찌 명이 아니겠느냐? 아! 나는 아직 '어찌 해야 할' 바가 없을 뿐이다."

가경이 절을 하고 물러나와 정원程元에게 이렇게 말하였다.

"나는 지금 이후로 《원명元命》은 지을 수 있는 것이며 많은 복은 구해서 될 수 있음을 알았도다."

文中子曰:「命之立也, 其稱人事乎! 故君子畏之. 無遠近高深而不應也, 無洪纖曲直而不當也. 故歸之於天《易》曰:『乾道變化, 各正性命.』」

魏徵曰:「《書》云:『惠迪吉, 從逆凶, 惟影響.』《詩》云:『不戢不難, 受福不那, 彼交匪傲, 萬福來求.』, 其是之謂乎?」

子曰:「徵其能自取矣.」

董常曰:「自取者, 其稱人耶?」

子曰:「誠哉!『惟人所召.』」

賈瓊進曰:「敢問『死生有命, 富貴在天.』, 何謂也?」

子曰:「召之在前, 命之在後, 斯自取也, 庸非命乎? 噫! 吾末『如之何』也已矣.」

瓊拜而出, 謂程元曰:「吾今而後, 知《元命》可作, 多福可求矣.」

【人事】阮逸 注에 "人生天地之間, 所以立命也. 是命者, 因人而稱, 天有情於人, 而命之者也"라 함.

【君子畏之】阮逸 注에 "孔子畏天命者, 蓋畏人事不修, 而違天也"라 함.

【不當也】阮逸 注에 《易》曰: 「其受命如響.」"이라 함.

【歸之於天】阮逸 注에 "聖人無不應, 無不當, 與天合德. 故立命, 則曰天命"이라 함.

【各正性命】阮逸 注에 "引《易》以明命因性而稱也"라 함.

【魏徵】자는 玄成(580~643). 王通의 제자이며 貞觀 최고 名臣. 唐 太宗 李世民에게 직언으로 보필한 것으로 유명함. 北周 靜帝 大象 2년(580) 襄國郡 鉅鹿縣에서 태어나 어릴 때 고아가 되어 隋나라 말에 떠돌다가 道士라 속이고 李密의 瓦崗軍과 竇建德의 河北義軍에 들어가 공을 세움. 태종이 즉위하여 諫議大夫와 尙書右丞을 겸하였음. 다시 貞觀 3년(629)에 秘書監이 되어 국정에 참여하였으며 7년(633) 侍中이 되어 鄭國公에 봉해졌으며 17년(643) 병으로 長安에서 죽음. 시호는 文貞. 昭陵 곁에 묻혔음.《舊唐書》에 太宗과의 관계에 대하여 "討論政術, 往復應對, 凡數十萬言"이라 함.《舊唐書》(71)와《新唐書》(97)에 전이 있음.《貞觀政要》등에 그의 일화가 널리 실려 있음.

【書云】《尙書》大禹謨에 "禹曰: 「惠迪吉, 從逆凶, 惟影響.」益曰: 「吁, 戒哉, 儆戒無虞, 罔失法度, 罔遊于逸, 罔淫于樂, 任賢勿貳, 去邪勿疑, 疑謀勿成, 百志惟熙, 罔違道以干百姓之譽, 罔咈百姓以從己之欲, 無怠無荒, 四夷來王.」"라 함. 阮逸 注에 《書》, 大禹謨云也. 惠, 順; 迪, 道也. 順道卽吉, 從逆卽凶"이라 함.

【詩云】《詩經》小雅 桑扈篇에 "交交桑扈, 有鶯其羽. 君子樂胥, 受天之祜. 交交桑扈, 有鶯其領. 君子樂胥, 萬邦之屛. 之屛之翰, 百辟爲憲. 不戢不難, 受福不那. 兕觥其觩, 旨酒思柔. 彼交匪敖, 萬福來求"라 함. 阮逸 注에 《詩》, 桑扈篇. 註: 戢, 聚; 難, 難也; 那, 多也. 言不聚去, 不戒難, 則福多矣. 彼賢交非傲, 卽福亦就求之也"라 함.

【自取】阮逸 注에 "自取福"이라 함.

【董常】자는 履常. 원래 河南 사람으로 孔子에게 顔回가 있듯이 王通에게 안회와 같은 존재로 알려져 있음. 왕통보다 일찍 죽음.

【稱人耶】阮逸 注에 "明魏徵能自取多福, 則顯上文「其稱人事也.」"라 함.

【惟人所召】阮逸 注에 "召, 亦取也"라 함.

【賈瓊】王通의 제자. 七大弟子, 즉 '七俊穎'의 하나. 中山 사람이라 함.

【生死有命, 富貴在天】《論語》顔淵篇에 "司馬牛憂曰: 「人皆有兄弟, 我獨亡.」子夏曰: 「商聞之矣: 死生有命, 富貴在天. 君子敬而無失, 與人恭而有禮. 四海之內, 皆兄弟也. 君子何患乎無兄弟也?」"라 함. 阮逸 注에 "何獨死生言命而富貴, 則言天乎?"라 함.

【命之在後】阮逸 注에 "凡未死, 世人皆云命合生也. 已死矣, 則世人皆云命不生也. 末富貴, 則世人皆云命合貧賤也. 旣富貴, 則世人皆云命不貧賤. 是死生富貴, 皆人先自召之在前, 而後從而言命其在後也"라 함.

【末如之何】'末'은 '莫'과 같음. 阮逸 注에 "末, 莫也. 言我莫知所如. 亂世不可自取理矣, 寧求退藏而已"라 함.

【程元】王通의 문인, 제자. 구체적으로는 알 수 없음.

【元命】《易》의 緯書인《元命苞》를 가리킴.

【多福可求】阮逸 注에 "若周公乞代武王, 仲尼求爲東周, 皆自作《元命》, 終獲多福, 此知命之大者"라 함.

419(9-2)
옥을 찬 사람

정원程元이 말하였다.

"소리나는 옥을 찬 사람 공경하여, '그가 옥을 차고 있음을 싫어하지 않으리.'"

程元曰:「敬珮玉音,『服之無斁』.」

【程元】 王通의 문인, 제자. 구체적으로는 알 수 없음.
【無斁】 《詩經》 周南 葛覃에 "葛之覃兮, 施于中谷. 維葉莫莫, 是刈是濩, 爲絺爲綌, 服之無斁"라 함. 阮逸 注에 "斁, 厭也"라 함.

420(9-3)
역자이교易子而敎

문중자가 말하였다.
"덕을 헤아려 스승으로 삼으며 '자식은 서로 바꾸어 가르친다' 하였는데 지금은 그런 경우가 없다."

文中子曰:「度德而師, 易子而敎, 今亡矣.」

【度德而師】'度'은 '탁'으로 읽으며 '忖度'의 뜻. 阮逸 注에 "度己不如, 則師之"라 함.
【易子而敎】자식은 서로 바꾸어서 가르침.《孟子》離婁(上)에 "公孫丑曰:「君子之不敎子, 何也?」 孟子曰:「勢不行也. 敎者必以正; 以正不行, 繼之以怒; 繼之以怒, 則反夷矣.『夫子敎我以正, 夫子未出於正也.』則是父子相夷也. 父子相夷, 則惡矣. 古者, 易子而敎之. 父子之間不責善. 責善則離, 離則不祥莫大焉.」"이라 함. 阮逸 注에 "易, 互也"라 함.

421(9-4)
구신具臣

문중자가 말하였다.

"이윤伊尹이나 주공周公의 도로써 그 나라를 평강하게 하지 못하면 대신 大臣이 아니요, 곽광霍光이나 제갈량諸葛亮의 마음으로 그 임금을 모시지 않는 자라면 그저 숫자 채우는 신하일 따름이다."

子曰:「不以伊尹·周公之道康其國, 非大臣也; 不以
霍光·諸葛亮之心事其君者, 皆具臣也.」

【伊尹】 殷나라 湯王의 재상. 이름은 摯. 湯이 有莘氏의 딸을 아내로 맞을 때 媵臣으로 따라가면서 조리 기구를 짊어지고 가서 주방장이 되어 湯에게 접근하였음. 뒤에 탕에게 발탁되어 재상에 올랐으며 夏의 末王 桀을 쳐서 殷왕조를 일으키는 데에 큰 공을 세웠음. 《史記》 殷本紀 및 《墨子》 尙賢篇을 볼 것.

【周公】 周나라 文王(姬昌)의 아들이며 武王(姬發)의 아우. 이름은 姬旦. 《周禮》를 저술하여 周나라 문물제도를 완성, 나라의 기틀을 마련함. 魯(曲阜)나라에 封을 받아 魯나라 시조가 됨. 武王이 죽고 武王의 아들 成王(姬誦)이 어린 나이에 즉위하자 7년간 攝政함. 儒家에서 聖人으로 추앙함. 《史記》 周本紀 및 魯周公世家 참조.

【大臣】 阮逸 注에 "以己之道, 安人之國, 不以嫌疑惜其身, 是大臣矣"라 함.

【霍光】 자는 子孟. 河東 平陽(지금의 山西 臨汾)人. 霍去病의 異腹 동생. 武帝 때 奉車都尉를 지냈으며 昭帝 때 大司馬大將軍이 됨. 20여 년 간 집정하면서

昭帝가 죽자 昌邑王 劉賀를 불러들여 皇帝로 앉혔다가 폐위시키고 다시 宣帝를 세웠음. 「曲埃徙薪」의 고사로도 유명함. 《漢書》, 《史記》, 《說苑》 등을 볼 것. 《漢書》(68)에 전이 있음.

【諸葛亮】 자는 孔明(191~234). 한말 陽都人. 은거하여 스스로 밭을 갈며 자신을 管仲과 樂毅에 비교하여 사람들이 그를 臥龍先生이라 불렀음. 뒤에 蜀漢 劉備의 三顧草廬로 불려가 天下三分之策을 정하고 유비를 도와 荊州와 益州를 차지하여 吳, 蜀, 魏 三國 鼎立을 이루었음. 유비의 유촉에 의해 그 아들 劉禪을 도와 〈出師表〉를 쓰고 북벌을 시도했으나 五丈原에서 생을 마침. 죽은 뒤 武鄕侯에 봉해졌으며 시호는 忠武. 《三國志》(35)에 전이 있음.

【具臣】 숫자나 채우는 신하. 《論語》 先進篇에 "季子然問: 「仲由·冉求可謂大臣與?」 子曰: 「吾以子爲異之問, 曾由與求之問. 所謂大臣者, 以道事君, 不可則止. 今由 與求也, 可謂具臣矣.」 曰: 「然則從之者與?」 子曰: 「弑父與君, 亦不從也.」"라 함. 阮逸 注에 "奉先君之顧命, 保後王之未明, 盡己之心, 不苟其位, 非具臣矣"라 함.

422(9-5)
안자顔子

동상董常이 이렇게 감탄하였다.

"훌륭하도다! 안자顔子의 마음이여. 석 달을 인仁에 위배됨이 없었다니."

문중자가 듣고 이렇게 말하였다.

"인이란 역시 먼 것이 아니니 잠시라도 이를 생각하여 행동하면 된다. 너는 구차스럽게 안회를 부러워할 필요가 없다. '오직 정성스럽게, 그리고 한결같이 하면' '먼저 언덕에 오를 수 있다'라는 것이니라."

동상이 나가자 이렇게 말하였다.

"염려가 정성에 미치지 못하건, 생각함이 예지에 미치지 못한다면 어찌 능히 허물이 없겠는가? 어찌 능히 위배됨이 없겠는가?"

董常歎曰:「善乎! 顔子之心也. 三月不違仁矣.」

子聞之曰:「仁亦不遠, 姑慮而行之, 爾無苟羨焉. 『惟精惟一』, 『誕先登于岸』.」

常出, 曰:「慮不及精, 思不及睿, 焉能無咎? 焉能不違?」

【董常】 자는 履常. 원래 河南 사람으로 孔子에게 顔回가 있듯이 王通에게 안회와 같은 존재로 알려져 있음. 왕통보다 일찍 죽음.

【顔子】 顔回. 공자 제자. 《論語》 雍也篇에 "子曰:「回也, 其心三月不違仁, 其餘則日月至焉而已矣.」"라 함. 阮逸 注에 "日久不違, 是仁人矣"라 함.

【姑慮而行之】阮逸 注에 "上文謂「常也時有慮焉」, 亦三月之義"라 함.

【羨】'부러워하다'의 뜻. 阮逸 注에 "顔回曰:「舜何人也? 余何人也? 有爲者亦若是.」彼顔回不羨舜也. 故常亦無羨回. 但慮而行之, 自及矣"라 함. 이는《孟子》滕文公(上)에 "顔淵曰:「舜何人也? 予何人也? 有爲者亦若是.」公明儀曰:「文王我師也, 周公豈欺我哉?」"를 원용한 것임.

【惟精惟一】《尙書》大禹謨에 "人心惟危, 道心惟微, 惟精惟一, 允執厥中. 無稽之言勿聽, 弗詢之謀勿庸"이라 함. 阮逸 注에 "《書》云:「惟精惟一, 允執厥中.」言道心精微, 人性則一也"라 함.

【誕先登于岸】《詩經》大雅 皇矣에 "帝謂文王, 無然畔援, 無然歆羨, 誕先登于岸. 密人不恭, 敢距大邦, 侵阮徂共. 王赫斯怒, 爰整其旅, 以按徂旅, 以篤于周祜, 以對于天下"라 함. '誕'은 '挺'과 같음. '앞서다, 우뚝 나서다'의 뜻. 阮逸 注에 "《詩》云:「帝謂文王, 無然畔援, 無然歆羨, 誕先登于岸.」岸, 喩仁之地也. 言仁道不可畔, 不可羨, 亦執中而得也"라 함.

【慮·睿】阮逸 注에 "慮, 卽道心也. 思曰睿"라 함.

【無咎】阮逸 注에 "咎, 謂貳過也"라 함.

【不違】阮逸 注에 "不違三月"이라 함.

423(9-6)
동상董常의 어짊

번사현繁師玄이 동상董常의 어짊을 듣고 가경賈瓊에게 그의 나이를 물었다.
가경이 말하였다.
"이제 막 관례冠禮를 치른 나이지요."
번사현이 말하였다.
"오! 그 어린 나이에 통달하였군요."
그러자 가경이 말하였다.
"선생님께서는 열다섯에 다른 사람의 스승이 되셨고, 진류陳留 사람
왕효일王孝逸은 먼저 통달했다고 오만하게 구는 자였지만 그럼에도 흰
머리를 북쪽으로 하였으니 어찌 나이를 따지겠는가? 내瓊 듣기로 덕은
나이에 있지 아니하며, 도는 지위에 있지 아니하다 하였소."

繁師玄聞董常賢, 問賈瓊以齒.
　瓊曰:「始冠矣.」
師玄曰:「吁! 其幼達也.」
　瓊曰:「夫子十五爲人師焉, 陳留王孝逸, 先達之傲
　　　　者也, 然白首北面, 豈以年乎? 瓊聞之, 德不
　　　　在年, 道不在位.」

【繁師玄】 王通의 제자. 자세한 사적은 알 수 없음.

【董常】 자는 履常. 원래 河南 사람으로 孔子에게 顔回가 있듯이 王通에게
안회와 같은 존재로 알려져 있음. 왕통보다 일찍 죽음.

【賈瓊】 王通의 제자. 七大弟子, 즉 '七俊穎'의 하나. 中山 사람이라 함.

【齒】 나이. 阮逸 注에 "齒, 年齡"이라 함.

【冠】 弱冠의 나이. 《禮記》 "人生十年曰幼, 學. 二十曰弱, 冠. 三十曰壯, 有室.
四十曰强, 而仕. 五十曰艾, 服官政. 六十曰耆, 指使. 七十曰老, 而傳. 八十
九十曰耄, 七年曰悼, 悼與耄, 雖有罪, 不加刑焉. 百年曰期, 頤"라 함. 阮逸 注에
"年二十"이라 함.

【達】 阮逸 注에 "達, 謂達道"라 함.

【夫子十五】 文中子는 나이 열다섯에 이미 남의 스승이 됨. 阮逸 注에 "夫子,
文中子"라 함.

【王孝逸】 文中子 王通의 제자. 구체적 사적은 알려져 있지 않음.

【陳留】 지명. 王孝逸의 고향.

【傲】 傲와 같음. 오만함. 남에게 굴복하지 않음. 阮逸 注에 "傲, 謂未嘗服人也"
라 함.

【豈以年乎】 阮逸 注에 "達不在年齡"이라 함.

【德不在年】 阮逸 注에 "《左傳》曰:「年均, 擇賢.」 是則賢德爲上"이라 함.

【道不在位】 阮逸 注에 "《語》曰:「富與貴, 是人之所欲, 不以其道得之, 不處也.」"
라 함.

424(9-7)
공정孔庭의 법

문인 중에 요의姚義에게 '공정孔庭의 법'에 대하여 이렇게 질문하였다.

"《시詩》에 《예禮》는 사경四經에 미치지 못한다'라 하였는데 어찌 그렇습니까?"

요의가 말하였다.

"일찍이 선생님께 들었소. 《춘추春秋》는 사물을 판단하는 것으로 이는 뜻이 정해진 이후에 미치는 것이오. 《악樂》은 화和로써 하는 것으로 이는 덕이 온전해진 이후에 미치는 것이오. 《서書》는 법을 제정한 것이니 일에 종사해본 이후에 미치는 것이오. 《역易》은 이치를 궁리하는 것으로 천명을 알고난 이후에야 미치는 것이라 하였소. 그러므로 《춘추》를 익히지 않으면 결단을 내릴 수 없고, 《악》을 배우지 않으면, 조화를 알지 못하며, 《서》를 배우지 않으면 제도를 의논할 수 없고, 《역》을 배우지 않으면 이치에 통달할 수 없지요. 이 네 가지를 모두 갖추지 않으면 그 몸이 능히 예에 미칠 수 없는 것이니 그 때문에 성인이 뒤로 미룬 것이지 어찌 어린 아이를 양육하는 도구로만 여겼겠소?"

門人有問姚義「孔庭之法」, 曰:「《詩》曰:『《禮》不及四經』, 何也?」

姚義曰:「嘗聞諸夫子矣. 《春秋》斷物, 志定而後及也. 《樂》以和, 德全而後及也. 《書》以制法, 從事而後及也. 《易》以窮理, 知命而後及也.
故不學《春秋》, 無以主斷; 不學《樂》, 無以
知和; 不學《書》, 無以議制; 不學《易》, 無
以通理. 四者非具, 體不能及, 故聖人後之,
豈養蒙之具耶?」

【姚義】太山 사람으로 王通의 門人이며 '七俊穎'의 第一人者. 자세한 事迹은
알 수 없음.

【孔庭之法】孔子가 아들 鯉(伯魚)가 뜰을 지날 때 짐짓 가르쳤던 교육방법. 이를
흔히 庭教, 教庭, 過庭이라 함. 《論語》季氏篇에 "陳亢問於伯魚曰: 「子亦有異
聞乎?」 對曰: 「未也. 嘗獨立, 鯉趨而過庭. 曰: 『學《詩》乎?』 對曰: 『未也.』 『不學
《詩》, 無以言.』 鯉退而學《詩》. 他日, 又獨立, 鯉趨而過庭. 曰: 『學《禮》乎?』 對曰:
『未也.』 『不學《禮》, 無以立.』 鯉退而學《禮》. 聞斯二者.」 陳亢退而喜曰: 「問一得三,
聞《詩》, 聞《禮》, 又聞君子之遠其子也.」라 함. 阮逸 注에 "鯉趨而過庭, 子曰:
「學詩乎? 學禮乎?」"라 함.

【四經】孔子가 庭教에서 《詩》와 《禮》만을 거론하여, 六經 중에 그 나머지
네 가지의 경, 즉 《易》, 《書》, 《樂》, 《春秋》를 뒤로 미룬 것에 의문을 제기한 것.

【聞諸夫子】'諸'는 '之於'의 合音字. 夫子는 王通을 가리킴. 阮逸 注에 "夫子,
謂文中子"라 함.

【春秋斷物】阮逸 注에 "志在斷"이라 함.

【樂以和德】阮逸 注에 "樂, 象德"이라 함.

【書以制法】阮逸 注에 "事以制立"이라 함.

【易以窮理】阮逸 注에 "理性至於命"이라 함.

【聖人後之】阮逸 注에 "言孔子不教鯉者, 待其具而後教之爾. 此並文中子言姚
義志之也"라 함.

425(9-8)
시詩와 예禮의 선후

혹자가 물었다.

"그렇다면 《시詩》와 《예禮》는 어느 것이 먼저입니까?"

요의姚義가 말하였다.

"무릇 《시》로써 가르치면 말을 잘 할 수 있으니 이는 포악함과 거만함을 멀리하게 될 것이며, 《예》로써 묶으면 행동과 표정이 바르게 되니 이는 위엄을 세우는 것입니다. 그 말을 헤아리고, 그 뜻을 관찰하며, 그 행동을 고려하고 그 덕을 변별하며 뜻이 정해지면 이를 《춘추春秋》를 통해서 폄으로써 이에 판단을 바르게 내릴 수 있고 변화에 능통하게 되는 것입니다. 다음으로 덕이 온전해지면 《악樂》으로써 인도함으로 이에 조화를 이루어 절도를 알게 되는 것입니다. 다음으로 일에 종사할 수 있게 되면 이를 《서書》로써 달성시킴으로 제도를 세울 수 있는 것입니다. 다음에 천명을 알게 되면 《역易》으로써 이를 신장시킴으로 이에 본성과 함께 다할 수 있는 것입니다. 만약 갑작스럽게 《춘추》만 들먹거린다면 뜻이 방탕해지고 의를 가볍게 보게 되고, 갑작스럽게 《악》만 들먹거린다면 덕을 시끄럽게 떠들며 절도를 깨뜨리게 되며, 갑작스럽게 《서》만 들먹거리면 법을 마구 대하게 되고, 갑작스럽게 《역》만 들먹거리면 신을 놀이 대상으로 여기게 됩니다. 이 때문에 성인께서는 틀림없이 그렇게 됨을 알았기에 그 때문에 머리를 세우고 그 차례를 정한 것이며, 먼저 자신에게서 성취한 연후에 사물에 이를 구비시키며, 먼저 가까운 것부터 해결한 연후에 멀리 있는 곳에 형태를 만들도록 한 것입니다. 진실로 심오하지요! 진실로 심오합니다!"

문중자가 듣고 말하였다.

"요의는 이를 터득하였구나."

或曰:「然則《詩》·《禮》何爲而先也?」

義曰:「夫敎之以《詩》, 則出辭氣, 斯遠暴慢矣. 約之
　　以《禮》, 則動容貌, 斯立威嚴矣. 度其言, 察其志,
　　考其行, 辯其德, 志定則發之以《春秋》, 於是
　　乎斷而能變; 德全則導之以《樂》, 於是乎和而
　　知節; 可從事則達之以《書》, 於是乎可以立制;
　　知命則申之以《易》, 於是乎可與盡性. 若驟而
　　語《春秋》, 則蕩志輕義; 驟而語《樂》, 則喧德
　　敗度; 驟而記《書》, 則狎法; 驟而記《易》, 則
　　玩神. 是以聖人知其必然, 故立之以宗, 列之
　　以次, 先成諸己, 然後備諸物; 先濟乎近, 然後
　　形乎遠. 亶其深乎! 亶其深乎!」

子聞之曰:「姚子得之矣.」

【斯立威嚴】阮逸 注에 "此亦小成也"라 함.

【辯其德】阮逸 注에 "凡師敎人, 量其志行"이라 함.

【斷而能變】阮逸 注에 "不變則斷不適中"이라 함.

【和而知節】阮逸 注에 "不節則蕩"이라 함.

【可以立制】阮逸 注에 "事無制不永"이라 함.

【盡性】阮逸 注에 "性與天道, 合爲元命"이라 함.

【蕩志輕義】阮逸 注에 "志未定故"라 함.

【喧德敗度】阮逸 注에 "德未全"이라 함.

【狎法】阮逸 注에 "狎法, 猶舞文也"라 함.

【玩神】阮逸 注에 "不知性, 則以神爲虛玩"이라 함.

【立之以宗】阮逸 注에 "宗, 卽統言六經也"라 함.

【列之以次】阮逸 注에 "次, 爲先《詩》·《禮》. 而後次之四經也"라 함.

【形乎遠】阮逸 注에 "己近, 謂近取諸身也. 若出辭氣, 動容貌是也. 物遠, 謂遠取
　諸物也. 若斷物和行, 制法窮理是也"라 함.

【亶其深乎】阮逸 注에 "亶, 信也. 信乎孔子先《詩》·《禮》, 其敎深奧"라 함.

【得之矣】阮逸 注에 "得六經之深, 故能言此"라 함.

426(9-9)
덕경어재德輕於才

문중자가 말하였다.
"앎은 명철함에 비해 모자라고, 덕은 재주에 비해 가볍다면 이는 지나친 것이다."

子曰:「識寡於亮, 德輕於才, 斯過也已.」

【斯過也已】阮逸 注에 "有亮少識, 必有大緩之過; 有才少德, 必有大淺之過"라 함.

427(9-10)
치란治亂과 길흉吉凶

문중자가 말하였다.

"치란治亂은 운運이다. 그 운을 타는 자가 있고, 이를 벗겨버리는 자가 있다. 궁달窮達은 때이다. 그 때를 운행하는 자가 있고, 그 때를 만나는 자가 있다. 길흉吉凶은 명命이다. 운명을 짓는 자가 있고, 운명과 짝을 이루고 있는 자가 있다. 하나가 오면 하나가 가니 각기 어찌 한갓 말로만 그런 것이리오?"

> 子曰:「治亂, 運也. 有乘之者, 有革之者; 窮達, 時也,
> 有行之者, 有遇之者. 吉凶, 命也, 有作之者,
> 有偶之者. 一來一往, 各以數至, 豈徒云哉?」

【乘之者・革之者】阮逸 注에 "治亂, 皆有運, 則同也. 而乘之革之異焉. 乘之, 謂舜乘堯之類; 革之, 謂湯革夏之類, 是也"라 함.

【窮達時也】阮逸 注에 《關氏易傳》曰:「時也者, 係乎君天下者也. 君天下得君子之道, 則時亨; 得小人之道, 則時塞"이라 함.

【行之者・遇之者】阮逸 注에 "窮達, 皆有時. 然有行非其道, 而自窮于時者; 有雖行得道, 而遇時不明者. 時則一, 而行之・遇之異焉"이라 함.

【作之者・遇之者】阮逸 注에 "作, 謂自作孽・自求多福, 皆由人作之者也. 遇, 謂庸人偶貴・善人偶禍, 皆偶然者也"라 함.

【一來一往】阮逸 注에 "往來循環, 數有奇耦, 人不能逃"라 함.

428(9-11)
고구려 정벌

요동遼東의 전투를 위해 천하가 배를 만들고 있었다.

문중자가 말하였다.

"숲의 나무가 모두 바닥나겠구나. 황제가 그 산을 살피러 갔을 때 산림 관리자가 장차 무슨 말로 대답을 할 수 있을까?"

遼東之役, 天下治船.

子曰:「林麓盡矣, 帝省其山, 其將何辭以對?」

【遼東之役】 遼東의 전투. 隋 煬帝(楊廣)가 大業 8년(612) 3백만 대군을 동원하여 高句麗를 정벌하러 나섰다가 이듬해(613) 2백만 명이 몰사하여 대패한 전투. 3차례의 원정 준비에 배를 만드느라 船工을 물 밖으로 나오지 못하게 하여 허리 이하가 썩어 구더기가 생겨 죽은 자가 열에 서넛씩이었다 함. 이 일로 王通은 隋나라가 곧 망할 것임을 예견하였음. 阮逸 注에 "治船伐盡麓"이라 함.

【何辭以對】 阮逸 注에 "掌林麓之官, 何辭對帝?"라 함.

429(9-12)
오교삼흔五交三釁

어떤 이가 《속경續經》에 대하여 묻자 설수薛收와 요의姚義가 선생님에게 이를 고하였다.

문중자가 말하였다.

"어진 자가 비난하더냐? 그렇다면 나는 장차 정성을 꾸며서라도 대답해 줄 수 있다. 어리석은 자가 비난하더냐? 그렇다면 나만 유독 어찌하겠는가?"

그러고는 〈서리黍離〉의 마지막 장을 노래하며 들어와 문인들에게 이렇게 말하였다.

"오교삼흔五交三釁이라 한 유준劉峻은 역시 말을 아는 자로다!"

或問《續經》, 薛收 · 姚義告於子.

子曰:「使賢者非耶? 吾將飾誠以請對; 愚者非耶? 吾獨
　　　奈之何?」

因賦〈黍離〉之卒章, 入謂門人曰:「五交三釁, 劉峻亦知
　　　　　　　　　　　　　　　言哉!」

【續經】〈續六經〉. 文中子가 孔子의 六經에 맞추어 자신도 六經을 찬술한 것.
【薛收】文中子 王通의 제자. 자는 伯褒(592~612). 隋나라 때 河東 汾陰縣 출신
　　으로 隋나라 內史侍郎 薛道衡의 아들. 수나라 大業 때 秦王府의 記室 房玄齡이

그를 秦王(李世民)에게 추천하여 秦王府主簿가 되어 判陝東道大行臺金部郎中에 오름. 隋나라가 망한 뒤 天策府記室參軍에 올랐으며 汾陰縣男의 봉호를 받음. 武德 6년 本官兼文學館學士가 되었으며 武德 7년에 생을 마침.《舊唐書》(72)와《新唐書》(98)에 전이 실려 있음.

【姚義】 太山 사람으로 王通의 門人이며 '七俊穎'의 第一人者. 자세한 事迹은 알 수 없음.

【請對】 阮逸 注에 "對之以道, 賢者當悟"라 함.

【愚者】 阮逸 注에 "愚者不知道, 不可對"라 함.

【黍離】《詩經》王風의 첫 번째 시. 序에 "黍離, 閔宗周也. 周大夫行役, 至于宗周, 過故宗廟宮室, 盡爲禾黍. 閔周室之顚覆, 彷徨不忍去, 而作是詩也"라 하였으며 원문에는 "彼黍離離, 彼稷之苗. 行邁靡靡, 中心搖搖. 知我者, 謂我心憂. 不知我者, 謂我何求. 悠悠蒼天, 此何人哉! 彼黍離離, 彼稷之穗. 行邁靡靡, 中心如醉. 知我者, 謂我心憂. 不知我者, 謂我何求. 悠悠蒼天, 此何人哉! 彼黍離離, 彼稷之實. 行邁靡靡, 中心如噎. 知我者, 謂我心憂. 不知我者, 謂我何求. 悠悠蒼天, 此何人哉!"라 함. 阮逸 注에 "云「知我者, 謂我心憂. 不知我者, 謂我何求?」"라 함.

【五交三釁】《文選》에 실려 있는 南朝 劉孝標(峻)의 〈廣絶交論〉에 "凡斯五交, 義同賈鬻"이라 하였으며 '五交'는 친구 사귐에 있어서 '勢交, 賄交, 談交, 窮交, 量交'의 다섯 가지 옳지 않은 유형을 가리킴. '三釁'은《文選》注에 "杜預《左氏傳》注曰:「釁, 瑕隙也. 敗德殄義, 禽獸相若.」一釁也.《尙書》曰:「侮慢自賢, 反道敗德.」《史記》衛平曰:「天有五色, 以辨白黑, 人民莫知辨也, 與禽獸相若也. 難固易攜, 讎訟所聚.」二釁也. 杜預《左氏傳》注曰:「攜, 離也. 名陷饕餮, 貞介所羞.」三釁也"라 함. 한편《孟子》梁惠王(上)에 "曰:「臣聞之胡齕曰, 王坐於堂上, 有牽牛而過堂下者, 王見之, 曰:『牛何之?』對曰:『將以釁鐘』王曰:『舍之! 吾不忍其觳觫, 若無罪而就死地』對曰:『然則廢釁鐘與?』曰:『何可廢也? 以羊易之!』不識有諸?」"라 함. 阮逸 注에는 "孝標論曰: 惟玆五交, 時生三釁"이라 함.

430(9-13)
충성과 양보

방현령房玄齡이 이렇게 여쭈었다.

"잘한 일은 임금을 들어 칭송하고 잘못된 일은 자신을 칭한다면 가히 충忠이라 할 수 있습니까?"

문중자가 말하였다.

"그것은 양보하는 것이지."

房玄齡問:「善則稱君, 過則稱己, 可謂忠乎?」

子曰:「讓矣.」

【房玄齡】 자는 喬(혹 이름이 喬이며 자가 玄齡이라고도 함, 579~648). 역시 王通의 제자이며 唐 太宗 貞觀 명신. 濟州 臨淄(지금의 山東 淄博) 출신으로 貞觀 원년 (627) 中書令이 되었으며 3년(629) 尙書左僕射가 되어 梁國公에 봉해졌음. 10여 년 간 재상직에 있으면서 많은 업적을 쌓았음.《舊唐書》(66)와《新唐書》 (96)에 전이 있음.

【讓矣】 阮逸 注에 "無過而稱己過, 是隱也. 隱, 非忠也. 蓋讓美於君而已"라 함.

431(9-14)
두여회杜如晦의 정치에 대해 질문

두여회杜如晦가 정치에 대하여 질문하였다.

문중자가 말하였다.

"너의 정성을 미루어보고, 너와 같은 부류를 천거하여 상 하나로 백 가지를 권장하고, 벌 하나로 많은 무리의 잘못을 징계하면 무릇 정치에 무슨 어려움이 있겠는가?"

두여회가 나가자 두위竇威에게 이렇게 말하였다.

"정직한 사람이라면 그의 단점을 용서하고 참녕한 사람이라면 그가 조금씩 다가오는 것을 막는다면 상벌이 그 안에 있는 것일 테니 나는 정치가 그런 것이라 알고 있다."

　　杜如晦問政.

　　　　子曰:「推爾誠, 擧爾類, 賞一以勸百, 罰一
　　　　　　以懲衆, 夫爲政而何有?」

　　如晦出, 謂竇威曰:「讜人容其訐, 佞人杜其漸, 賞罰在
　　　　　　其中, 吾知乎爲政矣.」

【杜如晦】 자는 克明(585~630). 唐 太宗의 貞觀 名臣. 원래 王通의 제자로서 隋末 滏陽尉의 낮은 벼슬이었으나 唐兵이 關中으로 들어오자 李世民에게

도움을 주어 陝東道大行臺司勳郎中이 되었으며 太宗이 즉위하자 尙書右僕射에 오름. 정책 결정에 과감하여 흔히 "房謀杜斷"이라 하였음.《舊唐書》(66)와《新唐書》(96)에 전이 있음.

【爲政而何有】 '何有'는 '何有之難'의 줄인 말.《論語》里仁篇 "子曰:「能以禮讓爲國乎, 何有? 不能以禮讓爲國, 如禮何?」"의 注에 "何有, 言不難也. 言有禮之實以爲國, 則何難之有, 不然, 則其禮文雖具, 亦且無如之何矣, 而況於爲國乎?"라 함. 阮逸 注에 "未有過此得爲政之要者"라 함.

【竇威】 자는 文蔚. 竇熾의 아들이며 竇后의 從兄. 秘書郎을 지냈으며 隋 煬帝 大業 때 內史舍人에 올라 많은 직언을 하였음. 李淵이 불러 丞相府의 司錄參軍으로 삼아 唐初 제도를 마련함. 시호는 靖.《舊唐書》(61)와《新唐書》(95)에 전이 있음.

【容其訐】 阮逸 注에 "雖大訐, 必容"이라 함.

【杜其漸】 阮逸 注에 "漸, 猶不可況深乎?"라 함.

【吾知乎爲政矣】 阮逸 注에 "容一訐直, 示賞百善之門; 絶一佞媚, 示罰衆惡之柄"이라 함.

〈杜如晦〉《三才圖會》

432(9-15)
각 시기의 특징

문중자가 말하였다.

"황제의 제명制命은 황초黃初 때에 미치지 못하고, 사업에 뜻을 두기에는 태희太熙 시대에 미치지 못하며, 포폄褒貶은 인수仁壽 시기에 미치지 못하고 있다."

숙념叔恬이 말하였다.

"무엇을 이르는 것입니까?"

문중자는 현연泫然히 말하였다.

"인수와 대업大業 시기의 일을 차마 말로라도 용납할 수 있으랴!"

文中子曰:「制命不及黃初, 志事不及太熙, 褒貶不及
仁壽.」

叔恬曰:「何謂也?」

子泫然曰:「仁壽・大業之際, 其事忍容言耶!」

【制命】帝王으로서의 명령을 내려 諸侯와 方伯을 제압하는 통치력. 원래는 왕이나 장수 등 專權者의 명령을 뜻함. 《左傳》閔公 2년에 "夫帥師, 專行謀, 師在制命而已"라 함. 阮逸 注에 "《續書》, 帝制公命, 惟漢有之, 不及魏矣"라 함.

【黃初】三國 魏나라 曹丕(文帝)의 첫 연호. 220~236년까지 7년간이었음. 阮逸 注에 "黃初, 魏文帝初卽位年號"라 함.

【太熙】晉 惠帝(司馬衷)의 연호. 惠帝 원년 1년(289)에 해당함. 阮逸 注에 "《續書》,
君志臣事, 至晉太康而止矣. 不及惠帝. 太熙, 惠帝年號"라 함.

【仁壽】隋 文帝(楊堅)의 마지막 연호. 601~604년. 仁壽 4년에 楊廣(煬帝)이
아버지를 죽이고 帝位에 오름. 阮逸 注에 "《元經》, 至隋開皇而止矣. 不及仁壽.
仁壽四年, 煬帝弑立"이라 함.

【叔恬】王凝. 王通의 아우이며 王績의 형. 자는 叔恬. 太原縣令에 올라 그 때문에
太原府君으로도 부름. 唐 太宗 貞觀 초에 監察御史에 올랐다가 侯君集의
사건에 연루되어 姑蘇令으로 좌천되기도 함. 뒤에 벼슬을 버리고 낙향하여
王通의 《六經》과 《文中子(中說)》를 정리함. 대체로 隋나라 開皇 초에 태어난
것으로 보이며 죽은 해는 알려지지 않음.

【事忍容言】阮逸 注에 "大業, 煬帝年號, 事不忍言, 安所褒貶?"이라 함.

433(9-16)
부이교지富而教之

가경賈瓊이 여쭈었다.

"'부유하게 하고는 가르쳐야 한다'라 하였는데 무엇을 말한 것입니까?"

문중자가 말하였다.

"인仁은 흉년에 생겨나고 의義는 풍년에 생겨난다. 그 때문에 부유해진 다음 가르치는 것이니 이는 쉽기 때문이다. 옛날에 성인聖王이 윗자리에 있을 때에는 농토가 서로 거리를 두고 있었으며 개와 닭이 우는 소리가 서로 들릴 정도였다. 사람은 늙음에 이르도록 서로 오고가지 않아도 되었으니 대체로 자급자족할 수 있었기 때문이었다. 이 까닭으로 지극히 잘 다스려지던 시대에는 오전五典을 들춰보지 않아도 되었고, 오례五禮도 그냥 내버려두어도 되었으며 오복五服도 꾸미지 않아도 되었다. 사람들은 마시고 먹을 줄만 알았지 이를 뚜껑을 덮어 갈무리해야 한다는 것도 몰랐으며, 사람들은 무리를 지어 살면 되는 줄만 알았지 사랑과 공경이라는 것도 몰랐다. 높게는 나무 끝과 가지로 올라가면 되었고 아래로는 들 사슴에게 다가가면 되었다. 어찌 그랬겠는가? 대체로 윗사람은 아무런 작위함이 없었고, 아랫사람들은 스스로 만족했기 때문이었다."

가경이 말하였다.

"순박함이 멀어지고 흩어졌는데 다시 그런 시대로 되돌아갈 수 있습니까?"

문중자가 말하였다.

"사람이 도를 넓히는 것이니 만약 그러한 행동을 추진한다면 손바닥 뒤집기처럼 쉽지. 옛날 순舜과 우禹가 질서를 계승하자 천하가 순박해졌으나 하걸夏桀이 그런 나라를 이어받았지만 천하가 속임수만 쓰는 시대로 변해버렸고, 성탕成湯이 걸을 쫓아내자 천하가 평평해졌으나 은주殷紂가 그런 나라를 이어받았지만 천하가 기울어지고 말았다. 문왕文王과 무왕武王은 치도를 이루었으나 유왕幽王과 여왕厲王에 이르러서는 백성이 흩어졌고, 문제文帝와 경제景帝 때에는 평안을 누렸으나 환제桓帝와 영제靈帝 때에는 이를 잃고 말았으니 그렇다면 치란은 서로 뒤바뀌는 것이요, 경박함과 순박함은 그 이유가 있는 것이며, 흥쇠興衰는 사람에게 있는 것이요, 득실은 교화에 있는 것이다. 만약 '태고 시대는 회복될 수 없는 것'이라 한다면 이는 선왕에게 교화가 있었음을 모르고 하는 말이다. 《시詩》, 《서書》, 《예禮》, 《악樂》은 다시 어디에 필요하다는 것이냐?"

동상董常이 이를 듣고 가경에게 말하였다.

"공맹孔孟의 말씀이 사라졌으나 선생님의 도는 실행할 수 있다면 이것이 소위 말하는 '위무하면 다가오고, 실천하면 화합을 이룬다'는 것이겠지요? 누가 다시는 순박함을 회복할 수 없다고 말할 수 있겠습니까?"

賈瓊問:「『富而敎之』, 何謂也?」

子曰:「仁生於歉, 義生於豐, 故富而敎之, 斯易也.
古者, 聖王在上, 田里相距, 雞犬相聞, 人至
老死不相往來, 蓋自足也. 是以至治之代,
五典潛, 五禮措, 五服不章. 人知飮食, 不知
蓋藏; 人知群居, 不知愛敬. 上如標枝, 下如
野鹿, 何哉? 蓋上無爲, 下自足故也.」

賈瓊曰:「淳瀉朴散, 其可歸乎?」

子曰:「人能弘道, 苟得其行, 如反掌爾. 昔舜禹繼軌
而天下朴, 夏桀承之而天下詐, 成湯放桀而
天下平, 殷紂承之而天下陂, 文武治而幽厲散,

文景寧而桓靈失, 斯則治亂相易, 澆淳有由,
興衰資乎人, 得失在乎敎. 其曰『太古不可復』,
是未知先王之有化也.《詩》·《書》·《禮》·《樂》,
復何爲哉?」

董常聞之, 謂賈瓊曰:「孔孟云亡, 夫子之道行, 則所謂
綏之斯來, 動之斯和乎? 孰云淳朴不可歸哉?」

【賈瓊】王通의 제자. 七大弟子, 즉 '七俊穎'의 하나. 中山 사람이라 함.

【富而敎之】《論語》子路篇에 "子適衛, 冉有僕. 子曰:「庶矣哉!」冉有曰:「旣庶矣,
又何加焉?」曰:「富之」曰:「旣富矣, 又何加焉?」曰:「敎之.」"라 함.

【仁生於歉】歉은 凶年. 阮逸 注에 "歲歉, 則仁者惻隱"이라 함.

【義生於豐】阮逸 注에 "豐盈, 則義者制宜"라 함.

【易也】성취하기가 쉬움. 阮逸 注에 "以豐思歉, 則爲敎易"라 함.

【至治之代】지극한 통치가 실현되던 시대. 阮逸 注에 "謂三皇時"라 함.

【五典】三墳五典의 五典. 고대 역사 기록. 阮逸 注에 "

【五服】阮逸 注에 "天子·諸侯·卿·大夫·士, 五者之服, 必章明, 曰五章"이라 함.

【標枝·野鹿】阮逸 注에 "標枝·野鹿, 自然分上下也"라 함.

【可歸乎】阮逸 注에 "歸, 復也"라 함.

【人能弘道】《論語》衛靈公篇에 "子曰:「人能弘道, 非道弘人.」"이라 함.

【如反掌】아주 쉬움을 뜻함.《論語》八佾篇에 "或問禘之說. 子曰:「不知也; 知其
說者之於天下也, 其如示諸斯乎!」指其掌"이라 함. 阮逸 注에 "人存則道行, 言亦
易爾"라 함.

【舜禹】고대 帝王. 帝舜 有虞氏와 夏禹 夏后氏. 禹는 중국 최초의 왕조 夏나라의
시조.

【夏桀】夏나라 末王. 妹姬에게 빠져 湯에게 나라를 잃음.

【成湯】殷(商)의 개국 군주 湯王.

【殷紂】殷나라 末王. 妲己에게 빠져 나라를 武王에게 잃음.

【陂】阮逸 注에 "陂, 險也"라 함.

【文武】周나라 건국 시조 文王(姬昌)과 그 아들 武王(姬發).

【幽厲】 서주 말기의 혼암한 두 임금. 幽王(姬宮涅)과 厲王(姬胡). 실제 厲王이 먼저이며 幽王이 나중임. 幽王 때 申侯와 狄에 의해 西周가 망하고 平王(姬宜臼)이 洛邑으로 東遷하여 東周가 시작됨.

【文景】 西漢 제3대 군주 文帝(劉恒)와 4대 군주 景帝(劉啓). 이 두 임금 때 안정을 이루어 흔히 '文景之治'라 함.

【桓靈】 東漢 11대 군주 桓帝(劉志)와 12대 군주 靈帝(劉宏). 桓帝 때에는 宦官의 발호와 黨錮之禍로 나라가 기울기 시작하였으며, 靈帝 때에는 民亂, 특히 黃巾賊의 난으로 인해 亡國의 길로 들어서기 시작함.

【澆淳有由】 阮逸 注에 "由上之所化"라 함.

【得失在乎敎】 阮逸 注에 "解上文人弘道"라 함.

【復何爲哉】 阮逸 注에 "若言經籍不能復古, 何爲虛設耶?"라 함.

【董常】 자는 履常. 원래 河南 사람으로 孔子에게 顔回가 있듯이 王通에게 안회와 같은 존재로 알려져 있음. 왕통보다 일찍 죽음.

【綏之】 '綏'는 '慰撫하다'의 뜻.《詩經》周頌 有客에 "薄言追之, 左右綏之. 旣有淫威, 降福孔夷"라 함.

【不可歸哉】 阮逸 注에 "當爲決淳灕朴散之疑"라 함.

434(9-17)
본성과 감정

문중자가 말하였다.

"본성으로써 감정을 절제하는 것은 훌륭한 일이다. 나는 아직 기로岐路에 처하며 헤매고 다니지 않은 자를 보지 못하였다.《역易》에는 '곧고 모난 본성을 크게 하여 의혹을 갖지 않으면 이롭지 않음이 없다'라 하였으니 그렇게 되면 자신이 하는 행동에 대하여 의심을 하지 않게 될 것이다."

子曰:「以性制情者善矣, 我未見處岐路, 而不遲迴者. 《易》曰:『直方大, 不習, 無不利.』則不疑其所 行也.」

【岐路】'亡羊多岐', '亡羊岐路'의 줄인 말.《列子》說符篇에 "楊朱之鄰人亡羊, 旣率其黨, 又請楊子之豎追之. 楊子曰:「嘻! 亡一羊, 何追者之衆?」鄰人曰:「多 岐路.」旣反, 問:「獲羊乎?」曰:「亡之矣.」曰:「奚亡之?」曰:「岐路之中又有岐焉, 吾不知所之, 所以反也.」楊子戚然變容, 不言者移時, 不笑者竟日. 門人怪之, 請曰: 「羊, 賤畜; 又非夫子之有, 而損言笑者, 何哉?」楊子不答. 門人不獲所命. 弟子 孟孫陽出, 以告心都子. 心都子他日與孟孫陽偕入, 而問曰:「昔有昆弟三人, 游齊 魯之間, 同師而學, 進仁義之道而歸. 其父曰:『仁義之道若何?』伯曰:『仁義使我 愛身而後名』仲曰:『仁義使我殺身以成名』叔曰:『仁義使我身名並全』彼三術 相反, 而同出於儒. 孰是孰非邪?」楊子曰:「人有濱河而居者, 習於水, 勇於泅,

操舟鬻渡, 利供百口. 裹糧就學者成徒, 而溺死者幾半. 本學泅, 不學溺, 而利害如此. 若以爲孰是孰非?」心都子嘿然而出. 孟孫陽讓之曰:「何吾子問之迂, 夫子答之僻? 吾惑愈甚」心都子曰:「大道以多歧亡羊, 學者以多方喪生. 學非本不同, 非本不一, 而末異若是. 唯歸同反一, 爲亡得喪. 子長先生之門, 習先生之道, 而不達先生之況也, 哀哉!」라 함. 逸 注에는 "路分二曰歧, 性感物而動曰情. 亦二之義也. 言情之惑性, 如歧之惑路也. 能制者少矣"라 함.

【直方大, 不習, 无不利】《周易》坤卦 六二의 爻辭. "六二, 直方大, 不習, 无不利. 象曰: 六二之動, 直以方也;「不習无不利」, 地道光也"라 함. 阮逸 注에는 "直方, 性也; 不習, 謂不疑惑"이라 함.

435(9-18)
역易에서의 성性

두위竇威가 말하였다.

"크도다! 《역易》에서 성性을 다 밝힘이여. 문인 중에 누가 그런 경지에 이르렀습니까?"

문중자가 말하였다.

"동상董常이 그에 가깝겠지."

어떤 이가 물었다.

"두위와 동상은 어떻습니까?"

문중자가 말하였다.

"모르겠다."

문중자가 말하였다.

"온대아溫大雅는 혹 그러한 도에 가까우니 대체로 은자隱者의 경지로서 묵묵히 있어도 성취하며, 말을 하지 않아도 믿음이 있는 것이다."

竇威曰:「大哉!《易》之盡性也. 門人孰至焉?」

　子曰:「董常近之.」

　或問:「威與常也何如?」

　子曰:「不知.」

　子曰:「大雅或幾於道, 蓋隱者也, 黙而成之, 不言而信.」

【竇威】자는 文蔚. 竇熾의 아들이며 竇后의 從兄. 秘書郎을 지냈으며 隋 煬帝
大業 때 內史舍人에 올라 많은 직언을 하였음. 李淵이 불러 丞相府의 司錄參軍
으로 삼아 唐初 제도를 마련함. 시호는 靖.《舊唐書》(61)와《新唐書》(95)에
전이 있음.

【盡性】'窮理盡性'을 가리킴.《周易》說卦에 "窮理盡性, 以至於命"이라 함.

【董常】자는 履常. 원래 河南 사람으로 孔子에게 顔回가 있듯이 王通에게
안회와 같은 존재로 알려져 있음. 왕통보다 일찍 죽음.

【近之】阮逸 注에 "近, 庶幾也"라 함.

【不知】阮逸 注에 "恐門人輕威而重常, 故答以不知"라 함.

【大雅】溫大雅. 당나라 幷州 祁縣 사람으로 자는 彦宏. 아우 大臨(溫彦博), 大有
(溫彦將)와 함께 이름을 날림. 唐 高祖 李淵이 기병하자 그를 機務에 참여시켰
으며 吏部尙書를 거쳐 黎國公에 봉해짐.《大唐創業起居注》를 지었으며《舊唐書》
(61)와《新唐書》(91)에 전이 있음.

【幾於道】阮逸 注에 "溫大雅, 或幾, 猶屢中也"라 함. '屢中'은《論語》先進篇에
"子曰:「回也其庶乎, 屢空. 賜不受命, 而貨殖焉, 億則屢中.」"에서 유래된 말임.

【不言而信】阮逸 注에 "幾道, 則默也. 默似隱"이라 함.

436(9-19)
도연명陶淵明

어떤 이가 도원량陶元亮에 대하여 질문하였다.

문중자가 말하였다.

"방탄한 사람이다. 〈귀거래사歸去來辭〉는 땅을 피하려는 마음을 가진 것이며, 〈오류선생전五柳先生傳〉은 거의 문을 걸어 잠그고 사는 것이니라."

或問陶元亮.

子曰:「放人也, 〈歸去來〉, 有避地之心焉; 〈五柳先生傳〉,
   則幾於閉關矣.」

【陶元亮】陶潛. 陶淵明(365~427). 晉・宋 시기의 詩人. 이름 淵明으로 더 널리 알려져 있으며 일명 潛, 字는 元亮, 私諡는 靖節. 尋陽 柴桑(지금의 江西省 九江市) 출신. 그의 曾祖인 陶侃은 東晉의 開國功臣으로 大司馬 등을 지냈으며 祖父는 太守를 지내기도 했음. 그러나 아버지는 일찍 죽었고 어머니는 東晉 때 名家인 孟嘉의 딸이었음. 도연명은 한때 州의 祭酒, 鎭軍, 建威參軍을 지냈으나 彭澤令이 되자 80여 일 만에 '五斗米' 고사를 남긴 채 낙향하여 〈歸去來辭〉를 지음. 그 외에 〈田園詩〉와 〈桃花源記〉, 〈五柳先生傳〉 등을 남겨 중국 최고의 田園 詩人으로 추앙됨. 단 《詩品》에서는 그의 시를 中品에 넣어 당시 詩風과 차이에서 질박하다는 이유로 낮추고 있음을 알 수 있음. 韓國文學에도 至大한 영향을 미쳤음. 《晉書》(94), 《宋書》(93), 《南史》(75)에 전이 있으며, 《陶淵明集》이 전함. 阮逸 注에 "潛, 字元亮"이라 함.

【歸去來】陶淵明의 작품. 그 序文에 "余家貧, 耕植不足以自給; 幼稚盈室, 餠無
儲粟, 生生所資, 未見其術. 親故多勸余爲長吏, 脫然有懷, 求之靡途; 會有四方
之事, 諸侯以惠愛爲德, 家叔以余貧苦, 遂見用於小邑. 於時風波未靜, 心憚遠役;
彭澤去家百里, 公田之利, 足以爲酒, 故便求之. 及小日, 眷然有歸歟之情. 何則?
質性自然, 非矯厲所得; 飢凍雖切, 違己交病. 嘗從人事, 皆口腹自役. 於是悵然
慷慨, 深愧平生之志. 猶望一稔, 當斂裳宵逝; 尋程氏妹喪于武昌, 情在駿奔, 自免
去職. 仲秋至冬, 在官八十餘日. 因事順心, 命篇曰歸去來兮. 乙巳歲十一月也"
라 함. 阮逸 注에 "潛作歸去來詞"라 함.

【五柳先生傳】陶淵明이 집 앞에 다섯 그루 버드나무를 심고 자신의 自號로 삼았
으며 이를 객관화하여 지은 自作傳記文. "先生不知何許人, 亦不詳其姓字. 宅邊
有五流樹, 因以爲號焉. 閑靖少言, 不慕榮利. 好讀書, 不求甚解, 每有會意, 便欣
然忘食. 性嗜酒, 家貧不能常得. 親舊知其如此, 或置酒而招之, 造飮輒盡, 期在
必醉. 旣醉而退, 曾不吝情去留. 環堵蕭然, 不蔽風日. 短褐穿結, 簞瓢屢空, 晏如也.
常著文章自娛, 頗示己志. 忘懷得失, 以此自終. 贊曰: 「黔婁之妻有言: 『不戚戚
於貧賤, 不汲汲於富貴』其言妓若人之儔乎? 酣觴賦詩, 以樂其志. 無懷氏之民歟?
葛天氏之民歟?」라 함. 阮逸 注에 "潛種五柳以自號"라 함.

437(9-20)
원한과 즐거움

문중자가 말하였다.

"큰 원한을 화해한다 해도 반드시 남은 원한이 있게 마련이며, 큰 즐거움을 잊는다 해도 반드시 남은 즐거움이 있게 마련이니 이것은 하늘의 도이다."

子曰:「和大怨者, 必有餘怨; 忘大樂者, 必有餘樂, 天之道也.」

【餘怨】阮逸 注에 "若舜「不怨而慕」是也"라 함.
【餘樂】阮逸 注에 "若顏回「不改其樂」是也"라 함.
【天之道】阮逸 注에 "性與天道相合, 故能如此"라 함.

438(9-21)
삼재三才

문중자가 말하였다.

"기氣는 위가 되고, 형태는 아래가 되며 앎은 그 가운데에 있는 것으로 삼재三才가 이렇게 구비되어 있다. 기는 귀鬼가 되니 그것이 하늘이며, 앎은 신神이 되는 것이니 그것이 사람이로다! 나는 거기에서 이성理性을 터득하였다."

子曰:「氣爲上, 形爲下, 識都其中, 而三才備矣. 氣爲鬼,
其天乎; 識爲神, 其人乎! 吾得之理性焉.」

【都】阮逸 注에 "都, 居也"라 함.
【三才】天地人.
【鬼神】阮逸 注에 "《易》曰「精氣爲物, 游鬼爲變」 是故知鬼神之情狀. 鬼者, 精氣
之變也. 故曰氣爲鬼.《易》曰「神而明之, 存乎其人」 非識, 則不能神, 故曰識爲神"
이라 함.
【理性】阮逸 注에 "窮理盡性, 則能行變化·通鬼神"이라 함.

439(9-22)
천신天神과 인귀人鬼

설수薛收가 말하였다.

"감히 여쭙건대 천신天神과 인귀人鬼란 무엇을 말하는 것이며, 주공周公은 그에 통달하였습니까?"

문중자가 말하였다.

"크도다! 주공은 멀리 있으면 마음에 명상을 하였으니 마음이란 다른 것이 아니요 궁리窮理라는 것이다. 그러므로 하늘로부터 근본을 모으고 하늘로부터 신을 추측하였으니 대체로 존경하면서도 멀리 한 것이다. 따라서 사례祀禮로써 대접하였던 것이다. 가까이 있는 것은 자신에게서 요구하였으니 자신이란 다른 것이 아니요 본성을 다하는 것이다. 마침내 사람에게로 돌아가고, 사람으로부터 귀신을 추측하였으니 대체로 이를 끌어들여 공경한 것이다. 그러므로 향례饗禮로써 대접하였던 것이다. 옛날 에는 관례盥禮만 보았지 천례薦禮는 하지 않은 것은 절반은 넘겨야 한다는 생각에서 그렇게 한 것이다."

설수가 말하였다.

"감히 지지地祇에 대하여 여쭙습니다."

문중자가 말하였다.

"지극하도다! 온갖 물건이 생겨나며 만 가지 닮은 것이 형태를 이루어 사람들에게 보여주는 것, 이것이 바로 의義이다. 형태라고 하는 것은 다른 것이 아니요 골육骨肉을 두고 하는 말이다. 이 때문에 제례祭禮로써 대접 하는 것이다."

설수가 물었다.

"세 가지는 어느 것이 먼저입니까?"

문중자가 말하였다.

"세 가지는 서로 분리될 수 있는 것이 아니다. 사업에 이를 둔다면 주체로 삼아야 한다. 원구단圜丘壇을 만들어 제사로써 숭상하는 것은 신도神道를 관찰하기 위함이요, 방택단方澤壇을 만들어 제사로써 귀히 여기는 것은 만물을 관찰하기 위함이요, 종묘宗廟를 만들어 향례로써 하는 것은 선조의 정기精氣를 그리워하기 때문이다."

설수가 말하였다.

"감히 삼재三才가 품고 있는 의의를 여쭙습니다."

문중자가 말하였다.

"지극하도다, 질문이여! 무릇 하늘이라고 하는 것은 원기元氣를 통어하는 것으로서 한갓 넓고 푸른 것만을 두고 하는 말이 아니다. 땅이라고 하는 것은 원형元形을 통어하는 것으로서 한갓 산천과 구릉을 두고 하는 말이 아니다. 사람이라고 하는 것은 원식元識을 통어하는 것으로서 한갓 둥근 머리와 네모난 발을 두고 하는 말이 아니다. 건곤乾坤의 함축된 의의를 너는 생각하고 있느냐?"

이에 설수는 물러나 《역易》을 공부하였다.

薛收曰:「敢問天神·人鬼, 何謂也, 周公其達乎?」

子曰:「大哉! 周公, 遠則冥諸心也. 心者, 非他也, 窮理者也. 故悉本於天, 推神於天, 蓋尊而遠之也. 故以祀禮接焉. 近則求諸己也. 己者, 非他也, 盡性者也. 卒歸之人. 推鬼於人, 蓋引而敬之也. 故以饗禮接焉. 古者, 觀盟而不薦, 思過半矣.」

薛收曰:「敢問地祇.」

  子曰:「至哉! 百物生焉, 萬類形焉, 示之以民, 斯其
        義也. 形也者, 非他也, 骨肉之謂也. 故以祭
        禮接焉.」

  收曰:「三者何先?」

  子曰:「三才不相離也, 措之事業, 則有主焉. 圓丘尚祀,
        觀神道也; 方澤貴祭, 察物類也; 宗廟用饗,
        懷精氣也.」

  收曰:「敢問三才之蘊.」

  子曰:「至哉乎問! 夫天者, 統元氣焉, 非止蕩蕩蒼
        蒼之謂也; 地者, 統元形焉, 非止山川丘陵
        之謂也. 人者, 統元識焉, 非止圓首方足之
        謂也. 乾坤之蘊, 汝思之乎?」

於是收退而學《易》

【薛收】文中子 王通의 제자. 자는 伯褒(592~612). 隋나라 때 河東 汾陰縣 출신
으로 隋나라 內史侍郎 薛道衡의 아들. 수나라 大業 때 秦王府의 記室 房玄齡이
그를 秦王(李世民)에게 추천하여 秦王府主簿가 되어 判陝東道大行臺金部
郎中에 오름. 隋나라가 망한 뒤 天策府記室參軍에 올랐으며 汾陰縣男의
봉호를 받음. 武德 6년 本官兼文學館學士가 되었으며 武德 7년에 생을 마침.
《舊唐書》(72)와 《新唐書》(98)에 전이 실려 있음.
【周公其達乎】阮逸 注에 "仲尼曰:「鬼神之事, 吾亦難明.」 周公曰:「不若旦多才
多藝, 能事鬼神」 故止問周公"이라 함.
【心者】阮逸 注에 "心, 謂天理"라 함.
【悉本於天】阮逸 注에 "悉, 盡也. 盡我於天理也.《孟子》盡心章義同"이라 함.
【祀禮】阮逸 注에 "此宗祀大神也"라 함.

【求諸己】 자신에게서 찾음.《論語》衛靈公篇에 "子曰:「君子求諸己, 小人求諸人.」"
이라 함. 阮逸 注에 "己, 謂人倫"이라 함.

【盡性者】 阮逸 注에 "反己復性"이라 함.

【卒歸之人】 阮逸 注에 "如父與子性, 人人一同"이라 함.

【饗禮】 阮逸 注에 "此大禘人歸也"라 함.

【觀盥而不薦】 阮逸 注에 "盥潔貴, 敬也"라 함.

【地祇】 阮逸 注에 "旣聞天神人鬼, 故又問地祇"라 함.

【民斯其義】 阮逸 注에 "古祇字, 示旁作民"이라 함.

【骨肉】 阮逸 注에 "骨肉, 屬土"라 함.

【祭禮】 阮逸 注에 "此旣葬, 則祭于地下也"라 함.

【圓丘】 '圜丘'로도 표기하며 하늘에 제사를 지내는 단. 圓丘壇. 圜丘壇.

【方澤】 만물이 인류에게 혜택을 주는 것을 고맙게 여겨 제를 올리기 위해 만든
祭壇.

【三才之蘊】 阮逸 注에 "蘊者, 精奧之稱"이라 함.

【圓首方足】 머리는 둥글고 발은 모가 남. 阮逸 注에 "三才取其氣形識, 不止形
而已"라 함.

【學易】 阮逸 注에 "乾坤之中, 故因三才之蘊, 始悟《易》"이라 함.

440(9-23)
활쏘기

문중자가 말하였다.

"활쏘기는 그 덕을 살펴보는 것이건만 지금은 사라지고 없다. 옛사람들은 인의를 귀히 여겼고 용력勇力은 천히 여겼었다."

子曰:「射以觀德, 今亡矣. 古人貴仁義, 賤勇力.」

【射】射禮, 鄕射禮. 활쏘기를 통해 서로 交遊하는 고대 의식.《論語》八佾篇에 "子曰:「君子無所爭. 必也射乎! 揖讓而升, 下而飮. 其爭也君子.」"라 하였고, 같은 곳에 "子曰:「射不主皮, 爲力不同科, 古之道也.」"라 함.

441(9-24)
기덕배의棄德背義

문중자가 말하였다.

"덕을 버리고 의를 등지면서 사람들이 자신에게 친해오지 않으면 어쩌나 걱정한다거나, 의심을 잘하고 속임수를 숭상하면서 남들이 자신을 믿어 주지 않으면 어쩌나 걱정하는 사람들이 지금 있다."

子曰:「棄德背義, 而患人之不己親; 好疑尙詐, 而患人之不己信, 則有之矣.」

【有之矣】阮逸 注에 "譏時"라 함.

442(9-25)
복종

문중자가 말하였다.

"군자는 사람들의 마음에는 복종하지만 사람들의 말에는 복종하지 않는다. 남들의 말에는 복종하지만 남들의 몸을 두고는 복종하지 않는다. 남의 몸에 복종하는 것은 힘으로 가하기 때문이다. 군자는 의로써 하고 소인은 힘으로써 하니 어렵도다!"

子曰:「君子服人之心, 不服人之言; 服人之言, 不服
　　　人之身; 服人之身, 力加之也. 君子以義, 小人
　　　以力, 難矣夫!」

【不服人之言】阮逸 注에 《孟子》曰:「七十子之服仲尼, 中心悅而誠服也.」라 함.
【不服人之身】阮逸 注에 "此其次也"라 함.
【難矣夫】阮逸 注에 "並譏當世尙力, 不知義者"라 함.

443(9-26)
정화政化

문중자가 말하였다.

"태희太熙 이후에는 천자가 존재하는 것은 호칭뿐이다. 오호라! 〈정화
政化〉를 찾아 이를 펴놓고 정치를 한다면 번군蕃君들이 서로 맞서 있음을
알게 될 것이니 《원경元經》이 어찌 흥성하지 않을 수 있겠는가?"

> 子曰:「太熙之後, 天子所存者號稱. 嗚呼! 索〈化〉列之
> 以政, 則蕃君比之矣, 《元經》何以不興乎?」

【大熙】晉 武帝(司馬炎)가 죽고 惠帝(司馬衷)가 즉위하던 원년. 290년 1년이며
　　동시에 永熙로 연호를 바꿈. 阮逸 注에 "晉惠帝"라 함.
【蕃君比之】'蕃君'은 '藩君'과 같으며 藩邦의 군주. 제왕이 아님을 말함. 阮逸
　　注에 "《續詩》, 有政化"라 함.
【元經】王通의 저술 이름. 그의 《續六經》의 하나로 〈世家〉에 《元經》15권이
　　저록되어 있음. 天地人 三才의 관계를 기본으로 하여 晉 惠帝 永熙 원년(290)
　　부터 隋 開皇 9년(589) 南朝 陳나라가 멸망할 때까지 300년간의 역사를 공자의
　　《춘추》에 비견하여 기록한 것. 그러나 원본은 사라지고 없으며 지금의 宋本
　　《元經》은 위서로 밝혀졌음.
【不興乎】阮逸 注에 "《詩》亡, 則《春秋》作"이라 함.

444(9-27)
계시繼時

　　방현령房玄齡이 설수薛收에게 말하였다.

　　"도가 행해지지 않음은 필연적입니다. 그런데 선생님께서는 어찌 그토록 영영營營하게 관여하십니까?"

　　설수가 말하였다.

　　"그대는 선생님의 제자가 아니오? 천자가 도를 잃으면 제후가 이를 닦아야 하고, 제후가 도를 잃으면 대부가 이를 닦아야 하며, 대부가 도를 잃으면 사士가 이를 닦아야 하고, 사가 도를 잃으면 서인이 이를 닦아야 하는 것이오. 이를 닦는 방법은 선생님을 따라 배우되 꼭 정해진 스승은 없소. 가르치되 권태롭게 여기지 않으며, 궁해도 넘치지 않으며 죽어야 그칠 수 있는 것이라 여겨 때를 얻으면 행동에 옮기고, 때를 잃으면 웅크리고 있을 뿐이니, 이것이 선왕의 도가 계속 이어져 추락하지 않은 까닭이오. 옛날에는 이를 두고 '계시繼時'라 하였소. 《시詩》에 이르지 않았소? '비록 내가 찾아가진 못한다 해도, 그대 어찌 소식 하나 없을 수 있소?'라 한 것을. 어찌하여 행해보지도 않고 폐기할 수 있겠소?"

　　방현령은 척연惕然히 사죄하며 말하였다.

　　"그 실행이 이와 같이 원대한 것입니까?"

房玄齡謂薛收曰:「道之不行也, 必矣. 夫子何管營營乎?」

　　薛收曰:「子非夫子之徒歟? 天子失道, 則諸侯

修之; 諸侯失道, 則大夫修之; 大夫
失道, 則士修之; 士失道, 則庶人修之.
修之之道, 從師無常, 誨而不倦, 窮以
不濫, 死而後已, 得時則行, 失時則蟠,
此先王之道所以續而不墜也. 古者謂
之繼時.《詩》不云乎?『縱我不往, 子寧
不嗣音.』如之何以不行而廢也?」

玄齡愀然謝曰:「其行也, 如是之遠乎?」

【房玄齡】 자는 喬(혹 이름이 喬이며 자가 玄齡이라고도 함, 579~648). 역시 王通의
제자이며 唐 太宗 貞觀 명신. 濟州 臨淄(지금의 山東 淄博) 출신으로 貞觀 원년
(627) 中書令이 되었으며 3년(629) 尙書左僕射가 되어 梁國公에 봉해졌음.
10여 년 간 재상직에 있으면서 많은 업적을 쌓았음.《舊唐書》(66)와《新唐書》
(96)에 전이 있음.

【薛收】 文中子 王通의 제자. 자는 伯襃(592~612). 隋나라 때 河東 汾陰縣 출신
으로 隋나라 內史侍郎 薛道衡의 아들. 수나라 大業 때 秦王府의 記室 房玄齡이
그를 秦王(李世民)에게 추천하여 秦王府主簿가 되어 判陝東道大行臺金部
郎中에 오름. 隋나라가 망한 뒤 天策府記室參軍에 올랐으며 汾陰縣男의
봉호를 받음. 武德 6년 本官兼文學館學士가 되었으며 武德 7년에 생을 마침.
《舊唐書》(72)와《新唐書》(98)에 전이 실려 있음.

【營營】 부지런히 움직임. 阮逸 注에 “嗟師勤”이라 함.

【子非夫子之徒】 阮逸 注에 “不知道”라 함.

【諸侯修之】 阮逸 注에 “若桓文”이라 하여 齊桓公과 晉文公을 들고 있음.

【大夫修之】 阮逸 注에 “若子産·叔向”이라 함.

【士修之】 阮逸 注에 “若孔孟”이라 함.

【庶人修之】 阮逸 注에 “若董仲舒, 居家推災異”라 함.

【不濫】 阮逸 注에 “濫, 謂不苟干祿棄道”라 함.

【死而後已】《論語》泰伯篇에 "曾子曰:「士不可以不弘毅, 任重而道遠. 仁以爲
　己任, 不亦重乎? 死而後已, 不亦遠乎?」"라 함.

【蟠】굴복하여 웅크린 채로 있음. 阮逸 注에 "蟠, 屈"이라 함.

【繼時】阮逸 注에 "若孔子繼周公, 孟子繼孔子, 其適時一也"라 함.

【詩】《詩經》鄭風 子衿篇에 "靑靑子衿, 悠悠我心. 縱我不往, 子寧不嗣音. 靑靑
　子佩, 悠悠我思. 縱我不往, 子寧不來. 挑兮達兮, 在城闕兮. 一日不見, 如三月兮"
　이라 함. 阮逸 注에 "子衿篇. 刺亂世學校不修也. 注: 嗣, 續也. 音, 謂絃誦"이라 함.

【如是之遠乎】阮逸 注에 "乃知營營非止身而已. 繼時之道當遠大"라 함.

卷十 〈관랑편關朗篇〉

본편은 첫 구절 "或問關朗"의 '關朗'을 제목으로 삼은 것이다. 총 31장으로 分章하였다.

〈敍篇〉에 "通性命之說者, 非《易》安能至乎?《關氏易》之深者也, 故次之以〈關朗篇〉終焉"이라 하였다.

〈擊鼓說唱陶俑〉(東漢) 明器 1957 四川 成都 天回山 출토

445(10-1)
관랑關朗

어떤 이가 관랑關朗에 대하여 질문하였다.

문중자가 말하였다.

"북위 때의 현인이지. 효문제孝文帝가 죽어 선무제宣武帝가 들어서고, 목공穆公이 죽자 관랑은 물러났다. 북위가 제대로 떨치지 못한 것이 그런 이유 때문이다."

或問關朗.

子曰:「魏之賢人也, 孝文沒而宣武立, 穆公死關朗退.
　　　　魏之不振有由哉!」

【關朗】北魏 解州 사람으로 자는 子明. 關羽의 먼 후손. 재능이 있었지만 鄕里에 묻혀 벼슬을 구하지 않음. 王通의 선조 王虯가 北魏 孝文帝에게 추천하였던 인물. 太和 때 孝文帝가 王虯(穆公)를 발탁하자 왕규는 關朗을 추천하여 記室을 삼는 등 治道를 펴려 하였지만 孝文帝가 죽고 王虯도 죽어 제대로 뜻을 펼 수가 없었음. 《易》에 밝아 그의 저술을 《關氏易》이라 하며, 隋나라가 망하고 唐나라가 들어설 것임을 《易》으로써 풀이하고 예언하였으며 이에 대해 文中子와 토론한 내용이 부록 〈錄關子明事〉에 자세히 실려 있음. 〈古今圖書集成〉 氏族典(172) 에도 그의 사적이 실려 있음.

【孝文】北魏의 6대 군주 孝文帝. 元宏(拓拔宏). 獻文帝(拓拔弘)의 아들이며 宣武帝 (拓拔恪, 元恪)의 아버지. 471~499년까지 28년간 재위함. 洛陽으로 遷都한 다음, 우선 자신의 성명 拓拔宏도 元宏으로 바꾸는 등 漢化를 강행, 가장 깊이 漢化한 민족이 되고 말았음.

【文宣】北魏의 7대 임금 文宣帝. 孝文帝의 아들이며 이름은 拓拔恪(元恪). 문제를 이어 치도를 실현함. 500~515년까지 16년간 재위함.

【穆公】晉陽穆公. 王通의 4대조 王虬(428~500). 蕭道成이 宋나라를 찬탈하고 齊(南齊)를 세우자 建元 연간 北魏로 달아나 幷州刺史를 역임하였으며 이때 부터 王通의 집안이 汾河(晉陽) 근처에 살게 됨. 그 때문에 '晉陽穆公'이라 부른 것.《政大論》8편을 저술하였으며 關朗을 孝文帝에게 추천하여 記室로 삼음.

【有由】阮逸 注에 "國不振, 賢人不用"이라 함.

446(10-2)
중원中原과 사이四夷

문중자가 말하였다.

"중원이 도를 잃은 것을 사이四夷들이 알고 있도다."

위징魏徵이 말하였다.

"그 설명을 듣기를 청합니다."

문중자가 말하였다.

"〈소아小雅〉가 모두 폐기되자 사이들이 교대로 침략해 들어왔고 이로써 중원이 도를 잃고 말았으니 그렇게 설명하지 않을 수 있겠느냐?"

위징은 물러나와 설수薛收에게 말하였다.

"때를 가히 알 만합니다."

子曰:「中國失道, 四夷知之.」

魏徵曰:「請聞其說.」

子曰:「〈小雅〉盡廢, 四夷交侵, 斯中國失道也,
　　　　非其說乎?」

徵退謂薛收曰:「時可知矣.」

【中國】中原을 가리킴. 王通은 지역적으로 中原을 정통으로 여겼으며, 中原에 '帝'가 없을 때였던 東晉과 남조 宋(劉宋)까지만을 역사의 정통으로 여겼음.

왕통이 이러한 歷史觀을 갖게 된 것은 蕭道成이 宋나라를 찬탈하고 齊(南齊)를
세우자 그의 4대조 穆公 王虯(428~500)가 建元 연간 北魏로 달아나 中原에
정착한 것과 깊은 관련이 있는 것으로 보임. 이에 따라 王通은 비록 異民族
일지라도 中原을 통치한 왕조를 正統으로 보아, 血統보다는 地域을 중시하여
모든 학문과 주의주장, 이론을 펴고 있음. 따라서 江南의 王朝는 비록 漢族
일지라도 中原을 포기한 책임을 물어 매우 부정적 시각으로 보고 있음.

【魏徵】 자는 玄成(580~643). 王通의 제자이며 貞觀 최고 名臣. 唐 太宗 李世民
에게 직언으로 보필한 것으로 유명함. 北周 靜帝 大象 2년(580) 襄國郡 鉅鹿縣
에서 태어나 어릴 때 고아가 되어 隋나라 말에 떠돌다가 道士라 속이고 李密의
瓦崗軍과 竇建德의 河北義軍에 들어가 공을 세움. 태종이 즉위하여 諫議大夫와
尙書右丞을 겸하였음. 다시 貞觀 3년(629)에 秘書監이 되어 국정에 참여하였
으며 7년(633) 侍中이 되어 鄭國公에 봉해졌으며 17년(643) 병으로 長安에서
죽음. 시호는 文貞. 昭陵 곁에 묻혔음.《舊唐書》에 太宗과의 관계에 대하여
"討論政術, 往復應對, 凡數十萬言"이라 함.《舊唐書》(71)와《新唐書》(97)에 전이
있음.《貞觀政要》 등에 그의 일화가 널리 실려 있음.

【四夷】 中國(中原) 중심 사상에서 사방 이민족을 뜻함. 흔히 "東夷, 西戎, 南蠻,
北狄"이라 함.

【薛收】 文中子 王通의 제자. 자는 伯褒(592~612). 隋나라 때 河東 汾陰縣 출신
으로 隋나라 內史侍郎 薛道衡의 아들. 수나라 大業 때 秦王府의 記室 房玄齡이
그를 秦王(李世民)에게 추천하여 秦王府主簿가 되어 判陝東道大行臺金部
郎中에 오름. 隋나라가 망한 뒤 天策府記室參軍에 올랐으며 汾陰縣男의
봉호를 받음. 武德 6년 本官兼文學館學士가 되었으며 武德 7년에 생을 마침.
《舊唐書》(72)와《新唐書》(98)에 전이 실려 있음.

【時可知矣】 阮逸 注에 "時煬帝失道可知"라 함.

447(10-3)
사라진 시詩

설수薛收가 여쭈었다.

"지금 백성들에게는 어찌하여 시詩가 없습니까?"

문중자가 말하였다.

"시라는 것은 백성의 정과 천성을 표현한 것인데 정과 천성이 능히 없어지겠느냐? 백성에게 시가 없는 것이 아니라 시를 수집하는 직책을 맡은 자의 죄이다."

> 薛收問曰:「今之民, 胡無詩?」
>   子曰:「詩者, 民之情性也, 情性能亡乎? 非民無詩
>   職詩者之罪也.」

【無詩】당시 백성들의 民謠가 없음을 뜻함. 阮逸 注에 "因聞古詩, 乃問今民何不作詩?"라 함.

【情性能亡乎】阮逸 注에 "情不亡, 詩不廢"라 함.

【職詩】阮逸 注에 "職詩, 謂史官不明變"이라 함.

448(10-4)
가난에 시달린 요의姚義

요의姚義는 가난에 시달렸다.

방현령房玄齡이 말하였다.

"안타깝도다! 가난이여, 어찌 도움을 청하지 않고 있소?"

그러자 요의는 이렇게 말하였다.

"옛날 사람은 남을 위해 청하는 것도 오히려 자신의 겸양을 버리는 것으로 여겼소. 그런데 하물며 자신을 위해 청할 수 있겠소? 나는 원치 않소."

문중자가 듣고 말하였다.

"확실하도다! 요의여. 옛날의 도를 실행하면서 나를 깨우쳐주고 있으니 앞으로 나아가기는 어려우나 물러서기는 쉽다는 것을."

姚義困於窶.

　房玄齡曰:「傷哉! 窶也, 盍請乎?」

　　姚義曰:「古之人爲人請, 猶以爲捨讓也, 況爲己乎?
　　　　　　吾不願.」

　　子聞之曰:「確哉! 義也, 實行古之道矣, 有以發我也,
　　　　　　　難進易退.」

【姚義】太山 사람으로 王通의 門人이며 '七俊穎'의 第一人者. 자세한 事迹은 알 수 없음.

【窶】 '구'로 읽으며 가난함. 阮逸 注에 "窶, 貧"이라 함.

【房玄齡】자는 喬(혹 이름이 喬이며 자가 玄齡이라고도 함, 579~648). 역시 王通의 제자이며 唐 太宗 貞觀 명신. 濟州 臨淄(지금의 山東 淄博) 출신으로 貞觀 원년 (627) 中書令이 되었으며 3년(629) 尙書左僕射가 되어 梁國公에 봉해졌음. 10여 년 간 재상직에 있으면서 많은 업적을 쌓았음. 《舊唐書》(66)와 《新唐書》 (96)에 전이 있음.

【捨讓】謙讓을 포기하거나 버림. 阮逸 注에 "古冉子爲公西赤之母請粟, 孔子曰: 「君子周給不繼富.」 蓋非冉子棄讓也"라 함. 《論語》 雍也篇에 "子華使於齊, 冉子 爲其母請粟. 子曰: 「與之釜.」 請益. 曰: 「與之庾.」 冉子與之粟五秉. 子曰: 「赤之 適齊也, 乘肥馬, 衣輕裘. 吾聞之也: 君子周急不繼富.」 原思爲之宰, 與之粟 九百, 辭. 子曰: 「毋! 以與爾鄰里鄕黨乎!」"라 함.

【難進易退】阮逸 注에 "儒有難進易退, 姚義發明於我"라 함.

449(10-5)
이언邇言

　문중자가 말하였다.

　"비록 비근한 말일지라도 반드시 살펴보아야 하느니 근본을 찾아보면 근본에서 먼 경우도 있다."

　子曰:「雖邇言, 必有可察, 求本則遠.」

【邇言】아주 가까이 있는 측근의 말.
【察】阮逸 注에 "舜好察邇言, 若不察其本, 則讒說殄行至矣"이라 함.
【遠】阮逸 注에 "遠, 謂難及"이라 함.

450(10-6)
왕규王珪

왕규王珪가 선생님을 따르며 《속경續經》을 공부하겠다고 하였다.

문중자가 말하였다.

"숙부께서는 제通가 무슨 덕이 있다고 그러십니까?"

왕규가 말하였다.

"사양하지 말게. 인에 당하여는 스승에게도 양보하지 않는다 하였는데 하물며 지금 나에게는 스승도 없는 처지임에랴? 내 듣기로 관랑關朗의 점에 '혼란이 누적된 뒤에 마땅히 대현大賢이 태어나리라'라 하였다는데 대대로 예악禮樂을 익혀오기로 우리 집안만 한 자가 없으니 하늘이 도를 없애지 않고 이 문물전장을 진흥시키고자 한다면 그대가 아니고 누구이겠는가?"

王珪從子求《續經》.

子曰:「叔父, 通何德以之哉?」

珪曰:「勿辭也, 當仁不讓於師, 況無師乎? 吾聞關朗之
　　　筮矣:『積亂之後, 當生大賢.』世習禮樂, 莫若
　　　吾族, 天未亡道, 振斯文者, 非子誰歟?」

【王珪】 王通의 從叔. 자는 叔玠(571~639). 王僧辯의 손자이며 어릴 때 고아가되어 가난하게 살았음. 隋나라 때 譽郎에 올랐다가 唐나라가 들어서자 太子李建成의 舍人이 됨. 太宗(李世民)이 그의 어짊을 알고 불러 諫議大夫로 삼음. 뒤에 黃門侍郎, 太子右庶子를 거쳐 侍中에 오름. 房玄齡, 魏徵, 李靖, 溫彦博 등과 國事를 논하였으며 그가 죽었을 때 太宗이 素服을 입었다 함. 시호는 懿.《舊唐書》(70)와 《新唐書》(98)에 전이 있음. 阮逸 注에 "珪, 字叔玠. 子之從叔.太宗朝爲諫議, 多直言, 勅中書門下三品入閣, 使諫臣隨之, 自珪始也"라 함.

【當仁不讓於師】《論語》衛靈公篇에 "子曰:「當仁, 不讓於師.」"라 함.

【關朗之筮】 關朗은 앞장을 볼 것. 阮逸 注에 "事在〈關朗傳〉"이라 함.

【吾族】 阮逸 注에 "珪言直, 故擧吾族"이라 함.

【斯文】 文武 周公 이래 내려오던 禮樂, 典章, 文物을 뜻함.《論語》子罕篇에 "子畏於匡, 曰:「文王旣沒, 文不在玆乎? 天之將喪斯文也, 後死者不得與於斯文也; 天之未喪斯文也, 匡人其如予何?」"라 함.

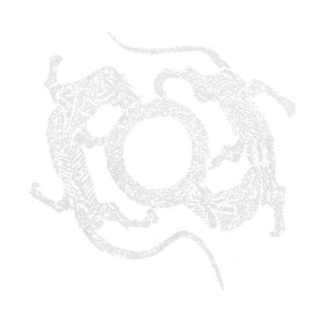

451(10-7)
의사議事

위징魏徵이 여쭈었다.

"일을 의논함에 제도로써 한다면 어떻겠습니까?"

문중자가 말하였다.

"만약 그 근본을 바르게 한다면 형벌은 장차 그대로 방치해도 될 것이요, 만약 그 도를 잃는다면 의논을 한들 무슨 이익이 되겠는가? 그 때문에 통치가 지극히 잘 이루어지는 시대에는 법을 걸어놓기만 하여도 범하는 자가 없었으며 그 다음으로 범한다 해도 그토록 번거로운 죄는 아니었다. 그러므로 제도로써 일을 논의할 수 있었던 것이다. 아! 중세의 도여. 만약 나를 등용하여 쓴다면 반드시 소송이라는 것이 없도록 하련만!"

魏徵問:「議事以制, 何如?」

子曰:「苟正其本, 刑將措焉, 如失其道, 議之何益? 故至治之代, 法懸而不犯, 其次犯而不繁, 故議事以制. 噫! 中代之道也. 如有用我, 必也 無訟乎!」

【魏徵】자는 玄成(580~643). 王通의 제자이며 貞觀 최고 名臣. 唐 太宗 李世民 에게 직언으로 보필한 것으로 유명함. 北周 靜帝 大象 2년(580) 襄國郡 鉅鹿縣

에서 태어나 어릴 때 고아가 되어 隋나라 말에 떠돌다가 道士라 속이고 李密의
瓦崗軍과 竇建德의 河北義軍에 들어가 공을 세움. 태종이 즉위하여 諫議大夫와
尙書右丞을 겸하였음. 다시 貞觀 3년(629)에 秘書監이 되어 국정에 참여하였
으며 7년(633) 侍中이 되어 鄭國公에 봉해졌으며 17년(643) 병으로 長安에서
죽음. 시호는 文貞. 昭陵 곁에 묻혔음.《舊唐書》에 太宗과의 관계에 대하여
"討論政術, 往復應對, 凡數十萬言"이라 함.《舊唐書》(71)와《新唐書》(97)에
전이 있음.《貞觀政要》등에 그의 일화가 널리 실려 있음.

【法懸而不犯】阮逸 注에 "盡衣冠爲法"이라 함.

【犯而不繁】阮逸 注에 "三代"라 함.

【中代之道】阮逸 注에 "商周已後爲中代"라 함.

【無訟乎】《論語》顔淵篇에 "子曰:「聽訟, 吾猶人也. 必也使無訟乎!」"라 함.
阮逸 注에 "此仲尼之志"라 함.

452(10-8)
진陳나라 평정

문중자가 말하였다.

"진陳나라를 평정한 이후에 용덕龍德이 끝까지 올라갔으나 끝내 후회함이 없었으니 슬프도다!"

文中子曰:「平陳之後, 龍德亢矣, 而卒不悔, 悲夫!」

【平陳】隋 開皇 9년(589), 隋 文帝(楊堅)가 남방 마지막 왕조 陳나라를 멸하고 270여 년 이어지던 南北朝의 상황을 마감함.

【龍德亢】《周易》乾卦 上九의 효사. 阮逸 注에 "上九, 亢龍有悔"라 함.

【卒而不悔】阮逸 注에 "隋文過亢不知, 故及弑"라 함.

453(10-9)
속서續書와 원경元經

문중자가 말하였다.

"나는 《속서續書》와 《원경元經》에 대하여, 그것은 천명을 알고 저술한 것이다! 예악을 안타깝게 여겨 〈악장악장〉과 〈예지〉를 기술한 것이며, 역수曆數를 바로잡기 위하여 남북의 차이를 갈라놓은 것이며, 제제帝制에 감격하여 태희太熙를 가장 으뜸으로 삼은 것이며, 중원을 존중하여 황시皇始를 정통으로 본 것이다."

子曰:「吾於《續書》·《元經》也, 其知天命而著乎! 傷禮樂則述〈章〉·〈志〉, 正曆數則斷南北, 感帝制而首太熙, 尊中國而正皇始.」

【續書】王通《續六經》의 하나로 《尙書》의 체제를 모방하여 그 뒤를 이어 찬술한 것. 〈世家〉에 《續書》 25권이 저록되어 있으며 西漢부터 晉代까지의 詔命을 모은 것임.

【元經】王通의 저술 이름. 그의 《續六經》의 하나로 〈世家〉에 《元經》 15권이 저록되어 있음. 天地人 三才의 관계를 기본으로 하여 晉 惠帝 永熙 원년(290)부터 隋 開皇 9년(589) 南朝 陳나라가 멸망할 때까지 300년간의 역사를 공자의 《춘추》에 비견하여 기록한 것. 그러나 원본은 사라지고 없으며 지금의 宋本 《元經》은 僞書로 밝혀졌음.

【知天命而著】阮逸 注에 "詩書亡, 然後《元經》作, 皆天命也"라 함.

【章志】王通의 〈樂章〉과 〈禮志〉를 가리킴. 阮逸 注에 "〈樂章〉·〈禮志〉"라 함.

【南北】阮逸 注에 "南北朝"라 함.

【帝制】'帝王으로서의 統治 權力과 天下 制壓의 힘'을 뜻함.

【太熙】晉 武帝(司馬炎)가 죽고 惠帝(司馬衷)가 즉위하던 원년. 290년 1년이며 동시에 永熙로 연호를 바꿈. 이 해를 《元經》의 元年으로 함. 阮逸 注에 "書帝制尚不及皇初, 況太熙乎? 然《元經》首於太熙者, 蓋感帝制之絶, 而特振之也"라 함.

【尊中國】中原을 존중함. 王通은 지역적으로 中原을 정통으로 여겼으며, 中原에 '帝'가 없을 때였던 東晉과 남조 宋(劉宋)까지만을 역사의 정통으로 여겼음. 왕통이 이러한 歷史觀을 갖게 된 것은 蕭道成이 宋나라를 찬탈하고 齊(南齊)를 세우자 그의 4대조 穆公 王虬(428~500)가 建元 연간 北魏로 달아나 中原에 정착한 것과 깊은 관련이 있는 것으로 보임. 이에 따라 王通은 비록 異民族일지라도 中原을 통치한 왕조를 正統으로 보아, 血統보다는 地域을 중시하여 모든 학문과 주의주장, 이론을 펴고 있음. 따라서 江南의 王朝는 비록 漢族일지라도 中原을 포기한 책임을 물어 매우 부정적 시각으로 보고 있음.

【皇始】鮮卑族 拓拔氏가 세운 北魏의 道武帝 拓拔珪가 北方을 통일하고 크게 융성하여 연호를 皇始라 하였음. 396~397년까지 2년간임. 拓拔氏는 뒤에 적극 漢化를 추진하여 성씨를 元으로 바꾸어 元魏로도 불림. 阮逸 注에 "晉宋卒不振, 則曆數斷歸北朝, 以後魏孝文皇始年都洛陽, 得中國也"라 함.

454(10-10)
동정動靜

문중자가 말하였다.
"움직이면 잃는 경우가 잦고, 조용히 있으면 잃는 경우가 적다."

文中子曰:「動失之繁, 靜失之寡.」

【失】阮逸 注에 "不得中"이라 함.

455(10-11)
네 가지 재앙

문중자가 말하였다.

"죄는 나서기를 좋아하는 것보다 큰 것이 없고, 재앙은 말 많은 것보다 큰 것이 없으며, 아픔은 허물을 듣지 않는 것보다 큰 것이 없고, 치욕은 부끄러움을 모르는 것보다 큰 것이 없다."

子曰:「罪莫大於好進, 禍莫大於多言, 痛莫大於不聞過, 辱莫大於不知恥.」

【好進】阮逸 注에 "進不以道"라 함.
【多言】阮逸 注에 "言不以中"이라 함.
【不聞過】阮逸 注에 "自蔽"라 함.
【不知恥】阮逸 注에 "自得"이라 함.

456(10-12)
관례冠禮를 치른 다음에야

문중자가 말하였다.

"천자의 아들에게는 관례冠禮를 치른 다음에야 그에게 봉지를 주는 문제를 논의하고, 다스림을 알고 난 뒤에야 직분을 받았으니 이것이 옛날의 도였다."

子曰:「天子之子, 合冠而議封, 知治而受職, 古之道也.」

【議封】阮逸 注에 "年二十成人, 始封之王"이라 함.
【受職】阮逸 注에 "齒靑學古"라 함.
【古之道】阮逸 注에 "此周制"라 함.

중장자광仲長子光의 정치관

설수薛收가 중장자광仲長子光에게 정치에 대하여 물었다.

자광이 대답하였다.

"그물의 벼리 줄 하나를 들면 모든 그물코가 벌어지고, 하나의 기계를 느슨하게 하면 모든 사물이 무너진다. 정치도 그런 것인지 모르겠다."

설수가 이를 문중자에게 고하였다.

문중자가 말하였다.

"자광은 터득하였구나."

薛收問政於仲長子光.

    子光曰:「擧一綱衆目張, 弛一機萬事隳, 不知其
        政也.」

收告文中子.

    子曰:「子光得之矣.」

【薛收】 文中子 王通의 제자. 자는 伯褒(592~612). 隋나라 때 河東 汾陰縣 출신
으로 隋나라 內史侍郎 薛道衡의 아들. 수나라 大業 때 秦王府의 記室 房玄齡이
그를 秦王(李世民)에게 추천하여 秦王府主簿가 되어 判陝東道大行臺金部
郎中에 오름. 隋나라가 망한 뒤 天策府記室參軍에 올랐으며 汾陰縣男의

봉호를 받음. 武德 6년 本官兼文學館學士가 되었으며 武德 7년에 생을 마침. 《舊唐書》(72)와 《新唐書》(98)에 전이 실려 있음.

【仲長子光】 자는 不耀. 王通의 문인. 河東에서 활동하여 이름을 날렸으며 王績의 〈仲長先生傳〉이 있음.

【擧一綱】《呂氏春秋》用民篇에 "用民有紀有綱, 壹引其紀, 萬目皆起, 壹引其綱, 萬目皆張. 爲民紀綱者何也?"라 함.

【弛一機】《韓非子》說林下에 "羿執鞅持扞, 操弓關機, 越人爭爲持的. 弱子扞弓, 慈母入室閉戶」 故曰:「可必, 則越人不疑羿; 不可必, 則慈母逃弱子.」라 함. 阮逸 注에 "引古語"라 함.

【不知其政者】阮逸 注에 "隱者言放"이라 함.

【子光得之矣】阮逸 注에 "得爲政之要也"라 함.

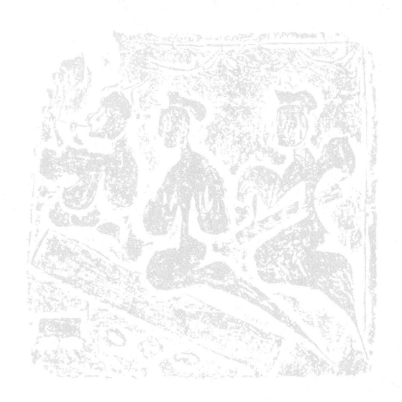

458(10-14)
도를 알지 못하면

문중자가 말하였다.
"도를 알지 못하면 남의 신하가 될 수 없는데 하물며 임금일 경우임에랴?"

文中子曰:「不知道, 無以爲人臣, 況君乎?」

【況君乎】阮逸 注에 "君更須知道"라 함.

459(10-15)
정전제井田制

문중자가 말하였다.

"백성들을 마을을 이루어 살지 못하게 하고 땅은 정전제井田制를 받지 않은 채 끝내 구차한 방법을 쓴다면 비록 순舜이나 우禹라 할지라도 능히 나라를 다스려 낼 수가 없을 것이다."

子曰:「人不里居, 地不井受, 終苟道也, 雖舜禹不能理矣.」

【井田】《孟子》梁惠王(下) "文王之治岐也, 耕者九一"의 注에 "九一者, 井田之制也. 方一里爲一井, 其田九百畝. 中畫井字, 界爲九區. 一區之中, 爲田百畝. 中百畝爲公田, 外八百畝爲私田. 八家各受私田百畝, 而同養公田, 是九分而稅其一也" 라 함. 阮逸 注에 "秦廢井田, 開阡陌. 意在徙豪傑, 强本國. 然棄禮義. 起兼幷, 爲苟且之道"라 함.
【舜禹】고대 帝王. 帝舜 有虞氏와 夏禹 夏后氏. 禹는 중국 최초의 왕조 夏나라의 시조.
【不能理】阮逸 注에 "如此, 雖聖人復生, 難矣"라 함.

460(10-16)
집기중執其中

문중자가 말하였다.

"정치를 가혹하게 하느니 차라리 은혜를 베풀 듯이 하고, 법을 급하게 하느니 차라리 느슨하게 하듯이 하고, 감옥을 번잡하게 하느니 차라리 간략하게 하듯이 하여야 한다. 신하와 임금 사이에는 서로 의심하느니 차라리 믿을 것이니 그 중심을 잡고 처리하는 것은 오직 성인만이 할 수 있으리라!"

子曰:「政猛寧若恩, 法速寧若緩, 獄繁寧若簡. 臣主之際, 其猜也寧信, 執其中者, 惟聖人乎?」

【若恩】阮逸 注에 "先恩臨之"라 함.
【若緩】阮逸 注에 "緩, 寬也"라 함.
【若簡】阮逸 注에 "簡, 不滋彰"이라 함.
【寧信】阮逸 注에 "並譏時"라 함.
【執其中】《尙書》大禹謨에 "人心惟危, 道心惟微, 惟精惟一, 允執厥中"이라 함.
【惟聖人乎】阮逸 注에 "聖人之道, 不難知, 能行上四事, 則執中矣"라 함.

461(10-17)
진秦나라가 망한 이유

문중자가 말하였다.

"임무를 맡기면서 한결같이 하지 않는 것은 난을 일으키는 중매쟁이이며, 감독하고 살피기를 그치지 않는 것은 간악한 짓을 하도록 하는 창고이다."

배희裵晞가 이를 듣고 말하였다.

"임금의 좌우가 서로 의심을 한다면 난이 일어나지 않겠는가? 위아래가 서로 엿본다면 도리어 간악한 짓을 하지 않겠는가. 옛날에는 이런 경우를 두고 뱀이나 돼지의 정치라 하였다. 아! 진秦나라가 망한 죄가 이것이다."

> 子曰:「委任不一, 亂之媒也. 監察不止, 姦之府也.」
>
> 裵晞聞之曰:「左右相疑, 非亂乎? 上下相伺, 非姦乎? 古謂之蛇豕之政. 噫! 亡秦之罪也.」

【姦之府】阮逸 注에 "隋由此亡"이라 함.
【裵晞】王通의 외삼촌. 자세한 사적은 알 수 없음. 阮逸 注에 "晞, 子之舅. 傳未見"이라 함.
【蛇豕之政】옳지 못한 정치를 심하게 비하하여 표현한 것.
【亡秦之罪】阮逸 注에 "言王道喪, 自秦始"라 함.

462(10-18)
은거隱居의 참뜻

두엄杜淹이 은隱에 대하여 질문하였다.

문중자가 말하였다.

"자신의 몸을 엎드려 드러나지 않게 하는 것이 아니다. 때의 천명이 크게 어긋난다면 그 덕을 숨기는 것이니 오직 도를 가진 자만이 능히 할 수 있다. 그러므로 '빽빽히 사람 많은 곳으로 물러나 숨는다'라 한 것이다."

杜淹問隱.

子曰:「非伏其身而不見也. 時命大謬, 則隱其德矣, 惟有
　　道者能之. 故謂之『退藏於密』.」

【杜淹】자는 執禮(?~628). 隋 開皇 때 隋 文帝의 미움을 받아 유배를 당하였다가 雍州司馬 高孝基의 추천으로 承奉郎에 올랐다가 御史中丞에 이름. 唐나라가 들어서자 御史大夫를 거쳐 吏部尙書에 오름. 貞觀 2년에 졸함.《舊唐書》(66)와 《新唐書》(96)에 전이 있음.〈文中子世家〉를 지은 인물.

【有道者】阮逸 注에 "有道, 謂聖人"이라 함.

【退藏於密】'大隱於市'와 같음.

463(10-19)
중고中古 시대

두엄이 말하였다.

"《역易》이 흥기하게 된 것은 천하에 의심이 많기 때문이었다! 그 때문에 성인들이 은둔할 수 있었던 것이다."

문중자가 말하였다.

"인은 드러내어 밝히고 쓰일 바는 감춘 것은 중고中古 시대의 일이었다."

두엄이 말하였다.

"감히 감춘다는 설에 대하여 여쭙습니다."

문중자가 말하였다.

"그 자취를 없애버리고 마음까지 닫아 버리면 가히 정신과 만날 수 있으니 일로써 그런 자를 찾아도 찾을 수 없는 것, 이것이 그 논리이다."

杜淹曰:「《易》之興也, 天下其可疑乎! 故聖人得以隱.」

子曰:「顯仁藏用, 中古之事也.」

淹曰:「敢問藏之之說.」

子曰:「泯其迹, 閟其心, 可以神會, 難以事求, 斯其說也.」

【聖人得以隱】阮逸 注에 "紂疑文王, 則文王隱"이라 함.

【顯仁藏用】阮逸 注에 "演, 卦顯也; 就, 拘藏也"라 함.

464(10-20)
도道의 요지要旨

다시 도道의 요지要旨에 대하여 질문하였다.

문중자가 말하였다.

"예가 아니면 움직이지 말고, 예가 아니면 보지 말며, 예가 아니면 듣지 말라."

두엄이 말하였다.

"이것이 인仁이라는 것의 덕목입니다."

문중자가 말하였다.

"도는 그 속에 있는 것이다."

두엄이 물러나와 두여회杜如晦에게 말하였다.

"쳐다보면 앞에 있으나 홀연히 뒤에 있으니 진실로 안회顔回는 이를 알았던 것이리라."

又問道之旨.

子曰:「非禮勿動, 非禮勿視, 非禮勿聽.」

淹曰:「此仁者之目也.」

子曰:「道在其中矣.」

淹退謂如晦曰:「瞻之在前, 忽然在後, 信顔氏知之矣.」

【非禮勿動】《論語》顏淵篇에 "顏淵問仁. 子曰:「克己復禮爲仁. 一日克己復禮, 天下歸仁焉. 爲仁由己, 而由人乎哉?」 顏淵曰:「請問其目.」 子曰:「非禮勿視, 非禮勿聽, 非禮勿言, 非禮勿動.」 顏淵曰:「回雖不敏, 請事斯語矣.」"라 함. 阮逸 注에 "仲尼言仁"이라 함.

【道在其中】阮逸 注에 "道在仁中"이라 함.

【如晦】杜如晦. 자는 克明(585~630). 唐 太宗의 貞觀 名臣. 원래 王通의 제자로서 隋末 滏陽尉의 낮은 벼슬이었으나 唐兵이 關中으로 들어오자 李世民에게 도움을 주어 陝東道大行臺司勳郎中이 되었으며 太宗이 즉위하자 尚書右僕射에 오름. 정책 결정에 과감하여 흔히 "房謀杜斷"이라 하였음.《舊唐書》(66)와《新唐書》(96)에 전이 있음.

【瞻之在前】《論語》子罕篇에 "顏淵喟然歎曰:「仰之彌高, 鑽之彌堅. 瞻之在前, 忽焉在後. 夫子循循然善誘人, 博我以文, 約我以禮, 欲罷不能. 旣竭吾才, 如有所立卓爾. 雖欲從之, 末由也已.」"라 함.

【顏氏知之】안회가 공자의 높은 경지를 알았던 것. 阮逸 注에 "知聖人遁大, 不可以語言執也"라 함.

465(10-21)
양한兩漢의 제도

문중자가 말하였다.

"사민四民이 구분되지 않고, 오등五等이 세워지지 않으며, 육관六官이 직분을 찾지 못하고, 구복九服이 질서가 없으니 《황분皇墳》과 《제전帝典》도 어찌 알아볼 수가 없도다. 삼대三代가 천하를 다스렸던 것을 법통으로 삼지도 않고 있으니 마침내 위기에 몰린 나라가 되고 말았다. 만약 부득이 하여 그런 것이라면 양한兩漢의 제도라도 쓸 수 있지 않겠는가? 양한의 천하를 보도하던 제도도 사용하지 않고 있으니 진실로 혼란스럽도다."

文中子曰:「四民不分, 五等不建, 六官不職, 九服不序, 《皇墳》·《帝典》, 不得而識矣, 不以三代之法統天下, 終危邦也. 如不得已, 其兩漢之制乎? 不以兩漢之制輔天下者, 誠亂也已.」

【四民】《穀梁傳》成公 元年에 "古者有四民: 有士民, 有商民, 有農民, 有工民" 이라 함.

【五等】公侯伯子男의 다섯 등급의 爵位.

【六官】《周禮》의 職制 天(吏部), 地(戶部), 春(禮部), 夏(兵部), 秋(刑部), 冬(工部)의 여섯 가지 職官.

【九服】都邑으로부터 5백 리씩 멀리 떨어진 지역을 아홉으로 나누어 다스리던
제도.《周禮》夏官 職方氏에 "夏, 職方氏. 乃辨九服之邦國: 方千里曰王畿, 其外
方五百里侯服, 又其外方五百里曰甸服, 又其外方五百里曰男服, 又其外方五百
里曰采服, 又其外方五百里曰衛服, 又其外方五百里曰蠻服, 又其外方五百里曰
夷服, 又其外方五百里曰鎭服, 又其外方五百里曰藩服"이라 함.

【皇墳帝典】三皇 시대의 기록인《三墳》과 五帝 시대의 기록인《五典》. 흔히
'三墳五典'이라 함.《左傳》昭公 12년에 "左史倚相趨過, 王曰:「是良史也, 子善
視之! 是能讀《三墳》·《五典》·《八索》·《九丘》.」"라 함.

【不得而識】阮逸 注에 "生民不復得而識也"라 함.

【危邦】阮逸 注에 "忠敬文相循之法"이라 함.

【誠亂也已】阮逸 注에 "制度不立則亂"이라 함.

김매고 북돋우면 풍년이 오겠지

문중자가 말하였다.

"중니仲尼의 저술은 광대하고 모든 것을 다 갖추었건만 천 년이 지나도록 사용하지 않고 있으니 슬프도다!"

구장仇璋이 나서며 말하였다.

"그런데 선생님께서는 지금 어찌 그토록 부지런히 저술에 힘쓰십니까?"

문중자가 말하였다.

"선사先師의 직분이니 감히 그만둘 수가 없다. 어찌 후세에 능히 사용하지 않을 것이라 여기겠는가? '김매고 북돋우면 풍년이 오겠지.'"

文中子曰:「仲尼之述, 廣大悉備, 歷千載而不用, 悲夫!」

仇璋進曰:「然夫子今何勤勤於述也?」

　　子曰:「先師之職也, 不敢廢, 焉知後之不能用也?

　　　　『是薅是蓘, 則有豐年.』」

【歷千載而不用】阮逸 注에 "六經示後而後世. 但習空文, 不用其道, 可悲惜"이라 함.
【仇璋】원래 龍門關의 문지기 관리였으나 이 때 王通을 만나 그의 제자가 된 인물. 자는 伯成.

【不敢廢】阮逸 注에 "儒職在祖述"이라 함.

【後之不能用】阮逸 注에 "後必有聖人出, 能用之"라 함.

【是蘀是蕡, 則有豐年】이는 지금의 《詩經》에는 없는 逸詩. '蘀'는 '穫'와 같음.
阮逸 注에 "逸詩. 譬如農夫, 是蘀是蕡, 雖飢饉, 必有豐年"이라 함.

467(10-23)
인仁을 주창한 이유

문중자가 설수薛收에게 말하였다.

"원위元魏 이래로 천하에 군주가 없구나! 개황開皇 9년에 백성이 비로소 통일되었으니 선인先人의 말에 '그 업무를 공경히 하는 자, 크게 나라를 세울 것이며, 그 지위를 신중히 하는 자, 그 명분을 바르게 세우리라'라 하였는데 이것이 내가 인수 때에 〈의議〉를 세운 이유다. 폐하는 진정한 제왕이시니 거짓과 혼란이 뒤따르지 않을 것이며, 틀림없이 주周나라, 한漢나라를 이어갈 것이며, 토덕土德으로써 화덕火德을 이어받았으며, 색은 황색黃色을 숭상하며, 숫자는 오五를 사용하며, 사대四代의 법을 제거하고 천명을 타셨도다. 천 년에 한번 내린 기회이니 놓칠 수가 없다. 고조高祖는 위대하게 여기셨으나 이를 능히 사용하지는 못하셨다. 그렇게 된 이유는 내가 주공周公의 일을 해낼 것을 기대하였기 때문이다. 그 때문에 〈십이책十二策〉에서 무엇이 우선이겠는가? 틀림없이 정시正始를 우선으로 삼아야 할 것이다."

子謂薛收曰:「元魏已降, 天下無主矣! 開皇九載人始一, 先人有言曰:『敬其事者, 大其始; 愼其位者, 正其名』, 此吾所以建〈議〉於仁壽也. 陛下眞帝也, 無踵僞亂, 必紹 周·漢, 以土襲火, 色尚黃, 數用五, 除四代之法, 以乘天命. 千載一時, 不可失也. 高祖偉之, 而不能用. 所以然者, 吾庶幾乎周公之事矣. 故〈十二策〉何先? 必先正始者也.」

【薛收】文中子 王通의 제자. 자는 伯褒(592~612). 隋나라 때 河東 汾陰縣 출신으로 隋나라 內史侍郎 薛道衡의 아들. 수나라 大業 때 秦王府의 記室 房玄齡이 그를 秦王(李世民)에게 추천하여 秦王府主簿가 되어 判陝東道大行臺金部郎中에 오름. 隋나라가 망한 뒤 天策府記室參軍에 올랐으며 汾陰縣男의 봉호를 받음. 武德 6년 本官兼文學館學士가 되었으나 이듬해 武德 7년 생을 마침.《舊唐書》(72)와《新唐書》(98)에 전이 있음.

【元魏】南北朝의 北魏. 拓拔氏가 元氏로 성을 바꾸어 '元魏'라 하며, 혹 '後魏'로도 부름. 王通이 正統으로 본 왕조. 386~534년까지 존속함.

【無主】阮逸 注에 "無眞主"라 함.

【開皇】隋 文帝(楊堅)의 연호. 581~600년까지 20년이었으며 다시 仁壽로 개원함. 開皇 9년(589)에 南朝 陳 後主(陳叔寶)를 멸하고 천하를 통일함.

【始一】비로소 통일함. 阮逸 注에 "平陳一統"이라 함.

【先人】銅川府君, 즉 王通의 아버지 王隆을 가리킴. 阮逸 注에 "先人, 謂銅川府君"이라 함.

【仁壽】隋 文帝(楊堅)의 두 번째 연호. 601~604년까지 4년간임. 阮逸 注에 "開皇改仁壽"라 함. 仁壽 4년 楊廣(煬帝)이 病中의 아버지를 弑殺하고 제위에 오름.

【無踵僞亂】踵은 '계속되다. 뒤따르다'의 뜻. 僞亂이 줄을 잇지 않을 것임. 阮逸注에 "南北朝僞亂相繼"라 함.

【以土襲火】中原은 五行으로 土에 해당하며 南方은 火에 해당함. 아울러 隋나라는 中原에 있어 土德에 해당함. 土(隋)가 火(南朝)를 습격하여 통일함. 阮逸 注에 "周木德, 漢火德, 隋當爲土德"이라 함.

【四代之法】阮逸 注에 "四代, 謂北朝魏·周·齊, 南朝陳也"라 하여 北魏, 北周, 北齊와 남조 陳을 가리킴.

【乘天命】阮逸 注에 "時乘御天"이라 함.

【高祖偉之】高祖는 隋 文帝 楊堅을 가리킴. 阮逸 注에 "偉, 其文而已. 不用其道"라 함.

【周公之事】阮逸 注에 "周公, 聖人之時者也. 故仲尼宗之. 敬其事, 正其始. 攝位則進, 正名則退, 公其心, 私其迹, 此周公之事也. 文中子謂隋祖必敬其始, 正其名"이라 함.

【正始】'시작을 바르게 하라'의 뜻이며 王通이 올린〈十二策〉의 첫 편명이기도 함. 阮逸 注에 "正始, 策首篇名"이라 함.

468(10-24)
위영魏永

위영魏永이 용문령龍門令이 되어, 수레에서 내리자마자 공관을 넓히는 공사부터 서두르고 있었다.

문중자가 이를 듣고 말하였다.

"먼저 할 것이 아닌데. 남들은 힘들게 하면서 자신은 편안하기를 바라고 있구나. 어찌 이러한 공사를 하고 있는가? 위영은 급히 중지하여 천자에게 사과해야 한다."

그러면서 문중자는 말하였다.

"부지런하지도 못하고, 검소하지도 못하다면 남의 윗사람이 될 수 없다."

魏永爲龍門令, 下車而廣公舍.

　　子聞之, 曰:「非所先也, 勞人逸己. 胡寧是營? 永
　　　　　　遽止, 以謝子.」

　　　　子曰:「不勤不儉, 無以爲人上也.」

【魏永】龍門縣의 縣令이 되었던 당시의 관리 이름. 구체적으로는 알 수 없음. 阮逸 注에 "永未見"이라 함.
【胡寧】두 글자 합하여 疑問副詞로 쓰였음.
【人上】阮逸 注에 "終戒之"라 함.

469(10-25)
학문의 전수

    문인 두위竇威, 가경賈瓊, 요의姚義는 《예禮》를 전수받고, 온언박溫彦博, 두여회杜如晦, 진숙달陳叔達은 《악樂》을 전수받았으며, 두엄杜淹, 방교房喬, 위징魏徵은 《서書》를 전수받고, 이정李靖, 설방사薛方士, 배희裴晞, 왕규王珪는 《시詩》를 전수받았고, 숙념叔恬은 《원경元經》을 전수받았으며, 동상董常, 구장仇璋, 설수薛收, 정원程元은 《육경六經》의 본의에 대하여 갖추어 들었다.

    門人竇威·賈瓊·姚義受《禮》; 溫彦博·杜如晦·陳叔達受《樂》; 杜淹·房喬·魏徵受《書》; 李靖·薛方士·裴晞·王珪受《詩》; 叔恬受《元經》; 董常·仇璋·薛收·程元備聞《六經》之義.

【竇威】 자는 文蔚. 竇熾의 아들이며 竇后의 從兄. 秘書郎을 지냈으며 隋 煬帝 大業 때 內史舍人에 올라 많은 직언을 하였음. 李淵이 불러 丞相府의 司錄參軍으로 삼아 唐初 제도를 마련함. 시호는 靖. 《舊唐書》(61)와 《新唐書》(95)에 전이 있음.
【賈瓊】 王通의 제자. 七大弟子, 즉 '七俊穎'의 하나. 中山 사람이라 함.
【姚義】 太山 사람으로 王通의 門人이며 '七俊穎'의 第一人者. 자세한 事迹은 알 수 없음.
【溫彦博】 자는 大臨(?~637). 王通의 제자 중 '七俊穎'의 하나. 隋末 대란이 일어

나자 幽州總管 羅藝를 끌어들여 司馬로 삼았으며 貞觀 4년 中書令을 거쳐 尙書
右僕射에 오름. 薛收의 아버지 薛道衡이 溫彦博과 溫大雅 형제를 "卿相之才"라
칭하였음. 《舊唐書》(61)와 《新唐書》(91)에 전이 있음. 阮逸 注에 "彦博, 大雅弟.
正觀(貞觀)中, 爲御史大夫, 有才辨, 官終僕射"라 함.

【杜如晦】 자는 克明(585~630). 唐 太宗의 貞觀 名臣. 원래 王通의 제자로서 隋末
滏陽尉의 낮은 벼슬이었으나 唐兵이 關中으로 들어오자 李世民에게 도움을
주어 陝東道大行臺司勳郎中이 되었으며 太宗이 즉위하자 尙書右僕射에 오름.
정책 결정에 과감하여 흔히 "房謀杜斷"이라 하였음. 《舊唐書》(66)와 《新唐書》
(96)에 전이 있음.

【陳叔達】 자는 子聰(?~635). 陳 宣帝의 16번째 아들. 陳나라 때 義陽王에 봉해졌
으며 隋나라 大業 때 內史舍人을 거쳐 鋒郡通導에 오름. 李淵이 鋒郡에 이르
렀을 때 적극 호응하여 丞相府主簿에 올랐으며 武德 4년 侍中을 거쳐 貞觀 때
禮部尙書에 오름. 《陳書》(28), 《南史》(65), 《舊唐書》(61), 《新唐書》(100)에 전이 있음.

【杜淹】 자는 執禮(?~628). 隋 開皇 때 隋 文帝의 미움을 받아 유배를 당하였고
雍州司馬 高孝基의 추천으로 承奉郎에 올랐다가 御史中丞에 이름. 唐나라가
들어서자 御史大夫를 거쳐 吏部尙書에 오름. 貞觀 2년에 졸함. 《舊唐書》(66)와
《新唐書》(96)에 전이 있음. 〈文中子世家〉를 지은 인물.

【房喬】 房玄齡(579~648). 자는 喬(혹 이름이 喬이며 자가 玄齡이라고도 함. 역시
王通의 제자이며 唐 太宗 貞觀 명신. 濟州 臨淄(지금의 山東 淄博) 출신으로 貞觀
원년(627) 中書令이 되었으며 3년(629) 尙書左僕射가 되어 梁國公에 봉해졌음.
10여 년 간 재상직에 있으면서 많은 업적을 쌓았음. 《舊唐書》(66)와 《新唐書》
(96)에 전이 있음.

【魏徵】 자는 玄成(580~643). 王通의 제자이며 貞觀 최고 名臣. 唐 太宗 李世民
에게 직언으로 보필한 것으로 유명함. 北周 靜帝 大象 2년(580) 襄國郡 鉅鹿縣
에서 태어나 어릴 때 고아가 되어 隋나라 말에 떠돌다가 道士라 속이고 李密의
瓦崗軍과 竇建德의 河北義軍에 들어가 공을 세움. 태종이 즉위하여 諫議大夫와
尙書右丞을 겸하였음. 다시 貞觀 3년(629)에 秘書監이 되어 국정에 참여하였고
7년(633) 侍中이 되어 鄭國公에 봉해졌으며 17년(643) 병으로 長安에서 죽음.
시호는 文貞. 昭陵 곁에 묻혔음. 《舊唐書》에 太宗과의 관계에 대하여 "討論
政術, 往復應對, 凡數十萬言"이라 함. 《舊唐書》(71)와 《新唐書》(97)에 전이 있음.
《貞觀政要》 등에 그의 일화가 널리 실려 있음.

【李靖】 571~649. 王通의 제자. 뒤에 唐 太宗 李世民의 貞觀 명신이며 당시 최고의
병법가로서 능력을 발휘함. 兵部尙書를 거쳐 尙書右僕射에 있었으며, 군사학에

뛰어나 태종과 병법을 토론하여 유명한 병법서《李衛公問對》를 저술함.《舊
唐書》(67)와《新唐書》(93)에 전이 있음.《貞觀政要》등에 그의 일화가 널리 전함.

【薛方士】 구체적으로 알 수 없음. 阮逸 注에 "方士, 未見"이라 함.

【裴晞】 王通의 외삼촌. 자세한 사적은 알 수 없음.

【王珪】 王通의 從叔. 자는 叔玠(571~639). 王僧辯의 손자이며 어릴 때 고아가
되어 가난하게 살았음. 隋나라 때 譽郎에 올랐다가 唐나라가 들어서서 太子
李建成의 舍人이 됨. 太宗(李世民)이 그의 어짊을 알고 불러 諫議大夫로 삼음.
뒤에 黃門侍郎, 太子右庶子를 거쳐 侍中에 오름. 房玄齡, 魏徵, 李靖, 溫彦博
등과 國事를 논하였으며 그가 죽었을 때 太宗이 素服을 입었다 함. 시호는 懿.
《舊唐書》(70)와《新唐書》(98)에 전이 있음.

【叔恬】 王凝. 王通의 아우이며 王績의 형. 자는 叔恬. 太原縣令에 올라 그 때문에
太原府君으로도 부름. 唐 太宗 貞觀 초에 監察御史에 올랐다가 侯君集의
사건에 연루되어 姑蘇令으로 좌천되기도 함. 뒤에 벼슬을 버리고 낙향하여
王通의《六經》과《文中子(中說)》를 정리함. 대체로 隋나라 開皇 초에 태어난
것으로 보이며 죽은 해는 알려지지 않음.

【元經】 王通의 저술 이름. 그의《續六經》의 하나로〈世家〉에《元經》15권이
저록되어 있음. 天地人 三才의 관계를 기본으로 하여 晉 惠帝 永熙 원년(290)
부터 隋 開皇 9년(589) 南朝 陳나라가 멸망할 때까지 300년간의 역사를 공자의
《춘추》에 비견하여 기록한 것. 그러나 원본은 사라지고 없으며 지금의 宋本
《元經》은 위서로 밝혀졌음.

【董常】 자는 履常. 원래 河南 사람으로 孔子에게 顔回가 있듯이 王通에게 안회와
같은 존재로 알려져 있음. 왕통보다 일찍 죽음.

【仇璋】 원래 龍門關의 문지기 관리였으나 이 때 王通을 만나 그의 제자가 된
인물. 자는 伯成.

【薛收】 文中子 王通의 제자. 자는 伯褒(592~612). 隋나라 때 河東 汾陰縣 출신
으로 隋나라 內史侍郎 薛道衡의 아들. 수나라 大業 때 秦王府의 記室 房玄齡이
그를 秦王(李世民)에게 추천하여 秦王府主簿가 되어 判陝東道大行臺金部
郎中에 오름. 隋나라가 망한 뒤 天策府記室參軍에 올랐으며 汾陰縣男의
봉호를 받음. 武德 6년 本官兼文學館學士가 되었으며 武德 7년에 생을 마침.
《舊唐書》(72)와《新唐書》(98)에 전이 실려 있음.

【程元】 王通의 문인, 제자. 구체적으로는 알 수 없음.

【六經之義】 阮逸 注에 "《中說》終"이라 하여《文中子(中說)》는 여기에서 끝을
맺은 것임.

470(10-26)
왕응王凝의 자술

　나 왕응王凝은 늘 경을 전문으로 전하지 않는 자의 이야기를 들었으므로 감히 전수를 받지 않았으나 경에 대하여 다른 주장을 가지고 있어 그 때문에 이를 기록한 것이다.

凝常聞不專經者, 不敢以受也, 經別有說, 故著之.

【凝】王凝. 叔恬. 王通의 아우이며 王績의 형. 자는 叔恬. 太原縣令에 올라 太原府君으로도 부름.
【故著之】阮逸 注에 "此太原府君王凝, 自記自《中說》之後也"라 함.

471(10-27)
태원부군太原府君의 유훈

태원부군太原府君이 말하였다.

"문중자의 가르침을 널리 펴지 않을 수 없다. 세월이 가고 있으니 문중자의 뒤를 잇도록 하지 않으면 이에 통달할 자가 없게 될 것이니 세 아들을 불러 약례略例로써 가르쳐야 한다."

太原府君曰:「文中子之教, 不可不宣也, 日月逝矣, 不可使文中之後, 不達於玆也, 召三子而教之略例焉.」

【太原府君】 叔恬. 王凝. 王通의 아우이며 王績의 형. 자는 叔恬. 太原縣令에 올라 그 때문에 太原府君으로도 부름. 唐 太宗 貞觀 초에 監察御史에 올랐다가 侯君集의 사건에 연루되어 姑蘇令으로 좌천되기도 함. 뒤에 벼슬을 버리고 낙향하여 王通의《六經》과《文中子(中說)》를 정리함. 대체로 隋나라 開皇 초에 태어난 것으로 보이며 죽은 해는 알려지지 않음. 阮逸 注에 "王凝, 字叔恬. 子之弟也. 爲御史, 彈侯君集, 爲長孫無忌所惡, 出爲太原令. 王氏家書稱太原府君" 이라 함. 阮逸 注에 "稱府君者, 凝二子所記也"라 하여 이는 王凝의 두 아들이 기록한 것이므로 관직을 들어 높이 칭한 것임.
【日月逝矣】《論語》陽貨篇에 "日月逝矣, 歲不我與."라 하였고, 朱熹의〈勸學文〉에도 "勿謂今日不學而有來日, 勿謂今年不學而有來年. 日月逝矣, 歲不我延. 嗚呼老矣, 是誰之愆?"이라 함.
【文中之後】 阮逸 注에 "後裔"라 함.
【略例】《續經》의 略例. 阮逸 注에 "《續經》略例"라 함.

472(10-28)
태원부군太原府君의 걱정

태원부군太原府君이 말하였다.

"나凝는 평소 두려움을 느낀다. 자제들은 공무에 바빠 보기도 어렵고,
규문閨門 안은 마치 조정처럼 엄숙하기만 하다."

太原府君曰:「凝, 當居慄如也, 子弟非公服不見, 閨門之
內若朝廷焉.」

【太原府君】叔恬, 王凝. 王通의 아우.
【閨門】집안 內房.

473(10-29)
문중자의 유훈

지난 날 문중자께서 이렇게 말씀하셨다.

"현자로다. 왕응王凝이여. 권權에 있어서라면 아직 가히 함께 설 수는 없지만."

태원부군太原府君 왕응이 재배하며 말하였다.

"삼가 가르침을 받겠습니다. 예가 아니면 행동하지 말라고 하신 것을 종신토록 지키겠습니다."

그는 정관貞觀 연간에 비로소 벼슬길에 올라 감찰어사監察御史가 되어 후군집侯君集이 무군지심無君之心을 가지고 있음을 탄핵하여 상주하였다.

물러나서는 향당을 화목하게 하고 집안은 사교四敎로 이끌었으니 바로 근검공서勤儉恭恕였고, 집안을 사례四禮로 바로잡았으니 바로 관혼상제冠婚喪祭였다.

3년 필요한 물건만 비축되면 이를 친족들에게 모두 나누어 주었다.

성인의 책과 공복公服, 예기禮器는 빌려 쓰지 않았으며, 담과 지붕, 집물什物 들은 반드시 견고하고도 질박한 것을 쓰면서 "구태여 돈을 들일 필요가 없다"라고 하였다.

문과 골목의 과실나무들은 반드시 모나고 바르게 줄을 세워 심으면서 "구태여 마구 심을 필요가 없다"라고 하였다.

과수寡嫂를 모시면서 공순하게 하였고, 남에게는 관곡款曲함을 요구하지 않았다. 유물을 넘겨받지 않았고 자신의 힘으로 한 것이 아니거나 자신의 녹이 아니면 옷도 음식도 얻지 않았다.

향식饗食의 예에는 더 물건을 보태지도 않으면서 "예에 맞으면 될 뿐이다"
라고 하였다.

평소 집안 생활에는 육식을 하지 않았으며 "배부름을 구하지 않는다"라
하였다.

베로 만든 이불 하나를 20년 동안 바꾸지 않으면서 "천하의 물건을 낭비
하지 않는다"라 하였다.

마을 사람 중에 세금을 속이는 자가 있어 한 해에 두 번 나누어 받던
것을 관직에 임하게 되자 날짜로 계산하여 봉록을 받았다.

나이 일흔이 넘었어도 손에 경서를 놓지 아니한 채 친척이나 친구 중에
의롭지 못한 자가 있으면 반드시 "눈앞에서는 칭찬하면서 등뒤에서는
헐뜯는 것은 나는 참을 수 없다"라고 하면서 바르게 고쳐주었다.

여럿이 모여 마음놓고 말할 때도 남의 단점은 언급하지 않았으며 언제나
감히 범접할 수 없는 표정을 가져 그 때문에 소인들은 그를 멀리하였다.

昔文中子曰;「賢者, 凝也. 權則未而可與立矣.」

府君再拜曰:「謹受敎. 非禮不動, 終身焉.」

貞觀中起家監察御史, 劾奏侯君集有無君之心.

及退則鄕黨以穆, 御家以四敎, 勤儉恭恕; 正家以四禮,
冠婚喪祭.

三年之畜備, 則散之親族.

聖人之書及公服禮器不假, 垣屋什物必堅朴, 曰:「無苟
費也.」

門巷果木必方列, 曰:「無苟亂也.」

事寡嫂以恭順著, 與人不款曲, 不受遺, 非其力, 非其祿,
未嘗衣食.

饗食之禮, 無加物焉, 曰:「及禮可矣.」

居家不肉食, 曰:「無求飽.」

一布被, 二十年不易, 曰:「無爲費天下也.」

鄕人有誣其稅者, 一歲再輸, 臨官計日受俸.

年逾七十, 手不輟經, 親朋有非義者, 必正之曰:「面譽背毁, 吾不忍也.」

群居縱言, 未嘗及人之短. 常有不可犯之色, 故小人遠焉.

【凝】王凝. 叔恬. 王通의 아우이며 王績의 형. 자는 叔恬. 太原縣令에 올라 太原府君으로도 부름.

【權則未而可與立】'權'은 權衡. 저울의 平衡과 같음. 혹 '通權達變'으로 풀이하기도 함.《論語》子罕篇에 "子曰:「可與共學, 未可與適道; 可與適道, 未可與立; 可與立, 未可與權.」"이라 하였고,《淮南子》氾論訓에 "孔子曰:「可以共學矣, 而未可與適道也; 可與適道, 未可以立也; 可以立, 未可與權」"이라 함.

【正觀】貞觀. 唐 太宗(李世民)의 연호. 역대 이래 가장 태평을 누렸던 때로 흔히 지칭됨. 627~649년까지 23년간이며 이때의 명신들은 거의 왕통의 제자들이었음. 이때의 정치에 대한 기록은《貞觀政要》를 볼 것.

【起家】벼슬 없이 집에 있다가 처음으로 벼슬길에 나서는 경우를 뜻함. 阮逸 注에 "除服被起"라 함.

【監察御史】지방 행정을 감찰하는 임무의 관직. 阮逸 注에 "天下稱讜正, 出爲胡蘇令, 時杜淹爲御史大夫, 王凝爲監察"이라 함.

【侯君集】?~643. 唐나라 豳州 三水 사람. 어려서 秦王 李世民을 섬겼으며 玄武門 政變을 모책하여 공을 세움. 이에 이세민이 등극하자 右衛大將軍에 오름. 다시 兵部尙書를 거쳐 行軍總管으로 李靖을 도와 吐谷渾을 정벌함. 뒤이어 다시 交河道行軍大總管이 되어 高昌을 평정하고 그곳에 자신의 공을 새기고 돌아옴. 그러나 공을 믿고 오만을 부리다가 태자 李承乾의 사건에 연루되어 하옥되었다가 斬首를 당함.《舊唐書》(69)와《新唐書》(94)에 전이 있음.

【無君之心】阮逸 注에 "上言侯君集有反狀, 太宗以君集有大功, 未之信. 而長孫

無忌, 與君集善, 乃與杜淹不協, 而王凝貶出胡蘇令. 胡蘇, 漢東莞縣, 有胡蘇亭,
隋置縣名, 今屬隸州"라 함.

【禮器不假】 阮逸 注에 "皆自足"이라 함.《禮記》王制에 "道路: 男子由右, 婦人
由左, 車從中央. 父之齒隨行, 兄之齒雁行, 朋友不相踰. 輕任幷, 重任分, 斑白不
提挈. 君子耆老不徒行, 庶人耆老不徒食. 大夫祭器不假. 祭器未成, 不造燕器"
라 함.

【事寡嫂李恭順著】 阮逸 注에 "文中子之室"이라 함.

【非其力】 阮逸 注에 "力, 謂自耕桑者"라 함.

【無求飽】《論語》學而篇에 "子曰:「君子食無求飽, 居無求安, 敏於事而愼於言,
就有道而正焉, 可謂好學也已.」"라 함.

【群居】《論語》衛靈公篇에 "子曰:「羣居終日, 言不及義, 好行小慧, 難矣哉!」"라 함.

474(10-30)
# 보탬이 되지 않을 수 없으리

두엄杜淹이 말하였다.

"《속경續經》의 내용은 실행될까요?"

태원부군太原府君이 말하였다.

"왕공王公과 대인大人이라면 가장 서둘러야 할 것이다. 선왕先王의 도가 모두 여기에 분포되어 있다. 천하에 도가 있으면 성인은 이를 추진하여 실행하려니와 천하에 도가 없으면 성인은 저술하면서 갈무리할 뿐이다. 소위 '흐르는 것은 이에 냇물이 되고, 막힌 것은 이에 못이 되며, 올라가면 구름이 되고 베풀면 비가 되며 잠기면 윤택하게 하느니 어디를 간들 이익이 되지 않겠는가?'라는 것이다."

　　杜淹曰:「《續經》其行乎?」

太原府君曰:「王公大人最急也, 先王之道, 布在此矣. 天下有道, 聖人推而行之; 天下無道, 聖人述而藏之. 所謂『流之斯爲川焉, 塞之斯爲淵焉, 升則雲, 施則雨, 潛則潤, 何往不利也?』」

【杜淹】 자는 執禮(?~628). 隋 開皇 때 隋 文帝의 미움을 받아 유배를 당하였다가
雍州司馬 高孝基의 추천으로 承奉郎에 올랐다가 御史中丞에 이름. 唐나라가
들어서자 御史大夫를 거쳐 吏部尙書에 오름. 貞觀 2년에 졸함.《舊唐書》(66)와
《新唐書》(96)에 전이 있음.〈文中子世家〉를 지은 인물.

【續經】〈續六經〉. 文中子가 孔子의 六經에 맞추어 자신도 六經을 찬술한 것.

【太原府君】王凝. 叔恬. 王通의 아우이며 王績의 형. 자는 叔恬. 太原縣令에 올라
太原府君으로도 부름.

475(10-31)
명철한 자를 기다리며

태원부군太原府君이 말하였다.

"선생님께서는 정원程元, 구장仇璋, 동상董常, 설수薛收를 얻어 《육경六經》이 더욱 명확해졌고, 대화와 문답을 짓게 된 것은 이 네 사람의 힘이었다. 동상과 구장이 일찍 죽고 정원과 설수가 그 뒤를 이어 죽었으므로 문중자의 가르침은 그 작용을 제대로 발휘되지 못하였다. 오호라! 다음에 올 명철한 자를 기다리노라."

太原府君曰:「夫子得程·仇·董·薛而《六經》益明, 對問
之作, 四生之力也. 董·仇早歿而程·薛
繼殂, 文中子之敎, 其未作矣. 嗚呼! 以俟
來哲.」

【程·仇·董·薛】程元, 仇璋, 董常, 薛收를 가리킴.
【以似來哲】阮逸 注에 "此並隱其意, 肆其言, 以傷河汾之敎, 爲長孫無忌所抑, 房玄齡等不能振之矣"라 하여 長孫無忌의 억제 때문에 房玄齡 등이 王通의 사상을 제대로 펴지 못한 것이라 하였음.

부록

〈女人騎馬陶俑〉(隋) 1956 湖北 武漢 隋墓 출토

1.〈文中子《中說》序〉······················ 阮逸

　周公, 聖人之治者也. 後王不能擧, 則仲尼述之, 而周公之道明. 仲尼,
聖人之備者也. 後儒不能達, 則孟軻尊之, 而仲尼之道明. 文中子, 聖人之
修者也, 孟軻之徒歟! 非諸子流矣. 蓋萬章・公孫丑不能極師之奧盡錄其言.
故孟氏章句略而多闕, 房・杜諸公不能臻師之美, 大宣其敎, 故王氏《續經》
抑而不振.《中說》者, 子之門人對問之書也.

　薛收, 姚義集而名之. 唐太宗正觀(貞觀)初, 精修治具, 文經武略, 高出
近古. 若房・杜・李・魏・二溫・王・陳輩, 迭爲將相, 實永三百年之業, 斯門人之
功過半矣.

　正觀(貞觀)二年(628), 御史大夫杜淹始序《中說》, 及《文中子世家》, 未及
進用, 爲長孫無忌所抑而淹尋卒. 故王氏經書散在諸孤之家, 代莫得聞焉.
二十三年(649), 太宗沒, 子之門人盡矣. 惟福畤兄弟(福畤, 文中子幼子)傳授
《中說》於仲父凝, 始爲十卷, 今世所傳本文多殘缺, 誤以杜淹所撰《世家》
爲《中說》之序(杜正觀三年卒, 今世所傳本, 乃正觀二十二年序). 又福畤於
仲父凝得《關子明傳》, 凝因言關氏卜筮之驗, 且記房・魏與太宗論道之美,
亦非《中說》後序也. 蓋同藏緗帙, 卷目相亂, 遂誤爲序焉.

　逸家藏古編尤得精備, 亦得十篇, 實無二序. 以章詳測,《文中子世家》
乃杜淹授與尙書陳叔達, 編諸《隋書》而亡矣(叔達依遷史人,《隋書》今亡).
關子明事具於裴晞《先賢傳》, 今亦無存.

　故王氏諸孤痛其將墜也, 因附于《中說》兩間, 且曰:「同志論組, 帝閽
悠邈, 文中子之敎, 鬱而不行, 吁, 可悲矣!」此有以知杜淹見抑而《續經》
不傳, 諸王自悲而遺事必錄, 後人責房・魏不能揚師之道, 亦有由焉. 夫道之

深者, 固當年不能窮功之遠者, 必異代而後顯. 方當聖時, 人文復古, 則周·孔至治大備, 得以隆之.

昔《荀卿》·《揚雄》二書尚有韓愈·柳宗元刪定, 李軌·揚倞注, 況《文中子》非荀·揚比也? 豈學者不能伸之乎? 是用覃研蘊奧, 引質同異, 爲之注解, 以翼斯文. 夫前聖爲後聖之備, 古文乃今文之脩, 未有離聖而異驅, 捐古而近習而能格于治者也.

皇宋御天下, 尊儒尚文, 道大淳矣, 修王削霸, 政無雜矣. 抑又跨唐之盛而使文中之徒遇焉, 彼韓愈氏力排異端, 儒之功者也. 故稱孟子能拒楊墨而功不在禹下, 孟軻氏儒之道者也, 故稱顏回謂與禹稷同道, 愈不稱文中子其先功而後道歟? 猶文中子不稱孟軻道存而功在其中矣. 唐末司空圖嗟, 功廢道衰, 乃明文中子聖矣.

五季經亂, 逮乎削平, 則柳仲塗宗之於前, 孫漢公廣之於後, 皆云聖人也, 然未及盛行其敎. 噫! 知天之高, 必辯其所以高也, 子之道其天乎! 天道則簡而功密矣. 門人對問如日星麗焉, 雖環周萬變, 不出乎天中. 今推策揆影, 庶髣髴其端乎. 大哉! 中之爲義, 在《易》爲二五, 在《春秋》爲權衡, 在《書》爲皇極, 在《禮》爲中庸, 謂乎無形非中也, 謂乎有象非中也; 上不蕩於虛無, 下不局於器用, 惟變所適, 惟義所在, 此中之大略也.《中說》者如是而已.

李靖問聖人之道, 子曰:「無所由亦不至於彼」又問彼之說, 曰:「彼道之方也, 必也無至乎!」魏徵問聖人憂疑, 子曰:「天下皆憂疑, 吾獨不憂疑乎?」退, 謂董常曰:「樂天知命, 吾何憂? 窮理盡性, 吾何疑舉?」是深趣可以類知焉. 或有執文昧理以模範《論語》爲病, 此皮膚之見, 非心解也. 逸才微志, 勤曷窮其極, 中存疑闕, 庸俟後賢, 仍其舊篇, 分爲十卷. 謹序.

2. 〈敍篇〉

　　文中子之敎繼素王之道, 故以〈王道篇〉爲首. 古先聖王俯仰二儀, 必合其德, 故次之以〈天地篇〉. 天尊地卑, 君臣立矣, 故次之以〈事君篇〉. 事君法天, 莫如周公, 故次之以〈周公篇〉. 周公之道, 蓋神乎《易》中, 故次之以〈問易篇〉. 易者, 敎化之原也, 敎化莫大乎禮樂, 故次之以〈禮樂篇〉. 禮樂彌文, 著明則史, 故次之以〈述史篇〉. 興文立制, 燮理爲大, 惟魏相有焉, 故次之以〈魏相篇〉. 夫陰陽旣燮, 則理性達矣, 窮理盡性以至於命, 故次之以〈立命篇〉. 通性命之說者, 非《易》安能至乎? 《關氏易》之深者也, 故次之以〈關朗篇〉終焉.

3.〈文中子世家〉······················ 杜淹

　文中子王氏, 諱通, 字仲淹. 其先漢徵霸, 絜身不仕. 十八代祖殷雲中太守, 家於祁, 以《春秋》·《周易》訓鄕里, 爲子孫資. 十四代祖述, 克播前烈, 著《春秋義統》, 公府辟不就. 九代祖寓, 遭湣·懷之難, 遂東遷焉. 寓生罕, 罕生秀, 皆以文學顯. 秀生二子, 長曰玄謨, 次曰玄則. 玄謨以將畧升, 玄則以儒術進. 玄則字彦法, 卽文中子六代祖也. 仕宋, 歷太僕·國子博士, 常歎曰:「先君所貴者, 禮樂; 不學者, 軍旅; 兄何爲哉?」遂究道德, 考經籍, 謂功業不可以小成也, 故卒爲洪儒. 卿相不可以苟處也, 故終爲博士. 曰:「先師之職也, 不可墜.」故江左號王先生, 受其道曰王先生業, 於是大稱儒門, 世濟厥美. 先生生江州府君煥, 煥生虬, 虬始北事魏. 太和(477~499)中爲幷州刺史, 家河汾, 曰晉陽穆公. 穆公生同州刺史彦, 曰同州府君. 彦生濟州刺史一, 曰安康獻公. 安康獻公生銅川府君, 諱隆, 字伯高, 文中子之父也. 傳先生之業, 教授門人千餘. 隋開皇(581~600)初, 以國子博士待詔雲龍門. 時國家新有揖讓之事, 方以恭儉定天下. 帝從容謂府君曰:「朕何如主也?」府君曰:「陛下聰明神武得之於天, 發號施令不盡稽古, 雖負堯舜之姿, 終以不學爲累.」帝黙然曰:「先生朕之陸賈也, 何以敎朕?」府君承詔著〈興衰要論〉七篇, 每奏, 帝稱善, 然未甚達也. 府君出爲昌樂令, 遷猗氏銅川所治著稱, 秩滿退歸, 遂不仕.

　開皇四年(584), 文中子始生, 銅川府君筮之, 遇坤之師, 獻兆于安康獻公. 獻公曰:「素王之卦也, 何爲而來? 地二化爲天一, 上德而居下位, 能以衆正, 可以王矣, 雖有君德, 非其時乎? 是子必能通天下之志.」遂名之曰通.

開皇九年(589), 江東平, 銅川府君歎曰:「王道無敍, 天下何爲而一乎?」文中子侍側十歲矣, 有憂色, 曰:「通聞古之爲邦有長久之策, 故夏殷以下, 數百年, 四海常一統也; 後之爲邦, 行苟且之政, 故魏晉以下, 數百年, 九州無定主也, 上失其道, 民散久矣. 一彼一此, 何常之有? 夫子之歎, 蓋憂皇綱不振, 生人勞於聚斂, 而天下將亂乎?」銅川府君異之曰:「其然乎!」遂告以《元經》之事. 文中子再拜受之.

十八年(598), 銅川府君宴居, 歌〈伐木〉而召文中子, 子矍然再拜:「敢問夫子之志何謂也?」銅川府君曰:「爾來! 自天子至庶人, 未有不資友而成者也. 在三之義, 師居一焉. 道喪已來, 斯廢久矣, 然何常之有? 小子勉旃翔而後集.」文中子於是有四方之志.

蓋受《書》於東海李育, 學《詩》於會稽夏瑑, 問《禮》於河東關子明, 正《樂》於北平霍汲, 考《易》於族父仲華, 不解衣者六歲, 其精志如此.

仁壽三年(603), 文中子冠矣, 慨然有濟蒼生之心, 西遊長安, 見隋文帝. 帝坐太極殿, 召見. 因奏〈太平策〉十有二策, 尊王道, 推霸署, 稽今驗古, 恢恢乎運天下於指掌矣. 帝大悅, 曰:「得生幾晚矣, 天以生賜朕也.」下其議於公卿, 公卿不悅. 時將有蕭牆之釁, 文中子知謀之不用也, 作〈東征之歌〉而歸, 曰:「我思國家兮, 遠遊京畿, 忽逢帝王兮, 降禮布衣. 遂懷古人之心兮, 將興太平之基. 時異事變兮, 志乖願違. 吁嗟! 道之不行兮, 垂翅東歸. 皇之不斷兮, 勞身西飛.」帝聞而再徵之, 不至.

四年(604), 帝崩. 大業元年, 一徵又不至, 辭以疾, 謂所親曰:「我周人也, 家于祁. 永嘉之亂(312), 蓋東遷焉. 高祖穆公始事魏, 魏周之際, 有大功於生人, 天子錫之地, 始家於河汾, 故有墳隴於茲四代矣. 茲土也, 其人憂深思遠, 乃有陶唐氏之遺風, 先君之所懷也. 有弊廬在, 茅簷土墻撮如也. 道之不行, 欲安之乎? 退志其道而已.」乃續《詩》《書》, 正《禮》《樂》, 修《元經》, 讚《易》道, 九年而六經大就, 門人自遠而至. 河南董常·太山姚義·京兆杜淹·趙郡李靖·南陽程元·扶風竇威·河東薛收·中山賈瓊·清河房玄齡·鉅鹿魏徵·太原溫大雅·穎川陳叔達等, 咸稱師北面受王佐之道焉. 如往來受業者, 不可勝數, 蓋千餘人. 隋季文中子之敎興河汾, 雍雍如也.

大業十年(614), 尙書召署蜀郡司戶, 不就. 十一年(615)以著作郎·國子博士徵, 並不至. 十三年(617), 江都難作, 子有疾, 召薛收謂曰:「吾夢顏回稱孔子之命曰:『歸休乎!』殆夫子召我也, 何必永厥齡? 吾不起矣.」寢疾七日而終.

門弟子數百人會議曰:「吾師其至人乎! 自仲尼已來, 未之有也.《禮》男子生有字, 所以昭德. 死有諡, 所以易名. 夫子生當天下亂, 莫予宗之, 故續《詩》·《書》, 正《禮》·《樂》, 修《元經》, 讚《易》道, 聖人之大旨, 天下之能事畢矣. 仲尼旣沒, 文不在玆乎?《易》曰:『黃裳元吉, 文在中也.』請諡曰文中子.」絲麻設位, 哀以送之. 禮畢, 悉以文中子之書還於王氏.《禮論》二十五篇, 列爲十卷;《樂論》二十篇, 列爲十卷;《續書》一百五十篇, 列爲二十五卷;《續詩》三百六十篇, 列爲十卷;《元經》五十篇, 列爲十五卷;《贊易》七十篇, 列爲十卷, 並未及行, 遭時喪亂. 先夫人藏其書于篋笥, 東西南北未嘗離身. 大唐武德四年(621), 天下大定, 先夫人返於故居, 又以書授於其弟凝.

文中子二子, 長曰福郊, 少曰福畤.

4. 〈錄唐太宗與房·魏論禮樂事〉 ……… 王福時

　　大唐龍飛, 宇內樂業, 文中子之敎, 未行於時, 後進君子鮮克知之. 貞觀 (627~649)中, 魏文公有疾, 仲父太原府君問候焉, 留宿宴語, 中夜而歎. 太原府君曰：「何歎也?」魏公曰：「大業之際, 徵也嘗與諸賢侍文中子, 謂徵及房·杜等曰：『先輩雖聰明特達, 然非董·薛·程·仇之比, 雖逢明王, 必愧禮樂.』」徵於時有不平之色. 文中子笑曰：「久久臨事, 當自知之.」

　　及貞觀之始, 諸賢皆亡, 而徵也, 房·李·溫·杜獲攀龍鱗, 朝廷大議未嘗不參預焉. 上臨軒謂羣臣曰：「朕自處蕃邸及當宸極, 卿等每進諫正色, 咸云嘉言良策, 患人主不行, 若行之則三皇不足四, 五帝不足六, 朕誠虛薄, 然獨斷亦審矣, 雖德非徇齊明謝濬哲, 至於聞, 議則服庶幾乎古人矣. 諸公若有長久之策, 一一陳之, 無有所隱.」房·杜等奉詔舞蹈讚揚帝德. 上曰：「止.」引羣公內宴. 酒方行, 上曰：「設法施化, 貴在經久. 秦漢已下, 不足襲也. 三代損益, 何者爲當? 卿等悉心以對, 不患不行.」是時羣公無敢對者. 徵在下坐, 爲房·杜所目, 因越席而對曰：「夏殷之禮, 旣不可詳, 忠敬之化, 空聞其說. 孔子曰：『周監二代, 郁郁乎文哉? 吾從周.』《周禮》, 公旦所裁, 《詩》·《書》, 仲尼所述, 雖綱紀頹缺, 而節制具焉. 荀·孟陳之於前, 董·賈伸之於後, 遺談餘義, 可擧而行, 若陛下重張皇墳, 更造帝典, 則非駑劣所能議及也. 若擇前代憲章, 發明王道, 則臣請以周典唯所施行.」上大悅.

　　翌日, 又召房·杜及徵俱入. 上曰：「朕昨夜讀《周禮》, 眞聖作也. 首篇云：『惟王建國, 辨方正位, 體國經野, 設官分職以爲人極.』誠哉, 深乎!」良久, 謂徵曰：「朕思之, 不井田, 不封建, 不肉刑而欲行周公之道, 不可得也.

大易之義, 隨時順人. 周任有言:陳力就列, 若能一一行之, 誠朕所願. 如或不及, 強希大道, 畫虎不成, 爲將來所笑. 公等可盡慮之.」因詔宿中書省會議數日, 卒不能定, 而徵尋請退, 上雖不復揚言, 而閒宴之次, 謂徵曰:「禮壞樂崩, 朕甚憫之. 昔漢章帝睠睠於張純, 今朕急急於卿等. 有志不就, 古人攸悲.」徵跪奏曰:「非陛下不能行, 蓋臣等無素業爾, 何愧如之? 然漢文以淸靜富邦家, 孝宣以章程練名實, 光武責成委吏, 功臣獲全, 肅宗重學尊師, 儒風大擧, 陛下明德獨茂兼而有焉, 雖未冠三代, 亦千載一時, 惟陛下雖休勿休, 則禮樂度數, 徐思其宜. 敎化之行, 何慮晚也?」上曰:「時難得而易失. 朕所以遑遑也, 卿退無有後言.」徵與房·杜等並憇慄再拜而出.

房謂徵曰:「玄齡與公竭力輔國, 然言及禮樂, 則非命世大才, 不足以望陛下淸光矣. 昔文中子不以禮樂賜予, 良有以也. 向使董·薛在, 適不至此. 噫! 有元首無股肱, 不無可歎也.」

十七年(643), 魏公薨. 太原府君哭之慟. 十九年(645), 授余以《中說》, 又以魏公之言告予, 因敍其事. 時貞觀二十年(646)九月記.

5.〈東皐子答陳尙書書〉⋯⋯⋯⋯⋯⋯ 王福畤

東皐先生, 諱績, 字無功, 文中子之季弟也. 棄官不仕, 耕于東皐, 自號
東皐子. 貞觀(627~649)初, 仲父太原府君爲監察御史, 彈侯君集, 事連長
孫太尉, 由是獲罪. 時杜淹爲御史大夫, 密奏仲父, 直言非辜. 於是太尉
與杜公有隙, 而王氏兄弟, 皆抑而不用矣. 季父與陳尙書叔達相善. 陳公
方撰《隋史》, 季父持《文中子世家》與陳公編之. 陳公亦避太尉之權, 藏而
未出. 重重作書遺季父, 深言勤懇.

季父答書, 其略曰:「亡兄昔與諸公遊, 其言皇王之道至矣. 僕與仲兄侍側,
頗聞大義. 亡兄曰:『吾周之後也, 世習禮樂, 子孫當遇王者得申其道, 則儒
業不墜, 其天乎, 其天乎!』時魏文公對曰:『夫子有後矣, 天將啓之. 徵也
儻逢明主, 願翼其道, 無敢忘之.』及仲兄出胡蘇令, 杜大夫嘗於上前言其
樸忠. 太尉聞之怒, 而魏公適入奏事, 見太尉. 魏公曰:『君集之事果虛耶?
御史當反其坐. 果實耶, 太尉何疑焉?』於是意稍解. 然杜與仲父抗志不屈,
魏公亦退朝黙然. 其後君集果誅, 且吾家豈不幸而爲多言見窮乎? 抑天實
未啓其道乎? 僕今耕于野有年矣, 無一言以裨于時, 無一勢以託其迹, 沒齒
東皐, 醉醒自適而已. 然念先文中之述作, 門人傳受升堂者, 半在廊廟,
《續經》及《中說》未及講求而行. 嗟乎! 足下知心者, 顧僕何爲哉? 願記亡兄
之言, 庶幾不墜足矣. 謹錄《世家》旣去, 餘在福郊面悉其意. 幸甚!」

遊北山賦（並序）

唐　王績　撰

吾周人也本家於祁（永嘉之）除屬從江右地實儒素人

多高烈穆八衛建元之恥歸於洛陽同州悲永安之事

退居河曲始則晉陽開國終乃安康受田墳壟寓居修

馬五葉蒙榆成陰俄將百年續南山故情老而彌篤東

陂餘業悠哉自寧酒甕多於步兵泰田廣於彭澤皇甫

謐之心事壞故終馬仲長統之規模園林幸足獨居南

渚時遊北山即度世以為娛忽經年而忘返西窮馬谷

北達牛溪丘壑依然風烟滿目孫登獨坐對嵇阮類田

言王霸幽居與妻孥而共去望山林之故道何其樂哉詩者志

園之去來亦已久矣式抽短思即為賦云

天道悠悠人生若浮古來賢聖皆成去留八眉四乳龍

顏鳳頭殿憂一世零落千秋暫時南面相將北遊玉殿

金輿之大業郊天祀地之洪休榮深責重樂不供愁何

況數十年之將相五百里之公侯就競業業長愁長憂

昔怪燕昭與漢武今識圖仙之有由人誰不願直是難

求聞鼎湖而欲信怪橋山之遽修玉臺金闕大海水之

中流瑤林碧樹崑崙山之上頭不得輕飛如石燕終是

徒勞乘土牛已矣世事自此而可見又何為乎惘惘

彙卜筮而不占將縱心而長往任物孤遊遺情上覺

老釋之言繁恨文宣之技癢彼事業之遠斥豈明神之

宰掌物無待而成章生有資而必養嗟大道之泯沒見

人情之矯枉禮費日於千儀易勞心於萬象審機事之

不息知流源之寢周三月而不朝瞿曇六年而退想

物詭隔精靈惚恍莊周三月而不朝瞿曇六年而退想

有是夫況吾之不如先達乎請息交而自逸即習想而

為娛遂披林憩進陟峻嶇連峰雜起復嶂環紆歷丹危

而尋捷徑攀翠險而覓修途鸞飛情於霞道振逸想於

6. 〈錄關子明事〉 ·························· 王績·陳叔達

　　關朗, 字子明, 河東解人也. 有經濟大器, 妙極占算, 浮沈鄉里, 不求官達.
太和(477~499)末, 余五代祖穆公封晉陽尙書, 署朗爲公府記室. 穆公與談
《易》, 各相歎服. 穆公謂曰:「足下奇才也, 不可使天子不識.」入言于孝文帝.
帝曰:「張彝·郭祚嘗言之, 朕一下算小道不之見爾.」穆公曰:「此人道微
言深, 殆非彝, 祚能盡識也.」

　　詔見之. 帝問《老》·《易》. 朗旣發明玄宗, 實陳王道, 諷帝慈儉爲本, 飾之
以刑政禮樂. 帝嘉歎, 謂穆公曰:「先生知人矣. 昨見子明管樂之器, 豈占
算而已?」穆公在拜對曰:「昔伊尹負鼎于成湯, 今子明假占算以謁陛下.
臣主感遇, 自有所因, 後宜任之.」帝曰:「且與卿就成筮論.」旣而頻日引見,
際暮而出. 會帝有烏丸之役, 敕子明隨穆公出鎭幷州, 軍國大議, 馳驛而聞,
故穆公易筮往往如神.

　　先是, 穆公之在江左也, 不平袁粲之死, 恥食齊粟, 故蕭氏受禪, 而穆
公北奔, 卽齊建元元年(478), 魏太和二年也. 是穆公春秋五十二矣. 奏事曰:
「大安四載, 微臣始生, 蓋宋大明二年也.」旣北遊河東, 人莫之知, 惟盧
陽烏深奇之曰:「王佐才也.」

　　太和八年(484), 徵爲秘書郎, 遷給事黃門侍郎, 以謂孝文有康世之意,
而經制不立, 從容閒宴, 多所奏議. 帝虛心納之, 遷都雒邑, 進用王肅,
由穆公潛策也. 又薦關子明, 帝亦敬服. 謂穆公曰:「嘉謀長策, 勿慮不行.
朕南征還日, 當共論道以究治體.」穆公與朗欣然相賀曰:「千載一時也.」
俄帝崩. 穆公歸洛, 踰年而薨. 朗遂不仕. 同州府君師之, 受《春秋》及《易》,
共隱臨汾山.

景明四年(503), 同州府君服闋, 援琴切切然, 有憂時之思. 子明聞之曰: 「何聲之悲乎?」府君曰: 「彥誠悲先君與先生有志不就也.」子明曰: 「樂則行之, 憂則違之.」府君曰: 「彥聞治亂損益, 各以數至, 苟推其運, 百世可知, 願先生以筮一爲決之, 何如?」子明曰: 「占算幽微, 多則有惑, 請命著著卦, 以百年爲斷.」府君曰: 「諾.」於是揲蓍布卦, 遇夬之革(兌上☱乾下☰; 兌上☱離下☲), 捨蓍而歎曰: 「當今大運, 不過一再傳爾, 從今甲申二十四歲, 戊申大亂, 而禍始宮掖, 有蓍臣秉政, 世伏其强, 若用之以道, 則桓·文之擧也, 如不以道, 臣主俱屠地.」府君曰: 「其人安出?」朗曰: 「參代之墟, 有異氣焉. 若出其幷之郊乎!」府君曰: 「此人不振, 蒼生何屬?」子曰: 「當有二雄, 擧而中原分.」府君曰: 「各能成乎?」朗曰: 「我隙彼動, 能無成乎? 若無賢人扶之, 恐不能成.」府君曰: 「請刻其歲.」朗曰: 「始於甲寅, 卒於庚子, 天之數也.」府君曰: 「何國先亡?」朗曰: 「不戰德而用詐權, 則舊者先亡也.」府君曰: 「其後如何?」朗曰: 「辛丑之歲, 有恭儉之主, 起布衣而幷六合.」府君曰: 「其東南乎?」朗曰: 「必在西北乎! 大亂者, 未可以文治, 必須武定, 且西北用武之國也, 東南之俗其弊也剽, 西北之俗其興也勃. 又況東南中國之舊主也, 中國之廢久矣. 天之所廢, 孰能興之?」府君曰: 「東南之歲, 可刻乎?」朗曰: 「東南運歷, 不出三百, 大賢大聖, 不可卒遇, 能終其運, 所幸多矣. 且辛丑明王當興, 定天下者, 不出九載, 己酉江東其危乎!」府君曰: 「明王旣興, 其道若何?」朗曰: 「設有始有卒, 五帝三王之化復矣. 若非其道, 則終驕亢而晚節末路, 有桀紂之王出焉. 先王之道, 墜地久矣. 苟化虐政其究必酷. 故曰大軍之後, 必有凶年; 積亂之後, 必有凶主, 理當然也.」府君曰: 「先王之道, 竟亡乎?」朗曰: 「何謂亡也? 夫明王久曠, 必有達者生焉, 行其典禮, 此三才五常之所繫也. 孔子曰: 『文王旣沒, 文不在茲乎?』故王道不能亡也.」府君曰: 「請推其數.」朗曰: 「乾坤之策·陰陽之數, 推而行之, 不過三百六十六; 引而伸之, 不過三百八十四, 天之道也. 噫! 朗聞之先聖與卦象想契, 自魏已降, 天下無眞主. 故黃初元年(220)庚子至今八十四年, 更八十二年丙午, 三百六十六矣, 達者當生, 更十八年甲子, 其與王者合乎? 用之則王道振, 不用洙泗之敎修矣.」府君曰: 「其人安出?」朗曰: 「其唐晉至郊乎? 昔殷後不王,而仲尼生周；周後不王，則斯人生晉，夫生於周者，周公之餘烈也；生於晉者，陶唐之遺風也．天地冥契，其數自然」府君曰：「厥後何如？」朗曰：「自甲申至甲子正百年矣，過此未或知也．」府君曰：「先生說卦，皆持二端．」朗曰：「何謂也？」府君曰：「先生每及興亡之際，必曰『用之以道，輔之以賢』，未可量也，是非二端乎？」朗曰：「夫象生有定數，吉凶有前期，變而能通，故治亂有可以之理，是以君子於《易》，動則觀其變而玩其占，問之而後行考之而後舉，欲令天下順時而進，知難而退，此占算所以見重於先王也．故曰『危者使平，易者使傾』，山人少，惡人多，暗主衆，明君寡，堯舜繼禪，歷代不逢，伊周復辟，近古亦絶，非運之不可變也，化之不可行也．道悠世促，求才實難，或有臣而無君，或有君而無臣，故全之者鮮矣．仲尼曰『如有用我者，吾其爲東周乎？』此有臣而無君也．章帝曰『堯作大章，一夔足矣』，此有君而無臣也．是以文武之業，遂淪於仲尼；禮樂之美，不行於章帝；治亂之漸，必有厥由，而興廢之成，終罕所遇．《易》曰『功業見乎變』，此之謂也．何謂無二端？」府君曰：「周公定鼎於郟鄏，卜世三十，卜年八百，豈亦二端乎？」朗曰：「聖人輔相天地，準繩陰陽，恢皇綱，立人極，脩策迥，馭長羅，遠羈昭，治亂於未然，算成敗於無兆，固有不易之數，不定之期．假使庸主守之，賊臣犯之，終不促已成之期，于未衰之運．故曰『周德雖衰，天命未改』，聖人之明王賢相，不可必遇，聖謀睿策，有時而弊，故考之典禮，稽之龜策，卽人事以申天命，懸歷數以示將來，或有已盛而更衰，或過算而不及，是故聖人之法，所可貴也．向使明王繼及良佐踵武，則當億萬斯年，與天無極，豈止三十世八百年而已哉？過算餘年者，非先王之功，卽桓·文之力也．天意人事，豈徒然哉？」府君曰：「龜策不出聖謀乎？」朗曰：「聖謀定將來之基，龜策告未來之事．遞相表裏，安有異同？」府君曰：「大哉！人謨．」朗所曰：「人謨，所以安天下也．夫天下大器也，置之安地則安，置之危地則危．是以平路安車，狂夫審乎難覆，乘奔馭朽，童子知其必危．豈有周禮既行歷數不延乎八百？秦法既立宗祧能蹂乎二世？噫！天命人事，其同歸乎！」府君曰：「先生所刻，治亂興廢，果何道也？」朗曰：「文質遞用，勢運相乘，稽損益以驗其時，百代無隱，考龜策而研其慮，千載可知，未之思歟？夫何遠之有？」府君蹶然驚起，因書策而藏之，退而學

《易》. 蓋王氏《易》道, 宗於朗焉.

其後宣武正始元年(504), 歲次甲申, 至孝文(莊)永安元年(528), 二十四歲戊申, 而胡后作亂, 爾朱榮起, 并州君臣相殘, 繼踵屠地, 及周齊分霸, 卒併於西, 始於甲寅, 終於庚子, 皆如其言. 明年辛丑(581)歲, 隋高祖受禪, 果以恭儉定天下. 開皇元年(591), 安康獻公老於家, 謂銅川府君曰:「關生殆聖矣, 其言未來, 若合符契.」開皇四年(584)銅川夫人經山梁履巨石而有娠, 既而生文中子; 先丙年之期者二載爾. 獻公筮之曰:「此子當之矣.」開皇六年(586)丙午, 文中子知《書》矣, 厥聲載路. 九年己酉(589), 江東平, 高祖之政始. 迨仁壽四年(604)甲子, 文中自謁見高祖而道不行, 大業(605~617)之政, 甚於桀紂. 於是文中子曰:「不可以有爲矣.」是退居汾陽, 續《詩》《書》, 論《禮》《樂》. 江都失守, 文中寢疾. 歎曰:「天將啓堯舜之運, 而吾不遇焉.」嗚呼! 此關先生所言皆驗也.

7. 〈王氏家書雜錄〉 ························ 王福畤

太原府君諱凝, 子叔恬, 文中子亞弟也. 貞觀初, 君子道亨, 我先君門
人布在廊廟, 將播厥師訓, 施于王道, 遂求其書於仲父. 仲父以編寫未就
不之出, 故《六經》之義代莫得聞. 仲父釋褐爲監察御史, 時御史大夫杜淹
謂仲父曰:「子聖賢之弟也, 有異聞乎?」仲父曰:「凝忝同氣, 昔亡兄講道
河汾, 亦嘗預於斯, 然《六經》之外, 無所聞也.」淹曰:「昔門人咸存記焉,
蓋薛收・姚義綴而名曰《中說》, 茲書天下之昌言也, 微而顯, 曲而當, 旁貫
大義, 宏闡敎源, 門人請問之端, 文中行事之迹, 則備矣. 子盍求諸家?」
仲父曰:「凝以喪亂以來, 未遑及也, 退而求之, 得《中說》一百餘紙, 大抵
雜記, 不著篇目, 首卷及序, 則蠹絶磨滅, 未能詮次.」會仲父黜爲胡蘇令,
歎曰:「文中子之敎, 不可不宣也, 日月逝矣, 歲不我與.」乃解印而歸, 大考
《六經》之目而繕錄焉:《禮論》・《樂論》各亡其五篇,《續詩》・《續書》各亡
小序, 惟《元經》・《讚易》具存焉, 得六百六十五篇, 勒成七十五卷, 分爲六部,
號曰《王氏六經》. 仲父謂諸子曰:「大哉! 兄之述也, 以言乎皇綱帝道,
則大明矣; 以言乎天地之間, 則無不至焉. 自《春秋》以來, 未有若斯之述也.」
又謂門人曰:「不可使文中之後, 不達於茲也.」乃召諸子而授焉. 貞觀
十六年, 余二十一歲, 受《六經》之義. 三年, 破通大略. 嗚呼! 小子何足以
知之而有志焉? 十九年, 仲父被起爲洛州錄事, 又以《中說》授余曰:「先兄
之緖言也.」余再拜, 曰:「《中說》之爲敎也, 務約致深, 言寡理大, 其比方
《論語》之記乎? 孺子分奉之, 無使失墜.」余因而辨類分宗, 編爲十編,
勒成十卷. 其門人弟子姓字本末, 則訪諸紀諜, 列於外傳, 以備宗本焉.
且《六經》・《中說》, 于以觀先君之事業, 建義明道, 垂則立訓, 知文中子之

所爲者, 其天乎? 年序寖, 朝廷事異, 同志淪殂, 帝闇攸邈, 文中子之敎, 抑而未行. 吁! 可悲哉! 空傳子孫以爲素業云爾.

時貞觀二十三年(649)正月序.

8. 〈刻六子書跋〉 ···························· 顧春

先刑部府君, 少敦仁義之學, 晚慕道德之言. 故於六子書, 無不講覈, 春之得於過庭者侈矣. 自先君下世, 每對是書, 未嘗不悵然, 若有所慕焉而弗得也. 將究其意旨, 而無善本, 脫謬不可考定. 嘉靖庚寅(1530)冬, 因治先君墓於銅井山, 遂廬其側, 校讎授梓, 參文群籍, 考義多方, 越癸巳(1533)夏乃成. 膏宵雞晨, 寢食爲廢, 匪敢言勞, 用脩先君之志云爾. 是歲秋八月東滄居士吳郡顧春識.

欽定四庫全書(子部一)《中說》儒家類

　　臣等謹案《中說》十卷, 舊本題: 隋王通撰.《唐志》:《文中子中說》五卷.
《通考》及《玉海》則作十卷, 與今本合. 凡十篇末附〈序文〉一篇, 及杜淹所撰
〈文中子世家〉一篇. 通子福時錄〈唐太宗與房魏論禮樂〉事一篇, 通弟績
與陳叔達〈書〉一篇, 又錄〈關子明〉事一篇, 末又有其子福時所撰〈王氏家
書雜錄〉一篇. 晁公武《郡齋讀書志》嘗辨通以開皇四年生, 李德林以開皇
十一年卒. 通方八歲而有德林請見, 歸援琴鼓盪之什, 門人皆沾襟事. 關朗
以太和丁巳見魏孝文帝, 至開皇四年, 通生已相隔一百七年, 而有問禮於
朗事. 薛道衡以仁壽二年, 出爲襄州總管, 至煬帝即位始召還. 又《隋書》
載道衡臣子收, 初生即出繼族父儒, 及長不識本生, 而有仁壽四年, 通在
長安見道衡, 道衡語其子收事. 洪邁《容齋隨筆》又辨《唐書》載薛收以大業
十三年歸唐, 而世家有江都難作, 通有疾召薛收, 共語事. 王應麟《困學紀聞》
亦辨《唐會要》載武德元年五月, 始改隋太興殿爲太極殿, 而書中有隋文帝
召見太極殿事, 皆證以史傳牴牾顯然. 今《考通》以仁壽四年, 自長安東歸
河汾, 即不復出. 故〈世家〉亦云大業元年一徵又不至, 而〈周公篇〉內乃云子
遊太樂, 聞龍舟五更之曲. 阮逸注曰:「太樂, 樂署, 煬帝將游江都, 作此曲.」
《隋書》職官志曰:「太常寺有太樂署.」是通大業末年, 復至長安矣. 其依
托謬妄, 亦一明證. 考《楊炯集》有〈王勃集序〉稱:「祖父通, 隋秀才高第,
蜀郡司戶書佐·蜀王侍讀. 大業末退講藝於龍門, 其卒也, 門人諡之曰
文中子.」炯爲其孫作〈序〉, 則記其祖事必不誤. 杜牧《樊川集》首有其甥

裴延翰〈序〉, 亦引《文中子》曰:「言文而不極理, 王道何從而興乎?」二語亦與今本相合, 知所謂文中子者, 實有其人所謂《中說》者, 其子福郊·福時等, 纂述遺言, 虛相夸飾, 亦實有其書. 第當有唐開國之初, 明君碩輔不可以虛名動. 又陸德明·孔穎達·賈公彥諸人, 老師宿儒, 布列館閣亦不可以空談惑, 故其人其書, 皆不著於當時, 而當時亦無斥其妄者. 至中唐以後, 漸遠無徵, 乃稍稍得售其欺耳. 宋咸必以爲實無其人, 洪邁必以爲其書出阮逸所撰. 誠爲過當, 講學家或竟以爲接孔顏之傳, 則惑之甚矣. 據其爲迹炳然, 誠不足探. 然大旨要不甚悖於理, 且摹擬聖人之語言, 自揚雄始, 猶未敢冒其名; 摹擬聖人之事迹, 則自通始, 乃併其名而僭之. 後來聚徒講學, 釀爲朋黨, 以至禍延宗社者, 通實爲之先驅. 坤之初六「履霜堅氷」, 姤之初六「繫於金柅」, 錄而存之, 亦足見儒風變古, 其所由來者漸也.

乾隆四十六年(1781)九月.
恭校上總纂官: 臣紀昀, 臣陸錫熊, 臣孫士毅
總校官: 臣陸費墀

10. 〈元經原序〉 ‥‥‥‥‥‥‥‥‥‥‥‥‥‥‥‥ 薛收

《元經》始晉惠帝, 終陳亡, 凡三百年. 蓋聞夫子曰:「《春秋》, 一國之書也, 以天下有國而, 王室不尊乎! 故約諸侯以尊王政, 以明天命之未改.(夫子, 文中子也, 周王法)《元經》, 天下之書也, 以無定國, 而帝位不明乎! 徵天命以正帝位, 以明神器之有歸.」(《春秋》, 一國總乎周, 故孔子因魯史以明周之天命未改也.《元經》, 天下歸乎帝, 故仲淹因神器以明帝位必正也) 又曰:「春秋抗王而尊魯, 其以周之所存乎!《元經》抗帝以尊中國, 其以天命之所歸乎!」(聖人筆法與天命齊致) 然帝衰於太熙,(太熙晉武帝末年) 故《元經》首此振起之也. 中國盛乎皇始,(皇始, 後魏年號) 故《元經》挈名以正其實. 嗚呼! 天下無賞罰三百載, 聖人在下, 則追書襃貶以代其賞罰, 斯周公典禮, 使後王常存而行焉; 仲尼筆削, 使後儒常職而述焉. 收受經於夫子, 何足以究其潭奧, 輒爲傳解? 發明師訓之一二云.

薛收撰

　君姓王氏, 諱績, 字無功, 太原祁人也. 高祖晉穆公, 自南歸北, 始家河汾焉. 歷宋魏迄於周隋, 六世冠冕, 國史家牒詳焉. 君性好學, 博聞强記, 與李播, 陳永, 呂才爲莫逆之交. 陰陽歷數之術, 無不洞曉. 大業末, 應孝悌廉潔, 擧射高第, 除秘書正字. 君性簡放, 飮酒至數斗不醉, 常云:「憾不逢劉伶與閉戶轟飮.」 因著〈醉鄕記〉及〈五斗先生傳〉, 以類〈酒德頌〉云. 雅善鼓琴, 加減舊弄, 作〈山水操〉, 爲知音者所賞. 高情勝氣, 獨步當時, 及爲正字, 端簪理笏, 非其好也. 以疾罷乞署, 外職除揚州六合縣丞. 君篤於酒德, 頗妨職務, 時天下亂, 藩部法嚴, 屢被勘劾. 君歎曰:「羅網高懸, 去將安所?」 受俸錢積於縣城門, 託以風疾, 輕舟夜遁. 隋季版蕩, 客遊河北, 去還龍門. 武德中, 詔徵以前揚州六合縣丞, 待詔門下省. 時省官例, 日給良醞三升. 君第七弟靜, 爲武皇千牛謂曰:「待詔可樂否?」 君曰:「吾待詔祿俸, 殊爲蕭瑟, 但良醞三升, 差可戀爾. 侍中江國公君之故人也.」 聞之曰: 三升醞, 未足以絆王先生, 判日給王待詔一斗.」 時人號爲「斗酒學士」.

　貞觀初, 以足疾罷歸, 欲定長往之計, 而困於貧. 貞觀中, 以家貧赴選. 時太樂有府, 史焦革家, 善醞酒, 冠絶當時, 君苦求爲太樂丞. 選司以非士職不授. 君再三請曰:「此中有深意, 且士庶淸濁, 天下所安. 不聞莊周避漆園, 老聘耻柱下?」 卒授焉. 數月而焦革死, 妻袁氏時送美酒. 歲餘, 袁又死君, 歎曰:「天酒不令吾飽美酒!」 遂掛冠歸田. 自是太樂丞, 爲淸流. 君後追述焦革《酒經》一卷. 其術精悉, 兼採杜康·儀狄已來, 善爲酒人. 爲《酒譜》一卷, 太史令李淳風, 見而悅之曰:「王君可謂酒家之南董君.」 歷職皆以好酒, 廢鄕里或咍之因著, 無心子以喩志河汾中, 先有渚田十數頃,

稱良沃鄰渚. 又有隱士仲長子光, 服食養性, 君重其貞, 素願與相近, 遂結
廬河渚, 縱意琴酒. 慶吊禮絕, 十有餘年. 河渚東南隅, 有連沙磐石, 地頗
顯敞, 君於其側, 遂為杜康立廟, 歲時致祭, 以焦革配焉.

貞觀中, 京兆杜之松, 清河崔君善. 繼為本州刺史, 皆請與君相見. 君曰:
「奈何悉欲坐召嚴君平?」竟不見崔・杜, 高君調趣, 卒不敢屈. 但歲時贈以
美酒・鹿脯・詩書, 往來不絕. 君又葛巾聯牛, 躬耕東皋, 每著書自稱「東皋子」.
晚歲醉飲, 無節鄉人. 或諫止之, 則笑曰:「汝輩不解理正當然!」或乘牛
駕驢, 出入郊郭, 止宿酒店, 動經歲月, 徃徃題詠作詩. 好事者, 錄之諷詠,
並傳於代.

貞觀十八年, 終於家. 時年若干, 臨終自剋死日, 遺命薄葬, 兼預自為墓志,
所著詩賦, 並多散逸. 鳩訪未畢, 且絹成三卷. 又著會心《高士傳》五卷,
《酒譜》二卷, 及註《老子》並別成一家, 不列於集云.

河東呂才君英撰.

《東皋子集》四部叢刊本

12.〈東皋子集序〉 ··························· 陸淳

淳聞於師曰:「秉仁義, 立好惡, 方之內者也; 等是非, 遺物我, 方之外
者也; 實內而遊外, 聖人也. 聖人吾不得見之矣, 方內者, 時有焉.」其惟
方外之徒, 莫得而測也. 豈踐跡之道, 易忘言之理難耶? 將羣於人, 而內
自得耶? 何乃莊叟之後, 緜歷千祀幾於是道者? 余得之王君耶, 心與物,
實德不外, 蕩隨變, 而適即分, 而安忘所拘, 而迹不害教, 遺其累而道不
絶俗. 故有陶公之去職, 言不怨. 時有阮氏之放情, 行不忤物. 曠哉! 淵乎!
眞可謂樂天之君子者矣.

生於隋季, 人莫之知, 故其遺文髙迹不顯. 余每覽其集, 想見其人, 憾不
同時, 得爲忘形之友, 故祛彼有爲之詞, 全懸解之志. 庶乎! 死而可作無愧,
異代之知音爾. 其祖宗之由出處之行, 前序備矣. 此不復云.

平原陸淳化卿撰.

遊北山賦
并序

唐　王績　撰

吾周人也本家於祁永嘉之際扈從江右地實儒素人
多高烈穆公銜建元之恥歸於洛陽同州悲永安之事
退居河曲始則晉陽開國終乃安康受田墳壠富居倏
焉五葉桑榆成蔭俄將百年績南山故情老而彌篤東

陵餘業悠哉自寧酒甕多於步兵黍田廣於彭澤皇甫
謐之心事壠畝終焉為仲長統之規模園林幸足獨居南
渚時遊北山聊度世以為娛忽經年而忘返西窮馬谷
北達牛溪丘壑依然風烟滿目孫登獨坐對嵇阮而無
言王霸幽居與妻挐而共去竄臨水石砌遠松篁類田
園之去來亦已久矣望山林之故道何其樂哉詩者志
之所之賦者詩之流也式抽短思即為賦云
天道悠悠人生若浮古來賢聖皆成去酉八眉四乳龍

東皐子集

13.《三才圖會》 ························· 王圻

文中子王通, 字仲淹. 初篤學, 慨然有弘濟蒼生之志, 西游長安, 見隋文帝, 奏〈太平十二策〉, 不見用. 楊素甚禮重之. 居河汾, 敎授生徒, 讀詩書, 修六經. 董常·房·杜等, 咸北面受王佐之道, 蓋千餘人.

14. 《舊唐書》(192) 王績傳

　王績, 字無功, 絳州龍門人. 少與李播, 呂才爲莫逆之交. 隋大業中, 應孝
悌廉潔舉, 授揚州六合縣丞. 非其所好, 棄官還鄉里. 績河渚中先有田數頃,
隣渚有隱士仲長子先, 服食養性, 績重其眞素, 願與相近, 乃結廬河渚,
以琴酒自樂. 嘗遊北山, 因爲《北山賦》以見志, 詞多不載. 績嘗躬耕於東皋,
故時人號東皋子. 或經過酒肆, 動經數日, 往往題壁作詩, 多爲好事者諷詠.
貞觀十八年卒. 臨終自克死日, 遺命薄葬, 兼預自爲墓志. 有文集五卷. 又撰
《隋書》, 未就而卒. 兄通, 字仲淹, 隋大業中名儒, 號文中子; 自有傳.

15.《新唐書》(196) 隱逸傳(王績)

王績, 字無功, 絳州龍門人. 性簡放, 不喜拜揖. 兄通, 隋末大儒也, 聚徒河
汾間, 仿古作《六經》, 又爲《中說》以擬《論語》. 不爲諸儒稱道, 故書不顯,
惟《中說》獨傳. 通知績誕縱, 不嬰以家事, 鄉族慶弔冠昏, 不與也. 與李播,
呂才善. 大業中, 擧孝悌廉潔, 授秘書省正字. 不樂在朝, 求爲六合丞, 以嗜
酒不任事, 時天下亦亂, 因劾, 遂解去. 歎曰:「網羅在天, 吾且安之!」乃還
鄉里. 有田十六頃在河渚間. 仲長子光者, 亦隱者也, 無妻子, 結廬北渚,
凡三十年, 非其力不食. 績愛其眞, 徙與相近. 子光喑, 未嘗交語, 與對
酌酒歡甚. 績有奴婢數人, 種黍, 春秋釀酒, 養鳧雁, 蒔藥草自供. 以《周易》,
《老子》,《莊子》置床頭, 他書罕讀也. 欲見兄弟, 輒度河還家. 遊北山東皋,
著書自號東皋子. 乘牛經酒肆, 留或數日. 高祖武德初, 以前官待詔門下省.
故事, 官給酒日三升, 或問:「待詔何樂邪?」答曰:「良醞可戀耳!」侍中
陳叔達聞之, 日給一斗, 時稱「斗酒學士」. 貞觀初, 以疾罷. 復調有司, 時太
樂署史焦革家善釀, 績求爲丞, 吏部以非流不許, 績固請曰:「有深意.」
竟除之. 革死, 妻送酒不絶, 歲余, 又死. 績曰:「天不使我酣美酒邪?」
棄官去. 自是太樂丞爲清職. 追述革酒法爲經, 又采杜康, 儀狄以來善酒
者爲譜. 李淳風曰:「君, 酒家南, 董也.」所居東南有盤石, 立杜康祠祭之,
尊爲師, 以革配. 著《醉鄉記》以次劉伶《酒德頌》. 其飮至五斗不亂, 人有
以酒邀者, 無貴賤輒往, 著《五斗先生傳》. 刺史崔喜悅之, 請相見, 答曰:
「奈何坐召嚴君平邪?」卒不詣. 杜之松, 故人也, 爲刺史, 請績講禮, 答曰:
「吾不能揖讓邦君門, 談糟粕, 棄醇醪也.」之松歲時贈以酒脯. 初, 兄凝爲
隋著作郎, 撰《隋書》未成, 死, 績續余功, 亦不能成. 豫知終日, 命薄葬,

自志其墓. 績之仕, 以醉失職, 鄉人靳之, 托無心子以見趣曰:「無心子居越, 越王不知其大人也, 拘之仕, 無喜色. 越國法曰: '穢行者不齒.' 俄而無心子以穢行聞, 王黜之, 無慍色. 退而適茫蕩之野, 過動之邑而見機士, 機士撫髀曰: '嘻! 子賢者而以罪廢邪?' 無心子不應. 機士曰: '願見敎.' 曰: '子聞蜚廉氏馬乎? 一者朱鬣白毳, 龍骼鳳臆, 驟馳如舞, 終日不釋轡而以熱死; 一者重頭昂尾, 駝頸貉膝, 噍是齧善蹶, 棄諸野, 終年而肥. 夫鳳不憎山棲, 龍不羞泥蟠, 君子不苟潔以罹患, 不避穢而養精也.」其自處如此.

16.《舊唐書》(190) 王勃傳

王勃. 字子安, 絳州龍門人. 祖通, 隋蜀郡司戶書佐. 大業末, 棄官歸, 以著書講學爲業. 依《春秋》體例, 自獲麟后, 历秦, 漢至於后魏, 著紀年之書, 謂之《元經》. 又依《孔子家語》, 揚雄《法言》例, 爲客主對答之說, 號曰《中說》. 皆爲儒士所稱. 義寧元年卒, 門人薛收等相與議諡曰文中子. 二子: 福畤, 福郊. 勃六歲解屬文, 構思無滯, 詞情英邁, 與兄勔, 勮, 才藻相類. 父友杜易簡常稱之曰:「此王氏三珠樹也.」勃年未及冠, 應幽素舉及第. 乾封初, 詣闕上《宸遊東嶽頌》. 時東都造乾元殿, 又上《乾元殿頌》. 沛王賢聞其名, 召爲沛府修撰, 甚愛重之. 諸王斗鷄, 互有勝負, 勃戲爲《檄英王鷄文》. 高宗覽之, 怒曰:「據此是交構之漸.」即日斥勃, 不令入府. 久之, 補虢州參軍. 勃恃才傲物, 爲同僚所嫉, 有官奴曹達犯罪, 勃匿之, 又懼事泄, 乃殺達以塞口. 事發, 當誅, 會赦除名. 時勃父福畤爲雍州司戶參軍, 坐勃左遷交趾令. 上元二年, 勃往交趾省父, 道出江中, 爲《采蓮賦》以見意, 其辭甚美. 渡南海, 墮水而卒, 時年二十八.

17.《舊唐書》(163) 王質傳

王質, 字華卿, 太原祁人. 五代祖通, 字仲淹, 隋末大儒, 號文中子. 通生福祚, 終上蔡主簿. 福祚生勉, 登進士第, 制策登科, 位終寶鼎令. 勉生怡, 終渝州司戶. 怡生潛, 揚州天長丞. 質則潛之第五子. 少負志操, 以家世官卑, 思立名於世, 以大其門. 寓居壽春, 躬耕以養母, 專以講學為事, 門人受業者大集其門. 年甫强仕, 不求聞達, 親友規之曰:「以華卿之才, 取名位如俯拾地芥耳, 安自苦於齏鹽者乎? 揚名顯親, 非耕稼可致也.」質乃白於母, 請赴鄉舉. 元和六年, 登進士甲科. 釋褐嶺南管記, 历佐淮蔡, 許昌, 梓潼, 興元四府, 累奏兼監察御史. 入朝為殿中, 遷侍御史, 戶部員外郎. 為舊府延薦, 檢校司封郎中, 賜金紫, 充興元節度副使. 入為戶部郎中, 遷諫議大夫. 太和中, 王守澄構陷宰相宋申錫. 文宗怒, 欲加極法. 質與常侍崔玄亮雨泣切諫, 請付外推, 申錫方從輕典. 質為中人側目, 執政出為虢州刺史. 質射策時, 深為李吉甫所器; 及德裕為相, 甚禮之, 事必咨決. 尋召為給事中, 河南尹. 八年, 為宣州刺史, 兼御史中丞, 宣歙團練觀察使. 在政三年. 開成元年十二月, 無疾暴卒, 時年六十八, 贈左散騎常侍, 謚曰定. 質清廉方雅, 為政有聲. 雖權臣待之厚, 而行己有素, 不涉朋比之議. 在宣城辟崔珦, 劉濩, 裴夷直, 趙丱為從事, 皆一代名流. 視其所與, 人士重之. 子曰慶存.

18.《舊唐書》經籍志(下)

○《中說》五卷　王通撰.

19.《新唐書》藝文志(3)

○ 王通《中說》五卷

20.《宋史》藝文志⑷

○ 龔鼎臣《中說解》十卷
○ 王通《文中子》十卷 宋 阮逸注
○ 宋咸《過文中子》十卷

21.《金史》⑻ 本紀 世宗(下)

九月己巳, 以同僉大宗正事方等爲賀宋生日使, 宿直將軍完顏斜里虎爲夏國生日使. 譯經所進所譯《易》,《書》,《論語》,《孟子》,《老子》,《楊子》,《文中子》,《劉子》及《新唐書》. 上謂宰臣曰:「朕所以令譯《五經》者, 正欲女直人知仁義道德所在耳!」命頒行之.

22.《金史》(22) 列傳(趙秉文)

正大間, 同楊云翼作《龜鑑萬年錄》上之. 又因進講, 與云翼共集自古治術, 號《君臣政要》爲一編以進焉. 秉文自幼至老未嘗一日廢書, 著《易叢說》十卷, 《中庸說》一卷, 《揚子發微》一卷, 《太玄箋贊》六卷, 《文中子類說》一卷, 《南華略釋》一卷, 《列子補注》一卷, 刪集《論語》, 《孟子解》各一十卷, 《資暇錄》一十五卷, 所著文章號《滏水集》者三十卷.

임동석(茁浦 林東錫)

慶北 榮州 上茁에서 출생. 忠北 丹陽 德尙골에서 성장. 丹陽初中 졸업. 京東高 서울
敎大 國際大 建國大 대학원 졸업. 雨田 辛鎬烈 선생에게 漢學 배움. 臺灣 國立臺灣師範
大學 國文硏究所(大學院) 博士班 졸업. 中華民國 國家文學博士(1983). 建國大學校
敎授. 文科大學長 역임. 成均館大 延世大 高麗大 外國語大 서울대 등 大學院 강의.
韓國中國言語學會 中國語文學硏究會 韓國中語中文學會 會長 역임. 저서에《朝鮮
譯學考》(中文)《中國學術槪論》《中韓對比語文論》. 편역서에《수레를 밀기 위해 내린
사람들》《栗谷先生詩文選》. 역서에《漢語音韻學講義》《廣開土王碑硏究》《東北
民族源流》《龍鳳文化源流》《論語心得》〈漢語雙聲疊韻硏究〉 등 학술 논문 50여 편.

임동석중국사상100

문중자 文中子

王通 撰・阮逸 註 / 林東錫 譯註
1판 1쇄 발행/2015년 1월 2일
발행인 고정일
발행처 동서문화사
창업 1956. 12. 12. 등록 16-3799
서울강남구도산대로163(신사동,1층) ☎546-0331~6 (FAX)545-0331
www.dongsuhbook.com
잘못 만들어진 책은 바꾸어 드립니다.

*

이 책의 출판권은 동서문화사가 소유합니다.
의장권 제호권 편집권은 저작권 법에 의해 보호를 받는 출판물이므로 무단전재와 무단복제를 금합니다.
이 책의 일부 또는 전부 이용하려면 저자와 출판사의 서면허락을 받아야 합니다.

*

사업자등록번호 211-87-75330
ISBN 978-89-497-0896-6 04080
ISBN 978-89-497-0542-2 (세트)